A Study on Sentence-final Particles in Modern Chinese

赵春利 著

现代汉语句末助词研究

商务印书馆
创于1897 The Commercial Press
2019年 · 北京

图书在版编目(CIP)数据

现代汉语句末助词研究 / 赵春利著. — 北京 : 商务印书馆, 2019
ISBN 978-7-100-17579-1

Ⅰ. ①现… Ⅱ. ①赵… Ⅲ. ①现代汉语—助词—研究 Ⅳ. ①H146.2

中国版本图书馆 CIP 数据核字 (2019) 第 115558 号

现代汉语句末助词研究
赵春利 著

商 务 印 书 馆 出 版
（北京王府井大街 36 号 邮政编码 100710）
商 务 印 书 馆 发 行
艺堂印刷（天津）有限公司印刷
ISBN 978-7-100-17579-1

2019 年 11 月第 1 版　　开本 710×1000 1/16
2019 年 11 月第 1 次印刷　　印张 16½
定价：45.00 元

序一

学无止境　问在途中

如果把做学问比作登山，那么在我看来，能够登上高峰“一览众山小”的人，必须具备以下几个基本条件：

第一，要有远大的目标。不要爬上一个小山坡，看到山脚下的房屋树木什么的都历历在目，尽收眼底，就沾沾自喜起来，就觉得不虚此行，见好就收。记得1994年我在华东师大刚刚评上教授，就有个朋友推心置腹地对我说：老兄，现在你可以天天玩儿，都没问题了。他当然是一片好心，但是对我而言，教授只不过是登上一个台阶而已，我觉得今后的路还很长，还有很多很多事情要做。正因为如此，2002年我在58岁之际，并即将到达法定退休年龄前夕，毅然决然负笈南下广州，开辟学术第二春。

第二，要有足够的毅力。换言之，你必须付出超越常人的代价，你可能要舍弃许多爱好，割断许多兴趣，你要有充分的时间和充沛的精力来奉献给你钟爱的事业。我记得1978年“文化大革命”结束，改革开放吹起进军号角时，我有幸考取了新时期第一届硕士研究生。踏进杭州大学校门的第一天起，我就下定了决心，这几年我再也不打牌，不下棋，再也不能浪费宝贵的时间了，我要把损失了几乎12年的岁月补回来。这个我当然做到了，而且近40年来，我几乎就没有正儿八经地打过牌下过棋，要知道当年我在县城文化馆工作的时候，经常是打牌打通宵的。一个人如果没有起码的毅力，即使你的目标再远大，也可能一事无成。

第三，要有充沛的后劲。我在农村学到过一句农谚：“出水才看两腿泥。”换句话说，看谁笑到最后，谁才是笑得最好。我们常常看到有的人，开始时表现确实让人刮目相待，一时间也硕果累累。但是没几年就刀枪入库，甚至于销声匿迹，好像是自以为功成名就，可以躺在那里“悠然见南山”了。当然这也是一种生活方式，不能说没有他的道理。但是对有事业心的人来说，永远也不会船到码头车到站，而应该是永远在途中。因此，活到老，不仅要学到老，还要做到老。这也就是我经常宣扬的四个“人生”中的“充实人生”（完整的四个人生应该是：健康人生、乐观人生、充实人生、富裕人生）。

赵春利前几年就晋升为教授了，也评上了博导，还担任了一定的行政职务。按照有些人的看法，可谓“名成功就”了。但是，可喜的是他没有停住脚步，没有马放南山，而是迈出了新的步伐，开始了新的征途。他前些年出版了《现代汉语形名组合研究》（暨南大学出版社 2012 年），那是他在博士论文基础上修改而成的。当年我特别关注组合研究，对名词与名量词、动词与动量词、名词与名词、动词与动词等组合中的结构类型与语义类型及其对应关系比较有兴趣。给春利的博士论文的题目就是形容词和名词的组合，这个题目确实有难度，但是春利完成得相当不错，属于开创性的研究。

2008 年，我推荐他到香港理工大学中文及双语学系主任石定栩教授那里做博士后，石兄不仅是我华东师大的校友，也是我大学好友张普教授的内亲，还是我们上海老乡，更是我们当年合作撰写《港式中文与标准中文比较》（香港教育图书公司 2006 年）的“老板”（戏称）。他在美国学的是形式语法，不过他的研究理念相当通达开放，非常关注汉语的事实与特点。我很是欣赏。在他的指导和熏陶下，春利开始了句末语气助词（我们统称“语气词”）的研究，并且初见成效。有意思的是，2010 年春利作为“境外学者”被我们暨南大学引进，2012 年我们研究团队拿到了我的第三个国家社科一般项目：“汉语虚词词典编撰的方法论创新及其实践”。这一项目的前因后果说起来话长，在这里就不多说了，一句话，赵春利正赶上了这一研究，并且成为其中的主力之一。

正是这一课题的研究，使得我们整个研究团队对汉语虚词地位和作用的认识上了一个新的台阶，即认识到，如果说印欧语等的语法意义主要是由形态变化来承担的，那么，汉语的语法意义主要就是由虚词来承担的。换言之，汉语虚词的重要性是极为重要的，相当于印欧语里的形态变化，形态和虚词，两者异曲同工，殊途同归，在不同语言里分别是语法意义的主要承担者。由于印欧语的形态变化相对比较简明，客观性比较突出；而汉语的虚词丰富多彩，主观性更加鲜明、细腻、多彩。从而形成了两类语言不同的趋势：一个是客观性强势语言（主观性弱势），一个是主观性强势语言（客观性弱势）。可见，印欧语属于形态内变型的语言，而汉语则是词汇附加型的语言。在此基础上我们还提出了“广义虚词”的新构想。即在典型实词（主体词：名词、动词、形容词，包括区别词）与典型虚词（介词、连词、助词、语气词）之间，实际上存在着一个中间过渡地带，这是一个连续统，即从最实到最虚。如果说印欧语的形态变化是其语法表现的主要手段，虚词只是其辅助手段，那么广义虚词就是显示汉语语法意义的最重要的载体。

春利的句末助词的研究，理所当然地融进了我们的虚词研究。这些年来，他一篇又一篇很有分量的专题论文先后在《中国语文》《外语教学与研究》《世界汉语教学》《外国语》《语言科学》《语言教学与研究》《汉语学报》等优秀杂志上连续发表，引起了同行们的关注和赞赏。我在上文提到的做学问的三个基本要求，他正在实践，正在挺进。

《现代汉语句末助词研究》是赵春利教授继之最新推出的力作，该书对现代汉语句末助词从理论方法与个案分析两个角度进行了深入细致而富有创见的探讨，是近年来比较成功的研究范例之一。句末助词，由于它在现代汉语的词类系统中地位特殊，功能重要，其语法意义相当灵活，往往感觉得到，却说不清道不明，往往是知其然而不知其所以然，因而成为汉语语法研究的一个老大难问题。春利见难而上，勇于开拓，在理论方法、语义验证、情态分析等方面具有创新意义。

首先，在理论方法上，该研究从认识论、本体论、目的论以及方法论等多角度对语义语法进行了逻辑界定和概念辨析，并从历时角度重新梳理、解析与句末助词语法意义有关的语气、情态、句子功能类型等基础概念，尤其重要的是，从研究方法高度，专门针对现代汉语句末助词归纳出“精确定位、语义提取、正反验证、系统解释”四条行之有效的方法。

其次，在语义验证上，该书开创性地通过同现副词、主句主谓类型、话语标记等正反验证句末助词的语义。作者尖锐地指出：句末助词是虚词，但不是主要与实词及其短语组合的一般虚词，而是必须与句子（sentence）或小句（clause）组合且置于末尾的虚词，因此，其功能性语法意义融入了认知、情感、意向、态度等主观性话语因素。这就揭示了句末助词的本质要素，为有关研究指出了可行的方向。而要想准确定位句末助词的分布范围及其规律就不能单纯根据其所组合的句子或小句，还必须把考查范围扩大到带句末助词的句子所处的复句关系、话语结构，同时，还必须弄清该句末助词不能分布于哪些句子、复句、话语，这样才可以为提取并验证句末助词的语法意义提供可靠的描写数据，并借鉴语义地图的方法描绘出句末助词的语义分布图。事实证明，这是一条比较正确而且可行的研究思路。其中有几点是特别可取的：对语法意义采取正反验证的方法，从而得以精确定位；从呈现的多种功能中提取核心语法意义，采用语义地图进行语义分布解释；更为可喜的是作者不是纸上谈兵，而是理论密切联系实践，对现代汉语若干最重要的句末助词“吗”的模态极性问、“吧”的意向待定、“呗”的应而不愿等分别进行了全方位的探析。

第三，在情态分析上，该书以知、情、意为逻辑线索和因果关联，创新性地把句末助词的认知语义与情感、态度、意向等结合起来，深入系统地进行情态分析。包括：“吧”的勉强义和放任义；“呗”的不在乎、无奈何、不耐烦、不满意四类情感及其放任不管、欲管不能、想而易解、做而易成等态度类型；“喽”的传我所知的提醒、求证和警告的意向类型及其轻松心态；“哟”的亲和提醒；“嘛”的执意应然性及其气愤、急躁、撒娇和无谓四种情感类型；“算了”的无奈情感与暴弃意向。总之，作者是有意识地在挖掘句末助词的最重要的核心意义，并且进行了科学的论证。

坦率地说，句末助词在虚词中属于最难研究的词类之一（所有的助词其实都很难研究，包括结构助词“的、地、得”），句末助词能够做到这个份上，真是不简单了，可以说我们以前还没有见到过这样的分析和结论。但是我还是希望提出进一步的要求：看看在“情态”方面是否还可以继续挖掘？“情态”到底包括哪些内涵？是怎么在汉语的虚词，尤其在句末助词里体现的？此外，验证的方法还有没有可能进一步开拓，特别是能不能借助于大数据的统计来加以佐证？

我今年虚岁 74 了。真的没想到，当年一直被称为青年教师的代表（从 1981 年开始一直到 1994 年，几乎每次在大会开幕式上发言，我都被称为青年代表），直到 1996 年我到香港城市大学以及香港商务印书馆工作几年后回到内地（2000 年前后），才猛然惊醒，原来我都 56 岁了，似乎没有经历中年，一下子从青年跳到了老年，突然，发现自己“老之将至”，呜呼！其实，不仅是我个人，许多朋友都如此，临到老了才惊觉，最重要的是我们的梯队建设！后继必须有人！坦率地说，许多著名的大学，当年语言学团队是何等强盛，方方面面人才云集，结果没有几年，老的老，死的死，走的走，退的退，没经风雨，说垮就垮。现实就是如此残酷！这方面，人文学科尤为明显，起码语言学科就是这样。我们南粤地区很庆幸，不敢说人才济济，也许可以说，后继还有些人。广州的语言学团队这些年来，还比较团结、比较和谐、比较开放。赵春利就是其中的代表人物之一。我辈老矣，时不我待。我当然还要前行，完成《汉语虚词框架词典》，完成国家重大课题《境外汉语语法学史及数据库建设》，完成我写“五味杂陈”回忆录的心愿。但是，我更寄希望于中年的和年轻的一代。路漫漫其修远兮，吾将上下而求索。与春利等共勉。

邵敬敏

2018/10/1 国庆之夜

暨南大学新明湖苑

序二

理论和方法的突破

“吗、吧、呗、喽、哟、嘛”之类的成分在汉语语法分析中的地位非常特殊。从《马氏文通》开始，这些成分就一直被归入了虚词（虚字）之列，但除了同样“不表示实在的意义”（《中学教学语法系统提要》）之外，这些成分与其他虚词的可比性其实并不太大，既不能像副词那样以短语形式在小句中直接发挥作用，也不能像介词、连词、结构助词和动态助词那样，与其他成分共同构成短语之后在小句中间接发挥作用。也就是说，“吗、吧、呗、喽、哟、嘛”之类与主语、谓语、宾语、定语、状语或补语都没有任何关系，在小句中没有任何功能，在汉语语法体系中显得格格不入。

究其原因，现有汉语语法系统最初的设计蓝图中是不包括这些成分的。马建忠撰写《马氏文通》，是以法语语法体系和教近代人学习拉丁语用的教学语法体系为蓝本的，而拉丁语语法又是以希腊语语法为蓝本的。黎锦熙撰写《新著国语文法》，则是以《纳氏英文法》为蓝本的。希腊语、拉丁语、法语和英语都属于印欧语系，并没有真正意义上的句末成分，它们的语法体系中自然不会包括句末成分这样一个概念，也不会有可以用来处理句末助词的语法范畴。马建忠和黎锦熙都非常清楚借用现成语法体系所带来的弊病，自然要想方设法去弥补其中的缺陷，于是为汉语语法创造了一个特殊概念，用来称呼“吗、吧、呗、喽、哟、嘛”这些成分。之后的汉语语法研究大多继承了这个概念，将其与后来设立的结构助词和动态助词归入同一类，并且将其主要功能归结为表示语气，形成了句末语气助词这一完整的概念。

不过，除了“句末”是对于汉语事实的准确描述之外，“助词”和“语气”这两个概念本身都有含糊不清的地方，还留有不少可以改进的空间，而且问题的根源并不相同。“语气”是个使用频率颇高的日常词语，在汉语中的意思也很明确，“商量的语气”、“不耐烦的语气”、“挖苦的语气”、“不屑的语气”、“冷漠的语气”等等，描述的都是说话人的态度及情感，而且这种态度和情感一般是通过选用特殊的词汇，采用特别的语调以及调节某些词语的音节长度来表达的。句末“吗、吧、呗、喽、哟、嘛”等成分的功能与此相关，但却并不是“不耐烦、挖苦、不屑、冷漠”等情绪化语气的主要表达手段。也就是说，“吗、吧、呗、喽、哟、嘛”只是语气表达手段的一个子集，用“语气”来归纳它们的功能虽然可以接受，但却过于宽泛，很容易引起扩大化，进而造成误解。

用“语气”来描述“吗、吧、呗、喽、哟、嘛”等成分的功能，还很容易引起另一种误解。在用汉语撰写的英语语法书里，subjunctive mood 这个概念是用“虚拟语气”来表示的；同样地，法语的 le subjonctif 在国内的语法书中也通常称之为“虚拟语气”。不过，印欧语中的“虚拟语气”是用来表示违实命题的，而且通常使用形态变化作为标记。也就是说，英语、法语语法体系中的“语气”是一种语法范畴，“虚拟语气”是其中之一。“吗、吧、呗、喽、哟、嘛”等成分的功能与 mood 没有什么可比性，二者并不属于同一语法范畴。汉语日常话语中的“语气”虽然与 mood 有点关联，但却不是语法概念，也没有严格的定义。从这个角度来说，用“语气”来概括“吗、吧、呗、喽、哟、嘛”等成分的功能，很容易让人联想到国内通用的外语语法概念，会造成混淆，在理论上不可取。这一术语在外语界已经使用了近百年，不太可能因为汉语语法分析的需求而发生改变，所以最简单的做法是另外寻找一个更合适的术语，专门用来描述“吗、吧、呗、喽、哟、嘛”等成分的功能。

“助词”这个概念大概源自马建忠创造的“助字”，与某些英语语法书中（如 Quirk *et al.*,1985）所说的 particle 有异曲同工之妙，所以“句末助词”目前通用的英译是 sentence-final particle，简称 SFP。问题在于汉语语法分析中的“助词”很像英语的 particle，内涵与外延都不太清楚，三种主要助词之间其实没有太多的共同点。动态助词“着、了、过”的形态－句法功能相当于印欧语或班图语中的屈折后缀，是只能附着在动词上、表示体貌的黏着语素，所以在句子中没有独立作用，不宜称之为“词”。结构助词“的、地”是附着在短语上的黏着语素，表示该短语是其他句子成分的修饰语，但“的、地”对短语和小句的意义没有直接贡献，也就是在句子中没有独立作用，句法地位在一定程度上与“着、了、过”相仿，所以徐杰（2012）将后者称为“词缀”，而将前者称为“语缀”。“得”对小句的意义有一定贡献，形态–句法地位因此有些争议。不过，语法界的共识是“得”只能附着在动词上，在句子中没有独立作用，所以也不能算作词。

与动态助词和结构助词不同的是，“吗、吧、呗、喽、哟、嘛”这些成分在小句里没有地位，但在小句之外却具有独立地位，对小句命题进行某种诠释，从而对整个句子的意义做出明确的贡献，显然应该赋予不同于一般虚词的句法地位。如何解决这个问题，可以借用不同的理论框架，也可以采取不同的方法。春利从归纳这些成分对句子整体意义的贡献出发，归结出每个成分的实际意义，并且由此推导出这些成分的功能，得出了总结性的归纳，并从理论上加以解释。无论读者是否赞同春利的语义语法解释，他归纳出来的总结性规律都会成为今后进一步分析的坚实基础。

春利在分析这些成分的过程中，还对汉语语法研究的方法论进行了革新。汉语语法分析中曾经出现过几种值得注意的方法论倾向。20 世纪 80 年代之前的一种常见倾向是只讨论文献中已经出现过的例句，而不去设法寻找新的语料。吕叔湘先生（1979）将这种现象比喻为百货商店里货架子和货物的关系。如果只是把货架子上已有的货物搬来搬去，而从来不愿意去增添新的货物，那么无论如何摆放都不会有太大的新意，也就不可能形成理论上的创新。

随着生成语法理论进入中国，以证明某种理论中某个原则为目标的分析有了不小的市场，而且“扶手椅语言学家”的研究风格也开始对汉语分析产生影响。通过自省的方式自造一两个关键性例句来证明一个关键的语法分析假设，在理论上并没有什么问题，因为结构相同的句子就应该有相同的句法特性。从为理论提供证据的角度说，一个例句应该可以代表成千上万个相似的例句。单靠一两个句子立论的风险来自于其他方面。虽然句法结构不符合规则的句子肯定不能说，但符合规则的句子并不一定就能够说。语义、语篇、语用、韵律甚至生活常识都会影响到我们对句子接受程度的判断，所以一两个不能说的句子并不一定代表这种结构绝对违规。要真正做到乔姆斯基所说的描述的充足性，并且达成解释的充足性，就需要从大量的语料中总结出可信的规律。还有一个问题是个人语言背景、特别是方言背景的干扰。尽管所有汉语方言都遵循同一组语法规则，但每个方言都会有一些特有的词汇、语法、篇章和语用范畴，会有一些与汉语共同语不同的地方。这种方言特点往往会在无形中影响到人们的判断能力，形成略有差别的判断结果。如果只依靠一两个例句就下结论的话，一旦由于方言差异的影响而出现偏差，后果就会非常严重。

另一个极端的做法是大量堆砌语料，却不去探讨总结性规律，也不寻求理论上的解释。近年来由于计算机技术和语料库的迅猛发展，语法研究的方式也有了很大的改变。语料库可以轻易地提供海量语料，计算机技术可以按照各种要求对语料进行筛选、排列，语法学家因此不再依靠手工抄写卡片，也不必翻来覆去地用各种方式去排列卡片了，可以更快、更多地取得研究成果。不过，成果激增的副作用是出现了一种以罗列语料为主的倾向，简单地将大量语料加以分类，不进行抽象总结，也不探讨现象背后的原因，只是简单地以“我们认为”或“我认为”为理由直接提出结论。从逻辑上说，对现象加以分类之后就直接下结论，并非不可能得出正确结论的，只不过得出正确结论的概率要远远低于得出错误结论的概率。正因为如此，从结构主义开始的现代语言学非常讲究“发现程序”，讲究从“观察的充足性”到“描述的充足性”，然后再到“解释的充足性”这样三个研究步骤，目的就是将出错的概率降到最低。

春利采取的办法是扬长避短。在研究“吗、吧、呗、喽、哟、嘛”等成分的过程中，一方面从语料库中抽取大量语料，以达到“观察的充足性”，另一方面又不急于下结论，而是将传统语法分析的多视角考察与现代句法学的多方位验证结合起来，通过正反两方面的比对、测试、归纳，形成基于语法特性的分类，并且从分类中提取出总结性的规律，以达成“描述的充足性”。一般说来，达到了“描述的充足性”就已经符合大部分期刊的要求，可以拿出去发表了，但春利并没有就此止步，而是借用了现代句法理论的分析逻辑，深入探讨总结性规律背后的理据，从理论上做出合理的解释。

理论和方法论的创新，是《现代汉语句末助词研究》一书最大的特点，是对汉语语法研究的重要贡献，也是这本书值得向读者推荐的根本原因。

石定栩

2018 年 12 月 11 日

广东外语外贸大学寓所

目　录

上　编　理论探讨

下 编 实例分析

上　编

理论探讨

第一章　现代汉语句末助词研究导论

现代汉语句末助词在语法研究，特别是现代汉语语法研究中具有重要的学术地位和研究价值。自马建忠（1989）以来，前人对现代汉语句末助词及其相关问题的研究取得了丰硕的成果，但在语法性质的界定、分布规律的定位、语法意义的验证、多种功能的描绘、知情意态的解释上还存在着不足。在借鉴传统语法的语感分析、描写语法的分布层次、认知功能语法的认知解释、生成语法的反例验证、跨语言类型学的语义地图等基础上，语义语法理论可以从理论体系、研究目的、研究方法、基本框架角度为解决句末助词研究的不足铺设桥梁，为从正反角度准确定位句末助词的分布规律、提取验证其语法意义、分析界定其功能类型、揭示其认知情态开辟方向。

一、句末助词在语法研究中的地位

现代汉语句末助词是交际者赋予话语以认知、情感、意向和态度的重要手段，是反映说话者与听话者之间人际关系的重要标记，一直是语法学界关注的重点、热点和难点。

第一，之所以是重点，是因为一般虚词在句子中是连接实词与实词关系以揭示表层句法关系及其深层语义关系的纽带，而作为典型的虚词，句末助词的特殊之处就在于：句末助词连接说话者、听话者和话语的纽带，是揭示话语中交际者之间认知、情感、意向和态度等话语关系及其人际关系的中枢。

第二，之所以是热点，是因为无论是传统语法、描写语法、认知语法、功能语法，还是生成语法，对其他理论方法所描述的句末助词语法意义都有“隔靴搔痒”之憾，都试图基于自身的理论和方法从不同的角度揭示自认为是汉语句末助词“本质”的语法意义。

第三，之所以是难点，是因为与英语、法语、德语等西方语言相比，汉语句末助词作为特有词类无法直接借鉴基于西方语言的语法理论和研究方法来进行深入分析，可以说，从传统语法开始，基于拿来主义而舶来的理论和方法在解读、概括和解释汉语句末助词的语法意义时都显得力不从心、无能为力而束手无策。

二、句末助词研究的现状分析

从总体来看，目前现代汉语句末助词的研究在语法性质的界定、分布规律的定位、语法意义的验证、多种功能的描绘、知情意态的解释上存在着值得深入研究的问题。

（一）对句末助词的语法性质缺乏科学界定

自马建忠（1898/1983：323）引进 mood（语气）开始，“语气”就成为解读汉语句末助词语法功能的核心概念，后来，黎锦熙（1924/1992：228）把句末助词的语法功能、语气类型与句子功能联系起来，一直到 20 世纪 80 年代形式语义学把 modality（情态）概念引入汉语语法分析后（廖秋忠，1989：157），贺阳（1992：59）、孙汝建（1999：9）等学者把 modality（情态）译成“语气”，可以说，句末助词的语法性质与语气、情态、句子功能甚至口气 / 口吻等概念纠缠在一起，并逐渐形成了句子功能、语气类型和句末助词功能具有对应关系的观念，至今难以拆解，追根溯源，应该先厘清英语的 mood、modality 和 sentence type（句子类型）语法性质，然后据此梳理汉语语气、情态、句子功能的语法性质，从而厘清句末助词的语法性质，以摆脱循环论证的逻辑错误。

科学界定句末助词的语法性质是正确选择研究方法的前提条件，而要科学界定句末助词的语法性质就必须选择科学的语法理论。根据语义语法理论的认识论、本体论、目的论和方法论（邵敬敏，2004；邵敬敏、赵春利，2006；赵春利，2014），可以发现：句末助词是虚词，但不是主要与实词及其短语组合的一般虚词，而是必须与句子（sentence）或小句（clause）组合且置于末尾的虚词，因此，其语法性质尽管与一般虚词一样属于功能性语法意义，但不同之处在于：句末助词的功能性语法意义融入了认知、情感、意向、态度等主观性话语因素，而要揭示主观性话语因素就必须借助于语义语法的认识论和以此为基础的句末助词方法论，充分描写其在话语结构、复句关系及其句子类型的分布规律。

（二）对句末助词的分布规律缺乏精确定位

前人对句末助词分布范围及其规律的认识和解读主要基于传统语法的句子本位和描写语法的短语本位，因此，不仅把句末助词的组合对象限定为句子或小句而非话语，而且还从个体（token）而非类型（type）角度解读句末助词所附着的句子或小句，正如胡明扬（1988：4）所言："只能在语气助词的使用过程中，也就是在语气助词和某个具体句子结合的实例中去考察语气助词所表达的语气意义。"这样的话，就会使句末助词语法意义的提取陷入到依句释义的泥潭中而无法准确概括，甚至导致把句子功能等同于句末助词的语法意义（李讷、安珊迪、张伯江，1998；刘月华、潘文娱、故韡，2001），甚至出现界定标准不一致（胡明扬，1981；孙锡信，1999）和分类依据不统一（贺阳，1992；孙汝建，1999；齐沪扬，2002）的现象。

只有认清句末助词的语法性质才能为准确定位句末助词的分布规律奠定基础，既然根据语义语法理论，句末助词的语法性质包含着说话者认知、情感、意向和态度等主观因素，那么，要想准确定位句末助词的分布范围及其规律就不能单纯根据其所组合的句子或小句，还必须把考查范围扩大到带句末助词的句子所处的复句关系、话语结构，同时，还必须弄清该句末助词不能分布于哪些句子、复句、话语，这样才可以为提取并验证句末助词的语法意义提供可靠的描写数据，并借鉴语义地图的方法描绘出句末助词的语义分布图。分布描写充分性是意义提取准确性的必要条件，只有描写充分才有可能准确提取出语法意义并勾勒出语义分布图。

（三）对句末助词的语法意义缺乏正反验证

关于句末助词语法意义的提取方法问题，传统语法主要有基于随例释义的内省语感法（高名凯，1948/1986：516）并逐渐注意使用句末助词在"有无、替换、语音"等方面的比较法（吕叔湘，1944/1985：298；丁声树等，1961：213；胡明扬，1981：416；陆俭明，1984：330；邵敬敏，1995：217—225）。而描写语法则更注重技术操作，主要有层次分析法（朱德熙，1982：207；黄国营，1994：4—5）、省略补充法（朱德熙，1982：211）、最小差异对比法（meaning minimalists）和最大共性归纳法（meaning maximalists）（储诚志，1994：43；Wu，2005：48）等。生成语法主要是借助贝莱蒂（Belletti，2004：4—5）的制图理论（cartographic approach）而提出的层次标句法（Li Boya，2006：65；石定栩，2009：458；邓思颖，2010：61）。总体说来，提取方法的可操作性越来越强，但由于受制于不同语法理论对句末助词语法性质的不同解读和分布规律的不同定位，因此，前人的提取方法偏向于描写、陈述、说明而非验证、论证和证明。

对句末助词语法性质的科学认识和界定会直接影响如何精确定位其分布规律，而分布规律的精确定位则直接决定了能否准确提取并正反验证句末助词的语法意义。而语义语法理论认为句末助词的语法性质是反映主观性话语的功能性语法意义，这一界定直接决定了对句末助词的分布范围及其规律的定位方式：其一，在分布形式上应该从正反两个方面细致考察带某句末助词的句子以及该句末助词本身能分布于哪些话语结构、复句关系、句子类型或者不能分布于哪些话语结构、复句关系、句子类型；其二，在词语同现上还应该从正反两个方面精细地定位句末助词能够与哪些话语标记、主谓类型、时体标记、语气副词等同现或者不能与哪些话语标记、主谓类型、时体标记、语气副词等同现，特别是不同语义类型的语气副词与不同句末助词的同现与否成为定位、提取并验证句末助词语法意义的“示踪剂”。只有这样，才能逐渐从分布范围和词语同现上精确定位句末助词的分布规律，从而为语义提取并正反验证句末助词的语法意义奠定基础。

（四）对句末助词的多种功能缺乏清晰描述

前人对部分句末助词的某种语义功能研究得比较深入，如：吧、吗、呢、啊、哈、嘛、呗等（朱德熙，1982；江蓝生，1986；黄国营，1986；邵敬敏，1993；方梅，1994；郭锐，2000；陆俭明，1984；贺阳，1994；强星娜，2008；崔希亮，2011；邵敬敏，2012；等等），但是，当某个句末助词可以分布于不同句子功能类型的句尾时，由于该句末助词会表现出不同的功能倾向，学者们就把该句末助词分成不同功能的句末助词，比如：朱德熙（1982：211）就“吧”分为表疑问的“吧 1”和表祈使的“吧 2”；彭小川（2006：1）把“吗”分成表中性问的“吗 1”和表诧异、怀疑或反问的“吗 2”；甚至“呢”被分成了七八种（Chu，1998；曹逢甫，2000；

刘月华等，2001）等。

那么，为什么同一个句末助词却因功能不同而被分成不同的类呢？其实，从本质上说，这是对句末助词语法性质缺乏科学的认知，根据调查可以发现，句末助词本身就具有跨句类和跨句子的话语性质。

所谓的跨句类性质是指某个句末助词可以分布于陈述、疑问、祈使和感叹多种句子功能类型的末尾，比如“吧”可以分布于陈述句、疑问句和祈使句句末，但不是任何一个陈述句、疑问句、祈使句都可以带上句末助词“吧”，只有表示“揣测、征询、商榷”的句子才可以带“吧”，那么，决定“吧”多种功能分布的内在因素是什么呢？是句末助词“吧”的核心语法意义“意向待定”，因此，我们不能根据句子分布来给句末助词分类，而应该根据其分布所呈现出来的多种功能来提取核心语法意义，从而勾勒出多功能句末助词的语义分布地图，如下图所示：

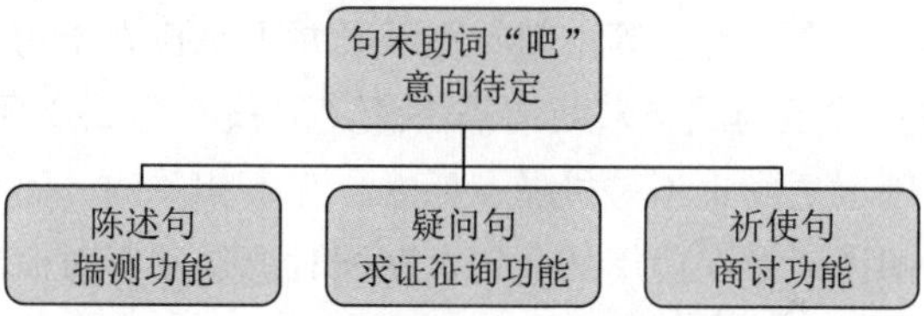

图 1–1　句末助词“吧”语义分布地图

所谓的跨句子性质是指有些句末助词表面上是在句子或小句的末尾，但其实也可以在话语的末尾，可能称“句末助词”为“话末助词”更恰当一些，以“吧、吗、呢、啊”为例，如（1）：

（1）a. 我想大概因为两人都在异乡，都太孤独了吧。

b. 人体器官的交易能避免强迫交易，甚至偷取、走私人体器官吗？

c. 假如我们不修学，怎么能够了然于真如实相，而不迷于妄识呢？

d. 他多么渴望能有个试点，好让自己梦想成真啊！

跨句子性质说明：我们对句末助词分布规律的探讨不能囿于单纯的陈述句、疑问句、祈使句和感叹句，而应该跳出句子类型的限制，从话语结构角度揭示出句末助词背后的认知、情感、意向和态度等主观性话语因素，从而精确提取并系统解释多功能句末助词的核心语法意义。

（五）对句末助词的知情意态缺乏关联解释

前人在研究“嘛、呗、吧”等句末助词时已经关注到句末助词语法意义所蕴含的认知、情感、意向、态度等主观心理因素（王力，1943/1985；吕叔湘，1944/1982；朱德熙，1982；Chu，1998、2002；刘月华、潘文娱、故韡，2001；徐晶凝，2007；杨才英，2009；强星娜，2010；等等），甚至还有学者（曹志赟，1987；孙汝建，2005；等等）提到了说话者的性别、权位、角色等语用因素对句末助词功能的影响，对揭示和解释句末助词的语法意义具有重要的作用，但从总体来看，还存在着揭示不深入和解释不系统的问题。其一，揭示不深入是指说话者的主观心理因素和客观语用因素都是句末助词语法意义的约束条件，但没有把一个核心语法意义的概念下所统摄的主观心理因素和客观语用因素揭示出来，因此，需要借助于语义分化地图的方法；其二，解释不系统是指句末助词核心语法意义所包含的认知、情感、意向、态度等主观心理因素并不是孤立于句末助词语法意义之外的，本身就是构成句末助词语法意义的核心构成要素，不仅如此，而且各个心理因素之间也不是机械、孤立、互不相关的，而是存在着制约性因果关系，即说话者在运用某个句末助词时总是基于对命题信息的认知而引发某种情感，然后基于情感类型而驱动某种意向，从而采取某种态度，因此，需要根据说话者客观语用因素与主观心理因素之间以及主观心理因素内部之间的因果关系来系统解释句末助词的语法意义，并把主观心理因素的因果制约关系通过语义关联地图关系。

三、语义地图的历史发展与新解

“语义地图”（Semantic Map）作为一种基于语义、概念和功能以建构语法形式－语法意义之间匹配规律的分析工具（Anderson，1982；张敏，2010），能非常直观地显示多种语义、概念和功能的系统性、连续性和层次性，从而显示汉语句末助词多语义或多功能之间的关联性，以弥补句末助词研究中语义分布不准确、语义解释不系统、语义验证不科学的问题。

从发展过程来看，“语义地图”作为一种语法研究工具主要经历草创期、探索期和发展期三个阶段。

其一，草创期（1982—1996）。安德森（Anderson）于1982年在进

行跨语言的语言类型学比较研究时，发现无法根据语法形式而必须根据语义功能才能进行跨语言类型学比较，从而提出用“语义地图”分析模型来考察不同语言的语法标记、语法结构与其语法意义、语义功能之间的关联性，并从跨语言类型学角度发现了相近的意义在跨语言的概念层面上都处于一个连续的区域里，即“语义地图连续性假说”（Anderson，1986、1987；Croft，1991、2001；Kemmer，1993）。

其二，探索期（1997—2006）。1997年，哈斯普马特（Haspelmath，1997a；1997b）、考特曼（Kortmann，1997）和史塔生（Stassen，1997）出版的四部专著都运用语义地图分析模型研究分别研究了不定代词、副词性从属结构、不及物述谓结构、时间表达法，以此为标志，语义地图作为研究方法的运用逐渐进入到了一个实践和理论的深入探索期（van der Auwera *et al.*，1998；Luraghi，2001；Haspelmath，2003；Janda，2005；Clancy，2006），诸多学者不仅对情态语义、题元角色、认知地位、格范畴等研究对象进行了深入探索，而且还从方法论角度对语义地图本身进行了反思、修正、扩展，使其更具有可操作性。

其三，拓展期（2007—至今）。随着2007年莱比锡语义地图专题会议的召开和2008年“*Theoretical Linguistic*”、2010年《语言学论丛》专刊的出版，语义地图研究进入到了全面拓展时期。张敏（2008、2010）、郭锐（2008）、潘秋平（2009）、王瑞晶（2010）和曹晋（2012）等把语义地图介绍到汉语学界，学者们开始用语义地图解释汉语多功能语法现象背后的连续性和关联性（翁珊珊、李小凡，2010；吴福祥，2011a、2011b、2014）。

总的说来，语义地图分析模型从跨语言的功能类型学领域逐渐扩展到了跨语言的语法化比较领域，从而把语义地图作为一种分析方法和表征方法从跨语言的共时比较扩展到了跨语言的历时比较，为拓展功能类型学的解释力奠定了方法论基础。因此，从研究对象角度看，传统的语义地图主要用于两个方面：跨语言的共时比较和跨语言的历时演变。

本项研究的研究对象是现代汉语多功能句末助词，而本项研究的理论基础是语义语法理论，因此，语义语法理论可以从方法论角度把注重连续性、系统性和层次性的语义地图从跨语言共时比较和跨语言历时演化领域借鉴到对单一语言“现代汉语”的单一词类“句末助词”的多语义多功能的分析和表征中来，从而把语义地图的应用范围扩大到“单语言共时分析”

中来。因此，本项研究的目的是试图基于语义语法理论并借鉴语义地图方法，通过定位多功能句末助词的语义分布规律，解释多语义句末助词的语义关联规律，从而提取并验证句末助词的核心语法意义，那么，语义地图就可以把共时层面汉语句末助词的语义分布规律及其关联规律直观形象地展现出来。因此，本项研究的语义地图是对传统语义地图的一种扩展。

四、“分布”内涵的历史发展及其方法论应用

从语法学角度来看，“分布”（distribution）是描写语法的基础概念，正如豪根（Haugen，1951：216）所言：“语言学家所公认的进行语言分析的基础的方法，即所谓的代替法（replacement），主要着眼于发现分布情况。”可以说，掌握“分布”情况就成为语言研究的基础工作。从历史发展并结合分布特征来看，“分布”作为一种研究方法，大致可以分为五个阶段：语音学的互补分布阶段、描写语法的相对分布阶段、描写语法的对应分布阶段、生成语法的非对应分布阶段、语义语法的正反分布阶段。

（一）语音学的互补分布阶段（20 世纪 40 年代初期）

“分布”作为语言学术语最早却是由斯沃德什（Swadesh，1943）从语音学角度讨论如何通过“互补分布”（complementary distribution）来区别音位而提出来的。

（二）描写语法的相对分布阶段（20 世纪 40—50 年代初期）

在语法学领域，布龙菲尔德（Bloomfied，1926、1933）和霍凯特（Hockett，1958：184—185）都曾用“一个语言形式能出现在什么样的结构位置上”的“出现权”（privileges of occurrence）这一概念来指称“分布”的意义，布龙菲尔德（Bloomfied，1933：80、112、125、134）也曾直接使用了“分布”（distribution）这个词语，但直到 20 世纪 40 年代，哈里斯（Harris）、尼达（Nida）等学者才开始把“分布”用于语法领域，而哈里斯（Harris）则在 1951 年出版的 *Methods in Structural Linguistics* 中从方法论角度正式把“分布”作为语法研究方法来使用，从此“分布”作为一种方法论从语音学进入到了语法学领域。哈里斯（Harris，1951：15）给“分布”的界定是：“一个成分的分布是这个成分在其中出现的一切环境的总

和，也就是说，一个成分可能有的一切（不同）位置或出现（occurrence）的总和，是跟其他成分的出现相对而言的。”而“一个成分的环境或位置是指一句话里边各成分所构成的邻境（neighbourhood），确定这些成分的基本程序，跟确定该成分的程序相同。邻境是指该成分前后的或与之同时存在的各成分的位置”（Harris，1951：17），可以看到哈里斯（Harris）突出了一个成分在语法分布上的相对性。这一点，朱德熙（1985：14）也持有基本相同的观点：“划分词类只能根据功能，……说得准确一点，一个词的语法功能指它所能占据的语法位置的总和。要是用现代语言学的术语来说，就是指词的（语法）分布（distribution）。”因此，描写语法最初对“分布”的界定一方面继承了语音学互补意义上的相对性概念；另一方面从语音层面拓展到了句法层面，尚没有考虑语义层面。

（三）描写语法的对应分布阶段（20 世纪 50 年代后期）

无论是早期语音学强调“分布”的互补性，还是描写语法初期强调“分布”的相对性，都是从形式和肯定两个角度界定“分布”的内涵，后来，哈里斯（Harris，1958：166）从分布及其意义的关系角度提出“意义是分布的一种功能”（meaning as a function of distribution），即“如果我们觉得词或语素 A 和 B 在意义上比 A 和 C 更不同的话，那么我们常常会发现，A 和 B 的分布比 A 和 C 的分布更会不同些。换句话说，意义的差别跟分布的差别有对应关系”（参见 Diderichsen ，1958）。可以说，描写语法逐渐意识到单纯形式句法上的相对分布并不能解决意义概念上的语义分布问题，由此，才开始重视形式分布与语义分布的对应关系问题。后来，朱德熙（1985：80）不仅从目的论角度明确地强调了这一形式分布与意义分布的对应关系，即“语法研究的最终目的就是弄清楚语法形式和语法意义之间的对应关系”，而且还从方法论角度辩证地强调了形式和意义的互证性，即“从原则上说，进行语法研究应当把形式和意义结合起来，……讲形式的时候能够得到语义方面的验证，讲意义的时候能够得到形式方面的验证”。可以说，朱德熙把形式分布与意义分布的对应关系和互证方法上升到语法研究的目的论和方法论高度，足见描写语法对二者关系的重视程度。

（四）生成语法的非对应分布阶段（20 世纪 60 年代中期）

句法分布与语义分布的关系问题本质上受制于句法与语义的关系。生成语法的创始人乔姆斯基（Chomsky，1955、1956、1957）连续三年通过“colorless green ideas sleep furiously”来揭示表层句法与深层语义的非对应性和不一致性，从而揭穿描写语法对应分布的局限性，因为“深层结构不等于表层结构。表层结构无从表示出具有语义价值的语法关系。所以要提出转换生成语法，一个基本原因就在于此”，因此，“一套完整的生成语法必须包括句法组成部分、语义组成部分和音位组成部分”，而“每一个语言的语法必须包含一个规则系统来表达深层和表层结构以及它们之间的转换关系，而且还要表达无限领域中的深层和表层结构的对应关系”。可以看出，生成语法指出了句法与语义的非对应性分布，转而用“转换”来沟通句法和语义的关系。

（五）语义语法的正反分布阶段（21 世纪初期）

尽管描写语法和生成语法在句法形式和语义内容的关系上倾向于重句法而轻语义，但描写语法和生成语法关于句法分布与语义分布的对应性或非对应性的争议为语义语法理论从辩证角度探讨二者之间的关系奠定了基础。根据语义语法理论，邵敬敏（2004：101）指出“汉语语法研究的最终目的应该是揭示‘语义的决定性、句法的强制性、语用的选择性以及认知的解释性’”，而“语法意义与语法形式的关系是语法意义决定语法形式，语法形式制约语法意义”（赵春利，2014：11）。因此，一方面，从句法与语义的关系来看，一个成分的句法分布反映、制约并验证语义分布，而该成分的语义分布则依赖、决定并解释句法分布，以语义分布为基础。就可以化解句法分布与语义分布的非对应性，因为句法分布的合法性是由语义分布的可解性来决定的；另一方面，从分布本身来看，无论是某个成分的句法分布还是语义分布，语义语法理论（赵春利、孙丽，2015：125）都要求“从正反两个方面”揭示分布的规律性。对于句法分布来说，既要从正面定位某成分可以分布于什么句法位置且可以与什么成分同现，也要从反面定位该成分不能分布于什么句法位置且不可以与什么成分同现。而对于该成分的语义分布来说，该成分的正反两方面的句法分布规律则反映、制约并验证其语义分布的规律性，是提取语义分布的有效手段，而语义分布则依赖、决定并解释句法分布的合法性，这样才能从正反两个角度科学辩证地揭示语义分布及其决定的句法分布的规律性。句法分布与语义分布之间的关系可以通过下表表现出来：

表 1–1　句法分布与语义分布的关系

句法分布与语义分布的关系				
句法分布	正面	←— 决定、解释	正面	语义分布
	反面	反映、验证 —→	反面	

语义语法理论从正反两个方面准确定位句法分布规律，可以为提取语义分布规律奠定基础，也可以为验证语义分布提供手段。之所以正反定位分布有其认知心理基础。如果单从正面描写图 a 中的 S 的边界，就不如图 b 中把 S 放在 P 的背景中通过与 P 的对比看得更清楚，如下图所示：

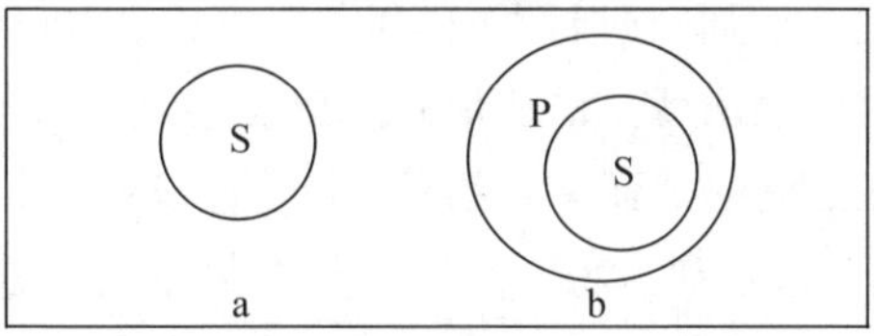

图 1–2　无背景 S 与有背景 S 的对比图

以句末助词“嘛”为例，从正面说，句末助词“嘛”在句法分布上可以与三类副词同现：(a) 明明、分明、明摆着、明显、显然等；(b) 可以、应该、应当、理当、本该、当然、自然等；(c) 本来、根本、压根儿、毕竟、到底、反正、好歹、其实、确实等。因此，句末助词“嘛”在语义分布上就可以与三类语义同现：(a) 显知；(b) 常知；(c) 实知。从方法论角度说，这属于说明，而不是证明，要达到对句末助词“嘛”句法分布和语义分布的证明，还必须从反面看句末助词“嘛”的句法分布和语义分布，根据调查，可以发现，句末助词“嘛”在句法分布上不可以与三类副词同现：(a) 也许、大概、大约、或许、兴许、可能、想来、想必、不定、不必、未必等；(b) 必然、必定、必得、势必、准、一准、定然、不可能等；(c) 竟、竟然、居然、固然、果然、果真、偏偏、反倒、难怪、原来、幸亏、幸好、幸而、多亏、恰恰、恰巧、恰好、碰巧、正巧、刚巧等。因此，句末助词“嘛”在语义分布上也就不能与三类语义同现:(a)或知;(b)必知;(c)非知。这样就从正反两个方面提取并验证“主观认知的执意应然性”是句末助词“嘛”的语法意义。

可以说，语义分布及其所决定的句法分布的“正反”定位在语义语法理论的指导下就具有了作为句末助词语法意义提取方法和验证手段的方法论意义。

五、句末助词研究的基本框架

(一)研究理论

本项研究的理论基础就是语义语法理论(邵敬敏，2004；赵春利，2014)，语义语法理论是在吸收传统语法、描写语法、认知语法、功能语法和生成语法等不同语法理论的基础上，逐渐形成的“以语义为研究的出发点和研究重点的语法研究理论”(邵敬敏，2004：100)。从认识论角度看，语义语法认为“语法就是语法形式和语法意义的辩证统一体”，而语法意义和语法形式之间的辩证关系就是“语法意义决定语法形式，语法形式制约语法意义”(赵春利，2014：5)；从本体论角度看，语义语法就是指以语法意义为本体，以语法意义的性质、类别、组合和演变规律为逻辑起点和研究对象并力求得到语法形式验证的语法理论；从目的论角度看，语义语法的核心目的就是揭示出具有可验证性、可区别性、可解释性和可体系化的语法意义的性质、类别、组合和演变规律。因此，从方法论角度看，语义语法主要采用基于语法形式揭示语法意义或者基于语法意义解释语法形式的双向验证法，包括形式与意义结合、静态与动态结合、共时与历时结合、描写与解释结合、归纳与演绎结合等，并通过语义地图等方法将语义分布和语义关联展示出来。

可能还有两个疑问需要回答：第一，为什么要提出“语义语法”？可以说，提出“语义语法”是历史逻辑发展的必然选择。从历史传承上看，语义语法“是继承了吕叔湘、朱德熙为代表的语法研究思想”(邵敬敏，2004：102)；而从逻辑发展来看，从19世纪末期重视“概念、意义”的传统语法到20世纪中期关注“结构、形式”的描写语法，再到20世纪后期分别重视“功能、认知、形式”的功能语法、认知语法和生成语法等语法理论在中国语法学界的混战，可以看到一条清晰的逻辑线索：意义（正）、形式（反）、意义与形式的交融（合），现在正处于"合"的发展过程中，传统语法、描写语法、功能语法、认知语法和生成语法的先后出现恰恰形成一个从注重意义、重视形式再到"既有重视心理的功能语法，又有重视层次的生成语法"的正、反、合的逻辑循环，这不是语法思想的简单历史重复，而是语法理论和方法符合历史和逻辑的发展规律。如果说功能语法（合）是传统语法的继承（正）与描写语法的批判（反）的结合，生成语法（合）则是对传统语法的批判（反）与描写语法的继承（正）的结合，那么，按照历史和逻辑的规律，功能语法和生成语法还处于"合"的初期，因为它们还没有真正将重视意义的传统语法与重视形式的描写语法"合"起来，那么，在 20 世纪 90 年代在中国语法学界开始出现的语义语法思想（徐通锵，1991：39—40；邵敬敏，1993：3、2004：102；马庆株，1995：363；李葆嘉，2001、2003：106；赵春利，2014；等等）则适应历史发展必然而试图辩证地解决意义与形式的"合"的问题。

第二，为什么现代汉语句末助词研究要以语义语法理论为指导呢？这是由研究对象"现代汉语句末助词"所决定的，众所周知，从传统语法、描写语法到功能语法、认知语法、生成语法等语法理论，基本上都是基于英语等西方语言而构建的语法理论，而西方语言中并没有可以表达认知、情感、意向、态度等心理要素的句末助词词类，因此，汉语语法学界只能从功能对应角度借鉴西方语法理论中的"mood、modality、sentence type、tone"来解读现代汉语句末助词的语法意义，并与"语气、情态、句子功能、口气"等概念混杂起来，不仅导致了目前句末助词研究的循环论证，而且也或多或少地漠视了现代汉语句末助词特有的语法意义。而语义语法理论不仅是适应语法理论发展的历史逻辑而提出来的，而且也是在解决汉语特有的语法现象中逐渐成熟起来的理论，因此，对定位、提取并验证句末助词的语法意义具有重要的理论指导意义。

其实，中国语法学界，乃至整个学术界，或多或少地还存在着"根深蒂固的自卑情结"（林贤祖，2015），无论是理论方法、文献参考，还是论文发表、期刊著作，都以参考借鉴西方学术思想为荣，以发表出版英文期刊著作为傲，在学术话语中得了西方学舌病而犯了汉语失语症，成了学术附庸。而一旦国人根据学术研究提出某个理论假设或方法时，要么认为是抄袭西方，要么认为是沽名钓誉。正如李志民（2015）所言："学术界要培养自尊、克服自卑、避免自大”，而学术自尊是学术自信自立的表现，这“必然最终关联文化自信，而文化自信终究必然是民族自立、文化新生的魂灵”(《文化尊严与学术自信》)。因此，学术研究既不要妄自菲薄，也不要盲目自大，而是要实事求是，具体问题具体分析，从学术实践中提出理论假设，然后再据此指导实践研究以检验、修正和提升理论的有效性和解释力，由此多次往复，才可能提出有价值的理论来，才能逐渐摆脱附庸意识而建立学术自信，从而构建具有国际影响力的“学术话语体系”（薛进文，2015）。

语义语法理论就是中国语法学界在继承传统语法理论成果并借鉴西方理论的基础上，针对现代汉语语法实际，通过长期的研究实践逐渐形成的理论意识，既符合汉语语法研究的实际，也顺应国际语法发展的潮流，特别是在研究汉语所特有的句末助词时，语义语法理论具有自身独特的理论价值。

（二）研究目的

本项研究的目的就是：在前人研究的基础上，以语义语法理论为理论基础，以语法形式和语法意义之间的双向验证以及语义分布地图和语义关联地图为方法论，以蕴涵说话者认知、情感、意向或态度等心理特征的“吗、吧、呗、喽、哟、嘛、算了”等典型的多语义多功能现代汉语句末助词为研究对象，以北京大学中国语言学研究中心的 CCL 网络版语料库为调查对象和语料来源，首先，从理论研究上，既要对前人文献进行整理，从而梳理与句末助词的语法意义纠缠不清的“语气、情态、句子功能”等几个概念，也要重现构建有利于研究现代汉语句末助词的本体论和方法论；其次，在实例考察上，既要有针对性地逐一理清句末助词的历史文献，并通过准确定位句法分布来提取和验证语义分布规律，也要借助话语分析提取并解释句末助词所隐含的关于说话者认知、情感、意向和态度之间的语义关联规律，从而构建句末助词语义地图。

（三）研究方法

针对现代汉语句末助词这一研究对象的特点，本项研究除了运用语义语法理论的一般方法外，主要采用以下方法：

（1）定量归纳与定性解释：根据北京大学中国语言学研究中心（CCL）

语料库，既要搜集句末助词在句子类型、复句关系、话语结构中的句法分布数据并定位句法分布规律，还要调查句末助词与不同类型的语气副词、主谓结构、话语标记等语法成分的同现数据及其规律，运用双向选择与验证方法对句末助词的分布进行集合运算和归纳性聚合分类。

（2）语义地图与逻辑范畴：既要借助语义地图准确构建单个句末助词的多语义多功能的句法分布图、语义分布图，甚至复句关系图、话语选择图，也要借助逻辑范畴系统解释句末助词人际意义中所蕴含的认知、情感、意向和态度之间的逻辑关系。

（3）语义分类与形式验证：句末助词在话语结构、复句关系、句子类型上的分布规律及其语义类型、功能类型都要得到形式验证，形式验证包括同现词语验证法、非同现词反证法、话语标记分析法、语义类型比较法、逻辑分析证明法等。

（四）基本框架

本项研究主要分成理论探讨和实例分析两个部分。

在理论探讨上，分成四章讨论：（1）第一章导论主要对句末助词在语法研究中的地位和现状进行分析，并根据语义语法理论对语义地图、句法分布、语义分布进行梳理和界定，从而提出本项研究的基本框架。（2）第二章从文献角度通过界定 mood、sentence type/sentence kind、modality 三个英语语法术语的内涵和外延，重新梳理、辨析并界定与句末助词语法意义纠缠不清的语气、情态和句子功能类型三个概念，为句末助词的研究理论和方法奠定基础。（3）第三章主要是从认识论、本体论、目的论和方法论四个角度论证语义语法理论，从而构建句末助词研究的理论基础。（4）第四章主要以语义语法理论为指导，在综述各派句末助词研究方法的基础上，根据句末助词语法意义的性质和特点提出了句末助词研究的“精确定位原则、意义提取原则、正反验证原则和系统解释原则”四条原则。

在实例分析上，主要分七章研究涉及说话者认知、情感、意向或态度等心理因素的“吗、吧、呗、喽、哟、嘛、算了”等典型的多语义多功能现代汉语句末助词，以检测语义语法理论的解释力和双向选择与语义地图方法的有效性：（1）第五章基于语义语法理论并借鉴语义地图方法，全面描述并验证句末助词“吗”的分布规律、焦点类型及其排序规则，即模态类语气副词＞能愿动词＞述补结构＞句子谓语，并据此将“吗”的疑问性质界定为基于“全疑零信”认知状态下的模态极性问。（2）第六章在总结前人关于句末助词“吧”的语气多样论、信疑不定论、迟疑求定论、标句标度论四种观点的基础上，准确定位“吧”对陈述句、疑问句、祈使句、感叹句的选择条件，提取出其分布规律上的语义同现规约及其语法意义“意向待定”，并全面分析“吧”字句对因果、并列、转折的选择性，提取其复句分布规律上的语义关联规约，从而勾勒出“吧”的语义地图，并解释认可性应答的勉强义和拒绝性应答的放任义。（3）第七章主要通过分析“呗”字句在话语上的语体功能、与引发句的语义关联、与评价句的态度关联来验证“呗”的语义、态度取向及其语义基础，特别是基于评价句的态度关联，提取“呗”的核心语义“应而不愿”及其四种态度取向：不在乎、无奈何、不耐烦和不满意，并解释“呗”的认知、情感和意向三个心理要素的关联性。（4）第八章在揭示句末助词“喽”的句子功能分布规律的基础上，提取“喽”的传知功能、意向类型、态度取向及其情感倾向。既要从正反两个角度全面系统地揭示“喽”与陈述句、疑问句、祈使句和感叹句的选择或排斥关系；还要根据句子功能分布规律，提取出“喽”的传知功能及其语义地图，并据此证明“喽”的“提醒、求证、警告”三种意向类型、轻松态度及其“兴奋欣喜、幸灾乐祸、无可奈何”的三种情感倾向。（5）第九章细致描写并严格验证句末助词“哟”的句子功能分布规律，提取并勾勒出包含轻松心态、亲和态度、已有语义和提醒功能的“哟”语法意义及其语义地图。既要全面描写并验证句末助词“哟”与陈述句、祈使句、感叹句和疑问句及其语义类型的选择或排斥关系，揭示“哟”的分布规律；还要提取并验证句末助词“哟”是“说话者基于轻松心态、以亲和的人际态度把已有的事物、行为和情感等语义信息提供给听话者以唤醒其注意”这一语法意义，即“亲和提醒”功能。（6）第十章主要对句末助词“嘛”的认知、情感及其关联性进行全面系统的研究。在综述前人“传统语法的显而易见说、描写语法的应知未知说、功能语法的预设坚持说和生成语法的标句标度说”四种观点的基础上，根据语义语法理论，全面分析句末助词“嘛”的句子功能分布图及其语义类型选择图，提取“嘛”的认知意义：主观认知的执意应然性，并根据“嘛”的认知意义和认知矛盾，解释“嘛”的四种情感类型：气愤不满意型、急躁不耐烦型、撒娇不遵从型、无谓不在乎型。（7）第十一章按照从大到小的逻辑顺序逐层定位“算了”句的话语功能、复句关系、句子分布及其时体态特征，并据此提取句末助词“算了”的建议性语法意义“择次了难”及其所蕴含的认知的选择性、情感的无奈性和意向的暴弃性。

现代汉语句末助词研究的基本框架如下图：

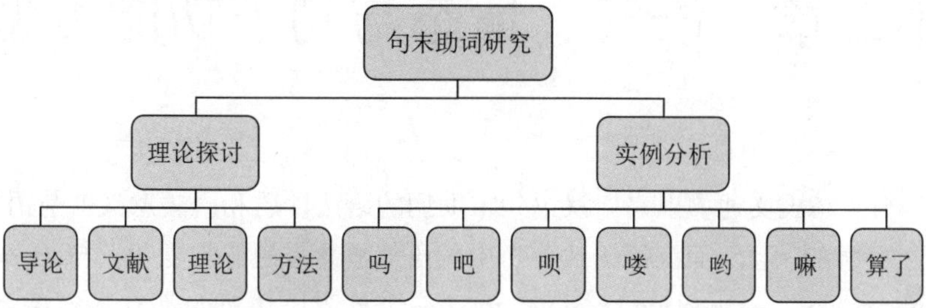

图 1–3　现代汉语句末助词研究基本框架图

第二章　语气、情态与句子功能类型

自《马氏文通》以来，汉语句末助词的语法性质和语法意义就与语气概念纠缠在一起。而汉语语法分析中的语气概念来源非常复杂，与 mood、sentence type/sentence kind、modality 这三个英语语法概念都有一定关系，因此，有必要梳理并辨析汉语语气的历史演变及其与情态、句子功能类型的关系。实际上，mood 是通过形态句法手段来表示说话者表述话语方式的句法范畴，sentence type 是通过多种句法手段来表示句子用途的交际功能范畴，而 modality 则是通过情态动词或情态副词来表示说话者针对命题所做主观判断的语义范畴。为了厘清汉语语气概念的内涵，必须打破汉语语气、句子功能类型和句末助词三者一一对应并循环论证的传统，分开处理。语气是基于词汇句法等多种手段的句法概念，情态是基于逻辑认知的语义概念，句子功能是基于用途的功能概念，口气是基于情感态度的语用概念。汉语的语气是说话者表述话语的方式，可分为与 mood 对应的直陈、祈使和虚拟三种类型。

一、引言

自马建忠（1898/1983：323）将西方 mood 范畴与汉语传统概念“语气”相对照，来解释汉语的助字功能开始，语气作为一定独立的语法范畴就进入到了现代语法体系中；后来刘复（1919/1990：87—89）基于英文 sentence type 的分类把汉语语气归纳为与汉语句子功能类型相对应的陈述、疑问、祈使、感叹四种类型，而黎锦熙（1924/1992：228）则进一步将助词功能、语气类型与句子功能类型联系起来，并以助词为语气类型标记，在三者之间建立起某种对应关系；随着形式语义学的发展，20 世纪 80 年代英语 modality 被引介到汉语语法学界（廖秋忠，1989：157），贺阳（1992：59）等学者开始把 modality 的内涵融入到对语气的诠释中。可以说，汉语语法分析中的语气概念是个大杂烩，既借鉴了 mood、sentence type、modality 的内涵，又融入了传统的“口气 / 口吻”等解读，因而与助词功能、句子功能、情态类型以及口气等概念纠缠不清。

为了界定汉语语气概念的内涵，从而确定语气概念的性质及其类别名称，本章首先梳理了语气概念演变的三个历史阶段。诸多学者在研究语气的三个不同历史时期分别参照了 mood、sentence type、modality 三个英语语法概念，并吸纳融合了传统口气观念，从而逐渐造成了目前语气内涵混乱不堪的局面。其次，追根溯源，根据英语提取 mood、modality、sentence type/sentence kind 三个概念时的最初方法，界定其各自的语法性质并厘清其间的关联性。mood 是通过形态句法手段来表示说话者判断方式的句法范畴，sentence type 是通过多种句法手段来表示句子用途的交际功能范畴，而 modality 则是通过情态动词或情态副词来表示说话者针对命题所作主观判断的语义范畴。第三，以英语这三个语法范畴为蓝本，结合汉语的传统语法事实，打破汉语语气、句子功能类型和句末助词三者一一对应并循环论证的传统，分别从语法性质、类型名称和内涵定义三个角度分析语气、情态和句子功能类型之间的关系。在语法性质上，根据句法、逻辑、功能和语用把语气、情态、句子功能类型和汉语传统的口气四个概念区别开，即语气是基于形式的句法概念，情态是基于逻辑认知的语义概念，句子功能是基于用途的功能概念，口气是基于情感态度的语用概念。在类型名称上，汉语语气可分为与 mood 对应的直陈、祈使和虚拟类型，从而与句子功能类型名称区别开来。在内涵定义上，语气就是说话者作出判断的方式，其中，判断本身包括命题和情态。情态则表示说话者针对句子命题所作出的主观判断。

二、汉语语气概念发展的三个阶段

目前的汉语语法概念体系中，语气的内涵和外延都很模糊，既与传统的“口气 / 口吻”扯不清关系，又与助词功能、句子功能以及表命题态度的情态掺在一起。究其原因，一方面是语气这个概念的历史继承和望文生义，另一方面是现代汉语语法分析在不同时期的借鉴和参照，影响最大的是 mood、sentence type 和 modality 这三个英语概念。

（一）与 mood 对应而表助词功能的语气概念

清代袁仁林（1710/1989：11）在解释虚字功能时明确地使用了“语气”这一概念，即“凡其句中所用虚字，皆以托精神而传语气者”。这种“虚字传语气”的思想影响深远，不仅在助词功能与语气概念之间铺设了桥梁，而且为以后汉语语气研究奠定了基本方向。

最早参照西文mood与“动字之尾音变化”之间的关系，构建汉语“语气”与“助字”之间关系的是马建忠（1898/1983：323），他认为：“泰西文字，原于切音，故因声以见意，凡一切动字之尾音，则随语气而为之变。……惟其动字之有变，故无助字一门。助字者，华文所独，所以济夫动字不变之穷”。按照何容（1937/1985：149—150）的解读，马氏一方面在语法意义上把英语的 mood 与汉语的语气等同起来，另一方面则在句法手段上把英文动字的形变（语法形式）与汉语助字（词类）对等起来，但却没有在语气类型上把英文的 mood 类型与汉语语气类型简单地对等起来，而是认为“助字所传之语气有二：曰信，曰疑”。如下表所示：

表 2-1　《马氏文通》语气与 mood 的关系

	西文	汉语
语法意义	mood	语气
句法手段	动字之尾音变化	助字
语气类型	indicative、imperative、subjunctive	信、疑

通过英汉对照，可以说，马建忠不仅把用于虚词释义的传统“语气”概念变成了具有现代语法意义的独立语法范畴，而且也开启了以现代语法理论为参照支点与观察视角来研究“语气”的先河。

其实，马建忠在诠释与汉语语气对应的 mood 概念时，采用的是 verbal mood 而不是 sentence mood/clause mood（Asher & Simpson，1994：2516；Morley，2000：98）。也就是说，马氏的语气内涵是最传统的 mood 概念，因为他既没有从句子层面给语气分类，也没有把语气类型与句子功能的类型联系起来，而仅仅认为汉语的助字表达了西文动词形变所表的语法意义。

（二）与 sentence type 相关而表句子功能的语气概念

章士钊（1907/1990：1、14、12、261）是较早对照英文的四种 sentence type 而划分汉语句子类型的学者，即："发言者之意志各不同，而句之组织亦自异，今分句之种类为四：叙述句、疑问句、命令句、感叹句"，不过，他分类的依据是"意志"而非"语气"，尽管他既承继了"助词传语气"的功能观，也秉承了马建忠所说的定助词和疑问助词的两分法，但是他还没有在语气类型与句子类型之间建立联系，只是使用了一个内涵模糊的意志概念。

刘复（1919/1990：87—89）认为："因为我们说话时，语气有种种的不同，所以文句的式样，也有种种的不同。我们把这种不同的式样，归并起来，共有四大类：第一类是直示句（declarative sentences，or sentences of statement），第二类是感叹句（exclamative sentences，or sentences of exclamation），第三类是询问句（interrogative sentences，or sentences of question），第四类是命令句（imperative sentences，or sentences of hortation）。"可以看出，他不仅把英文的 sentence type 直接翻译成汉语的句子类型，而且还首次把句子分类的依据归结为"语气"，从而在句子类型与语气之间构建了某种关联。

金兆梓（1922/1983：78—81）也直接把英文的 sentence type 翻译为汉语的句子类型，即："（a）直陈句（declarative sentence），（b）传感句（exclamative sentence），（c）布臆句（imperative sentence），（d）询问句（interrogative sentence）。"尽管他认为句子的分类依据是主词与表词之间的意义关系，但就某个句子的最终归类依据却是句子的语气，因为四种句子类型"纯然是一种形式上的分别，而其实尽有不能照此分法，须按其语气而定的"（金兆梓，1922/1983：80）[①]。

黎锦熙（1924/1992：228）以里德和凯洛格（Reed & Kellogg，1877）及纳斯菲尔德（Nesfield，1912）为蓝本撰写《新著国语文法》时，第一次把助词功能、语气类型和句子类型三者联系起来，他认为："助词是国语所特有的；它的作用，只用在词句的末尾，表示全句的'语气'。……现只就思想表达方面归纳一切句子的语气为五类：（1）决定句，（2）商榷句，（3）疑问句，（4）惊叹句，（5）祈使句，这些语气，各用相当的助词来帮助，

① 很明显，其观点受到斯威特（Sweet，1892：105、172）的直接影响。

或竟由助词表示出来。”其实，这五类语气是译自纳氏英文法（Nesfield，1912）的五个 sentence kind，即 assertive sentence、optative sentence、interrogative sentence、exclamatory sentence 和 imperative sentence。如果说以前的学者只是建立了语气与句子类型的联系，那么，自黎锦熙开始则把语气类型与句子类型混在了一起。后来何容（1937/1985：151）明确指出了其分析思路：“黎劭西先生分语气为五类，同时把句子也分为五类，这是依助词所表的语气来分别句类。”也就是说，黎锦熙是根据助词的功能来区分语气类型，然后根据语气类型来描述句子的功能类型。这种三者对应的分析模式对汉语语气及其与句子功能关系的研究产生了极其深远的影响。

目前国内的主流观点大致上秉承了把 sentence type 与语气概念搅在一起的分析思路，将语气和句子类型挂钩，参照现代英语语法对 sentence type 的四分法，将 declarative sentence、interrogative sentence、imperative sentence 以及 exclamatory sentence 套用过来译成汉语的陈述句、疑问句、祈使句和感叹句四种句子功能类型，也称为四种语气，并仍然坚持句末助词同语气的对应关系（如：黄伯荣、廖序东，1991：6；胡裕树，1995：314；钱乃荣，1995：192；邢福义，1997：121；邵敬敏，2007：213）。正如齐沪扬（2002：10）所言：“把语气的分类与句子的分类混在一起，显然是不合适的。”

在汉语语法分析中，语气类型与句子功能类型的纠缠主要体现为类别名称的完全一致。究其原因，一方面与英文 mood 与 sentence type 在类别名称上的重叠有关，比如两者都包括 imperative 类；另一方面与诸多学者对 mood 和语气进行的不同解读和演绎有关。

（三）与 modality 相关而表命题态度的语气概念

Modality 的研究在西方学术界经历了一个从哲学到逻辑学再到语言学的历史演进过程，20 世纪 70 年代以后逐渐成为现代语言学研究的热点（彭利贞，2007：9—25）。

汉语语法学界对 modality 的认知分析始于马建忠（1898/1983：183）所讨论的“助动字”，不过，他既没用“语气”，也没用能与 modality 对应的某个语法术语来分析该类语法现象。

较早把“语气”概念与 modality 对应起来的是贺阳，他（1992：59）认为“语气（modality）是通过语法形式表达的说话人针对句中命题的主观意识”，包括功能语气、评判语气和情感语气三类。很明显，无论是定义还是分类，他的“语气”概念都涉及了 mood、modality 以及其他范畴的内涵。这一观点影响了诸多学者对“语气”的理解和使用。比如孙汝建（1999：9）就认为“语气（modality）是指说话人根据句子的不同用途所采取的说话方式和态度”，而句子的用途就是句子的功能类型，从而把 modality、mood 以及 sentence type 等多种概念混在了一起，还有张斌（1998）、齐沪扬（2002）、唐小薇、李小军（2007）等都或多或少地用语气来指称 modality 及其所指的语法现象。其实，早在 1924 年，叶斯柏森（Jespersen，1924：319—320）就在 mood 的范畴下讨论了 modality 及其语法现象，可能与当时 modality 还没有引起语言学界的足够重视有关。

有意思的是，随着语言学界对 modality 的关注和研究热情的升温，也出现了用 modality 涵盖 mood 的主张。菲尔墨（Fillmore，1968：23）所说的 proposition（命题）之外的 modality 就是一个宽泛的概念，其中包括 negation（否定）、tense（时态）、aspect（体）以及 mood。同样，帕尔默（Palmer）在 *Mood and Modality* 初版（1986：21—23）时还力求将 mood 与 modality 并列来分析二者的差异，而第二版（2001：4）则把 mood 以及 modal verbs 归入同一个层面，由 modality 加以统摄。此外，崔希亮（2003：331—332）也认为 modality（情态）涉及说话人的态度和意见，其涵义就包括了传统意义上的 mood 和 modality。

总的说来，由于参照借鉴的概念以及所使用的术语不同，汉语“语气”概念与英语的 mood、sentence type、modality 都存在关联，要确定“语气”的内涵、阐明其功能并且划分内部小类，就变得十分困难，而且使得语气与情态、句子类型、以及口气 / 口吻等概念之间的界限非常模糊。

三、英语 mood、sentence type 和 modality 的性质、类别及其关联

近代汉语语言学在发展过程中参照借鉴了西方语言学理论及其研究成果，在这一历史大背景下，学者们对某些西方语言学理论术语在理解、翻译、诠释以及译文术语的运用上出现误读偏差是难免的，在将西方理论运用到对汉语语言事实的分析研究时出现偏误也是可以理解的。要厘清汉语“语气”概念的本质和类别，应该追根溯源，分清英语 mood、modality 和

sentence type 各自的性质、类别及其之间的关系，由此来确定汉语“语气”究竟与哪个概念相对应更合适。

（一）Mood 的本质及其类别

根据 mood 在西方语法中最传统最本质的意义，可以给 mood 的内涵作如下描述：mood 是以句子中动词形态的屈折变化为语法形式来反映说话者对句子判断的心理态度这一语法意义的形态句法范畴（Jespersen，1924：313；何容，1937/1985：150）[①]。

在性质上，mood 是一个句法范畴（syntactic category）或形态句法范畴（morphosyntactic category）[②]，而不是语义范畴（semantic category）[③]或概念范畴（notional category）（参见 Jespersen，1924：313；Asher & Simpson，1994：2516）。其根源在于：英语传统语法提取 mood 的途径是先形式后意义，即从已有的语法形式追寻所表现的语法意义，采用的是形式决定意义的思路[④]。如果采用从意义寻找形式的方式，心理态度的表达就不限于动词形态这一种形式了（何容，1937/1985：150）。就人类思维系统和概念系统的共通性而言，恐怕每种语言中都能找到表述心理态度的方式。

根据语法形式与语法意义的严格对应关系，只有通过动词形态变化反

---

① 参见：（1）叶斯柏森（Jespersen，1924：313）认为 moods “express certain attitudes of the mind of the speaker towards the contents of the sentence”；（2）何容（1937/1985：150）认为“moods 就是说话者的心理态度之表现于动词之形者”（the speaker’s attitude of mind shown in the form of the verb）。这里只是暂时借用两位学者对 mood 的定义，下面将逐步剥离容易导致歧解的不恰当用语。

② 莱昂斯（Lyons，1995：255）称 mood 是语法范畴（grammatical category），并把 mood 称为 grammatical mood，这种说法也不算错，但是语法范畴是一个内涵宽泛的概念，指称一种语法形式所体现的一种语法意义的概念是语法范畴，而指称多种语法形式所体现的一种语法意义的概念也是语法范畴。而 mood 属于前种类型，modality 则属于后者。

③ 之所以在性质上把 mood 作为句法范畴或形态句法范畴，是因为提取 mood 作为一个语法范畴并对其进行分类的方式是先形式后意义，意义的分类依赖于形式，即根据句法上“动词形态变化”这一形式上的变化来确定“说话者的心理态度”这一语法意义，但这并不是说 mood 不表示语法意义，表示语法意义与作为语义范畴是两个不同的层次，前者是从形式与意义的关系来说，后者是就形式与意义孰先孰后的制约关系而言。任何语法形式都表示一定的语法意义，但不是任何语法形式都是语义范畴。

④ 刘丹青（2008：478）认为：mood “主要是从形式上划分出来的范畴，指一种由动词的形态表现的在命题内容之外跟说话人的主观态度有关的范畴”。

映出的心理态度才能称为 mood（Booth，1837：124）[①]，因此，mood 还经常表述为动词语气（verbal mood/grammatical mood），而通过短语、词汇、语调等手段所反映的心理态度就不属于 mood。反之，不反映心理态度的动词形态变化也不是 mood。英语表示一般现在的句子主语为第三人称单数时，谓语动词要加 s/es，尽管这也是动词形态变化，但却并不反映 mood 所指的心理态度[②]。

从交际双方来看，mood 表示说话者的心理态度而与听话者无关。不过，作为 mood 的语法意义，“态度”（attitude）这个概念很容易让人解读为日常语言的一般意义，确切地说，mood 的意义本质上是一种方式（mode/manner），正如艾尔弗雷兹（Alfreds，1896：135）所言：“mood 是由动词形式显示出的行为表述方式。”从词源上考察，mood 源自指称方式（manner）的拉丁语 modus（Booth，1837：124；Morrison，1878：44；Kittredge & Farley，1913：115），所以还历史地积淀着“方式”的含义。孙鸿仁、王先寅（1996）曾用“语式”称呼 mood，而刘丹青（2008：477）则将 mood 译成“式”而非“语气”也凸显了这一意义。可以说，mood 的意义更倾向于表示一种方式而非态度[③]。因此，mood 的语法意义就是说话者表述话语的一种方式，其语法形式则表现为对句子动词形态变化方式的选择。

---

① 大卫·布思（David Booth，1837：124）认为：“It is，however，only when any mode of expression is represented by a change in the orthography of the verb that it has properly，in a grammatical sense，the name of mood，otherwise the moods would be as numerous as the passions of the mind。”

② 主语数量是说话者对客观现象的一种知性认识，但不是主观认识，更不是主观感受。知性认识一般具有基于客观事实并接受检验的可验证性和在主体间可进行交流的主体间性；而主观认识和主观感受都具有个体相对性（价值判断）和个体亲验性（情感和情绪等）。另外，时空观念比起数量观念更具有普遍性，时空范畴是人类认识事物并形成概念的两大先天直观形式（参见 Kant，1871/1976：A32/B48），而数量范畴则是后天的知性范畴。

③ 客观地说，“态度”（attitude）不仅在词源上与 mood 的拉丁语 modus 无关，而且在意义上也容易被解读为与心理、评价、价值等概念纠缠不清的日常含义；而“方式”（mode）既可以在词源上与 mood 具有同源性，也可以在意义上把断言、祈使、祈愿、虚拟等都可以看作是说话者对命题的一种表述方式（mode/manner），使各种 mood 的类别更具有客观性。

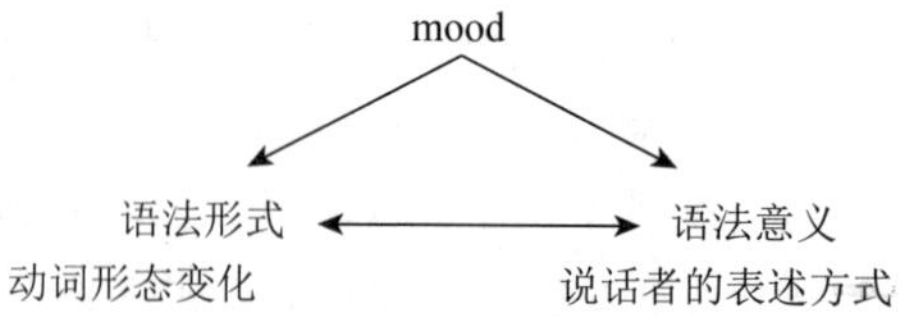

图 2–1 mood 的语法形式与语法意义的关系

从更深的层次上讲，mood 是说话者反映自己对现实世界的事实（reality）和主观事实的意图（intent）的认知方式（Scott，2008：25），这一认知方式因受制于动词形态而定性为形态句法范畴，而非语义范畴或语用范畴。

Mood 的类型数量因语言而异。根据语法形式决定语法意义的原则，一个语言有多少反映 mood 语法意义的动词形态变化方式，就有多少 mood 类型。多数印欧语言，包括拉丁语、英语、德语、法语和西班牙语，都有 indicative、imperative 和 subjunctive 这三种类型；个别的会多出一到十几个不等的 mood 类型，如：古希腊语、梵语（Sanskirt）、阿维斯塔语（Avestan）多出了 optative mood；法语和西班牙语多出了 conditional mood。有些乌拉尔 – 萨摩耶德语（Uralic Samoyedic）有十几种，而揑揑莰语（Nenets）多达 16 种。同一种 mood 类型的确切意义在不同的语言中也可能有差距。比如意大利语中的 condizionale mood 是其他印欧语言 conditional 和 optative mood 的混合物。无论数量如何，鉴定 mood 类型的依据都是动词形态，以及形态变化是否对应于语法意义的变化。当然，随着语言学理论的发展，对动词形态是否发生变化的鉴定标准往往会有分歧和争议。

正如莱昂斯（Lyons，1977：848）所言："mood 是在某些而非所有语言中发现的语法范畴。"有些语言因没有相关的动词形态变化而没有 mood，但不等于说这些语言无法表述相关的语法意义。这一思想促使帕尔默（Palmer，1986：3）在考察 modality 的跨语言表现时提出了以意义 / 语义为基础的比较原则，这对于界定汉语语气很有启发。

（二）Sentence type 的本质及其类别

判断 sentence type 的标准主要有结构（structure）和功能（function）这两种。标准不同，得出的 sentence type 类别与本质也就不同，但两个标准都涉及 sentence 与 clause 的区分问题。从定义上说，sentence 由包含至少一个主语和谓语且表达一个完整思想的一组词组成；而 clause 由包含一个主语和谓语且起到某一词类作用的一组词组成（Brown，1899：66）。Sentence 一般包括一个或几个 clause，而根据 clause 在 sentence 里的不同地位分成两类 clause type：独立小句（independent clause）和依存小句（dependent clause）。

从结构上说，根据 clause 的数量、关系及其地位等因素，英语的 sentence 可以分成四种 type：简单句（simple sentence）、并列句（compound sentence）、复合句（complex sentence）和并列复合句（compound-complex sentence）。汉语语法通常只分出单句和复句，没有完全照搬英语 sentence 的结构分类，也没有把它与"语气"联系起来。根据结构所分出的 sentence type（通常称为 sentence pattern，参见刘丹青，2008：1）是根据 clause 的数量及其相互间的逻辑关系而得出的类别，与句子意义及其功能不存在对应关系。

与汉语语气概念纠缠不清的是依据功能分出来的 sentence type，更准确地说是 clause type。既然 sentence 是由 clause 组成，通过功能分类得出的 clause type 理应能更细致地解读描述 sentence 的功能组配（Asher & Simpson，1994：3846）[①]。传统语法所说的"功能"与现在所说的"用途"有时很难区分。一般来说，"功能"是基于一定句法形式的语法范畴，而"用途"则是基于说话者言语行为（speech act）所指语力（illocutionary force）的语用范畴。因此，在性质上，sentence type"主要指的是句子的功能类型，即按交际中的作用所分出的句子类别"（刘丹青，2008：1），是一个基于多种句法手段的区别性特征而反映句子特有用途的功能范畴。

如何基于交际功能给 sentence 分类呢？萨多克和兹维基（Sadock & Zwicky，1985）提出了三个原则：（1）所有 sentence types 应该形成一个系统，而且每种 type 都有相应的形式；（2）各种 type 应该相互独立，即在同一个句子中，两种 sentence type 的标记不能同现；（3）sentence type 与言语行为有传统的关联性。前两个原则体现了形式标准，最后一个则体现了功能标准。

赫德尔斯顿（Huddleston，1994）受莱昂斯（Lyons，1966）和帕尔默（Palmer，1986）的启发，把 sentence type 的界定分成两个层面：具体语

---

① 为了表述简洁，本章不再区分 clause type 和 sentence type，统一采用术语 sentence type。

言层面和普遍语言层面。前者着眼于在具体语言中找到区别不同 sentence type 的语法特性；后者着眼于在不同语言中找到某类 sentence type 的共性。这就涉及了言语行为范畴以及用途特性（Asher & Simpson，1994：3846；Lyons，1966；Palmer，1986：23—33）。具体语言的语法特性指常见的句法判定手段，如词序、语调、特定词汇（疑问词、祈愿虚词）、verbal mood 标记（包括词缀和词）、与情态虚词的兼容性（Kiefer，1992：270）以及某些成分的省略（如 imperative 中第二人称主语的省略）等等。不同语言区分鉴别 sentence type 的句法手段不同。跨语言的共性主要体现为以 sentence 为单位所表述的 statement、question、command 等言语行为的用途特征。

传统的主流观点认为，根据句子的交际功能及其句法手段，英语的 sentence type 主要包括 declarative、interrogative、exclamative 和 imperative 四类。随着句法分析及功能研究的细化和深入，很多学者开始认识到 clause 的重要性，并认为 clause 的功能类型能更细腻准确地描述 sentence 的句法构成和功能组配。一般可以分五种，并与各自的典型用途（characteristic use）相对应，见表 2-2：

表 2-2 小句功能及类型（Huddleston & Pullum，2002：854）

	clause type 小句类型		characteristic use 典型用途	
i	declarative	［宣布句］	statement	［陈述］
ii	closed interrogative	［封闭式疑问句］	closed question	［间接询问］
iii	open interrogative	［开放式疑问句］	open question	［直接询问］
iv	exclamative	［感叹句］	exclamatory statement	［感叹陈述］
v	imperative（jussive）	［祈使句］	directive	［使令］

（三）Modality 的本质及其类别

无论哲学、逻辑学还是语言学，研究 modality 的思路都是从概念到形式（Jespersen，1924：319；Asher & Simpson，1994：2536；彭利贞，2007：37—39、82），也就是先建立 modality 的概念意义，然后再从语言形式上寻找其表达手段。拜比和弗莱施曼（Bybee & Fleischman，1995：2）

认为 modality 是一个语义范畴，而 mood 是语法形式范畴。刘丹青（2008：478）也认为 modality“主要是从意义上划分出来的范畴，指说话者对命题的主观态度的语法表征。……它的表现手段则有多种”。从性质上说，modality 是通过一定的词汇、句法手段而表现的说话者针对命题内容的主观判断，其本质反映的是句子意义相对于一组可能世界的有效性（Asher & Simpson，1994：2515）。

作为一个以逻辑范畴为分类标准、由不同语言形式加以表现的语义范畴（Huddleston & Pullum，2002：52），modality 涉及的逻辑范畴或哲学概念主要有可能性、必然性、义务、许可、意图、意志和潜势等等。英语表达这些概念的语言形式包括词汇手段（情态动词、情态副词以及部分形容词、动词和名词等）、形态手段（时态或其他动词屈折形式）、clause type、从属关系和插入语等。

Modality 的语义类型尚不成熟，也不系统，主流的观点认为有三类：epistemic（认识）、deontic（义务）和 dynamic（动力）。与 mood 和 sentence type 不同的是：任何一个句子都可以根据其动词形态而归属于一定的 mood 类型，也可以根据其交际功能划到一定的 sentence type 中去，而是否每个句子都可以归入某类 modality 中，是个值得探讨的理论问题。如果有的句子没有表示 modality 的词汇句法手段，我们把该类句子归入 neutral 或者 default modality 类别中，那么，也可以说每个句子都可以归入到某类 modality 中。至于如何给 modality 分类以及分多少类等问题都是可以进一步讨论的问题。

（四）Mood 与 sentence type、modality 的关联

Mood、modality 和 sentence type 都反映了一定语法形式和语法意义之间的关系，因而都是语法范畴。不过，由于各个概念的形成路径和理论依据不同，所属的语法层面也就不同。Mood 是根据动词形态变化所反映的语法意义而提出的，是形态句法范畴；sentence type 是把错综复杂的句法形式和语用用途综合起来而确定的，是功能范畴；modality 是基于逻辑范畴或哲学概念并通过词汇句法手段来表现主观判断的，是语义范畴。三者属于语法范畴的不同层面，如下表所示：

表 2–3 Mood、modality 和 sentence type 的语法范畴对比

比较项	语法范畴		
	形态句法范畴	语义范畴	功能范畴
mood	●		
modality		●	
clause type/sentence type			●

当然，mood 与 sentence type、modality 在英语语法分析中存在一定关联，因而界限有点模糊。

首先，mood 与 sentence type 的关联主要表现在部分类型名称的重叠上。除了都有 imperative 这么一个类型外，mood 的 indicative 与 sentence type 的 declarative 也经常造成人们的误解误用（Lyons，1995：176）。给 mood 分类的单位可以是单句，也可以是复合句，而 sentence type 一般指单句而非复合句。当然。作为一个形态句法范畴，mood 可以在鉴别 sentence type 时发挥作用，比如：declarative sentence 中的主要动词典型地带有 indicative mood 的形态；而带有 imperative mood 形态的动词通常出现在 imperative sentence 中。但无论如何，mood 与 sentence 在类型上没有一一对应的关系（Asher & Simpson，1994：2519）。Mood 和 sentence type 中都有 imperative 这么一个类别，容易产生混淆，所以可以考虑把 sentence type 的 imperative 改为 jussive，以示区别（Huddleston & Pullum，2002）。

其次，mood 与 modality 的纠缠主要表现在内涵定义及两者的相互关系。在内涵上，mood 和 modality 都涉及说话者的态度（Jespersen，1924：313；Palmer，2001：8），但各种定义对于态度的内涵并没有做细致划分和界定①。而对二者的关系，叶斯柏森（Jespersen，1924：313—337）认为 mood 包涵了 modality，而帕尔默（Palmer，1986：21）根据形式与意义的关系，认为 modality 的概念远远大于 mood 的内涵，mood 是表现 modality 的语法形式之一。在某种程度上，mood 与 modality 的关系有点像 tense 与 time 以及 aspect 与 aspectuality 间的关系（Jespersen，1924：313—321；

① 鲁川（2003：323—324）认为：语气（mood）跟情态（modality）是该分开并且能分开的。二者都是言者附加的主观信息。语气体现为对于闻者的态度，情态体现为对于事情的态度。他把态度分为对人和对事两类，这一观点很有启发性。

Palmer，1986：21；Huddleston & Pullum，2002：117—118），如下表：

表 2-4 mood 与 modality、tense 与 time、aspect 与 aspectuality 的形意关系

form（形式）	characteristic meaning（典型意义）
tense	time
aspect	aspectuality
mood	modality

总的来说，mood 在类别名称上与 sentence type 有混淆，而在内涵和关系上与 modality 存在着纠缠。这种关联与纠缠直接影响到这些概念的汉译和理解，以及对汉语相关语法现象的分析、界定、分类和解释。

四、语气与句子功能类型、情态、口吻等范畴的差异

（一）不同范畴有不同的语法性质

汉语语法分析中的语气概念究竟与 mood、modality、sentence type 中的哪个概念对应，本身是一个可以探讨的理论问题。既然现代汉语语法体系是以西方语言学理论为基础，根据汉语事实而构建起来的，那么，在进行汉语语法分析时，就应该用汉语的不同概念来对应英语的不同概念。把英语的这三个语法范畴以及马建忠所主张的口吻 / 口气等传统语法概念都归入汉语的“语气”范畴，必然会造成混乱。比较合理的做法就是将这四个范畴分开，赋予不同的名称，可以沿用目前通用的翻译，把 mood 称为语气，modality 称为情态，sentence type 称为句子类型或句类（石定栩，2009），并且采用吕叔湘先生的建议（参见张斌，1999），把说话时表示感情的口吻称为口气。这样，就可以根据英语 mood、sentence type 和 modality 三个概念的语法性质、分类及其关联，来界定汉语语气、句子类型、情态和口气这四个概念的语法性质及其关系：

表 2-5 英、汉诸语法概念的对应

英语术语	mood	sentence type	modality	Tone
汉语术语	语气	句子类型	情态	口气

关于不同语言在语法范畴上如何互相借鉴和对比，可以参考帕尔默（Palmer，1986：2）的观点："任何语法范畴的类型学研究都涉及两个基本步骤：首先是某个语法范畴在不同语言中的识别；其次是这些范畴跨语言的识别。在每个步骤中识别的性质很不一样。就某个语言而言，某语法范畴的识别和界定借助于该语言的形式特征，因此根据定义具有语言的特殊性；但是跨语言的识别则依靠共同的语义特征，……一个类型范畴的最终界定借助的是意义，尽管并非总能给该范畴一个确切的界定。"

Sentence type 是一个基于句子交际用途的功能概念，而所有语言的主要功能都是进行交际，汉语的句子功能类型自然可与之对应，并归入功能范畴。

Modality 本身就是基于哲学概念和逻辑范畴的语义概念。早期与 modality 相关的汉语语法研究（马建忠，1898/1983：183—184；吕叔湘，1942/1982：246—256；王力，1943/1985：69；高名凯，1948/1957：233—247）都曾提及 modality 所包含的可能性、必然性、必要性等核心范畴，而近年来对情态内涵的界定则直译了 modality 的定义（贺阳，1992：59）。无论是早期自发的研究还是后来的直接借鉴，都说明 modality 这一认知逻辑范畴具有共通性。情态在语法性质上与 modality 一样，都属于通过词汇句法手段来表达的语义范畴。

Mood 是通过动词形态变化提取出来的句法概念。汉语的谓语动词没有相关的形态标记，所以汉语中是否有 mood，特别是表示非真实条件的 subjunctive mood，一直都有争议（Bloom ，1981）。不过，这不等于汉语不能表达这一语法意义，只不过汉语没有采用动词形变的方式，而是采用词汇、句法等手段来标记反事实的 subjunctive mood（邵京，1988；陈国华，1988；蒋严，2000）。尽管"语气"是传统语法虚词释义中提出的概念，但虚词或句末助词是汉语表达英语 mood 语法意义的手段之一，"虽然不是严格的形态，但也是虚词而非实词性单位，可以归入广义的式（语气/mood）范畴及其下位口气的表达方式"（刘丹青，2008：479）。正因为如此，"语气"概念可以与英文的 mood 相对应，界定为说话者运用词汇和句法手段表述话语的方式，其性质暂时可归入句法范畴。

汉语对口气的研究比较薄弱，从袁仁林（1710/1989：11）开始就与语气、口吻等概念混用，后来又与情态的内涵搅在一起。与口气概念接近的英语概念是 tone，"tone 传达出我们对听众和主题的态度"（Gruber，2005：xli），孙汝建（2005：76）认为"口气是指句子中思想感情色彩的种种表达法”。可以说，口气（tone）或说话时的口吻，在各个语言中都是说话者表达态度、感情不可或缺的手段。在表达方式上，各种语言可供使用的方式也各不相同。语调的高低、发音的轻重、语速的快慢等都有可能参与其中，汉语比较特殊的地方是还可以大量使用句末助词（房玉清，1992；刘月华等，2001；范晓等，2003；赵春利，2003；刘丹青，2008：479）。从交际过程看，口气的使用和理解与交际双方的熟识度、性格、地位、角色、情感、心理、态度、文化素养以及语境等都息息相关。口气所表达的情感态度只有在实际交流中才显露出来，并影响听话者对话语真实含义的理解。离开言语的使用就很难讨论口气问题。因此，可以认为：口气是说话者通过语调的高低轻重、语速的快慢缓急和句末助词等方式，透露自身心理情感态度并反映角色关系的语用概念（张云秋，2002：44）。

这样，我们就可以对照英文的 mood、modality、sentence type 和 tone，将语气概念中所涵盖的四种范畴从语法性质上区别开来：

表 2–6　英、汉诸对应语法概念的语法性质

语法性质	汉语概念	英语概念
句法范畴	语气	mood
语义范畴	情态	modality
功能范畴	句子类型（句子功能类型）	clause type/sentence type
语用范畴	口气	tone

（二）不同范畴有不同的类型名称

英语语法界的主流观点认为，mood 与 sentence type 之间并非对应关系，而是交叉关系，如下表所示：

表 2–7　英语中 mood 与 sentence type 的交叉关系（Pinkster，1990：190）

sentence type	mood		
	indicative	imperative	subjunctive
Declarative	●	○	●
Interrogative	●	○	●
imperative/Jussive	○	●	●
Exclamative	●	●	●

汉语语法界的主流观点（黄伯荣、廖序东，1991：6；胡裕树，1995：314；钱乃荣，1995：192；邢福义，1997：121；邵敬敏，2007：213）则认为：语气与句子类型之间有着整齐的一一对应，而且可用句末助词作为标记。

表 2–8 汉语中语气与句子类型的对应关系

句子类型	语气类型				句末助词标记
	陈述语气	疑问语气	祈使语气	感叹语气	
陈述句	●	○	○	○	了 / 的
疑问句	○	●	○	○	吗 / 呢
祈使句	○	○	●	○	吧
感叹句	○	○	○	●	啊

形成这一观点的主要原因之一是语气与 mood 无法在形式上对接。Mood 的句法形式是动词形变，而汉语动词没有相关的形变，语气无法像 mood 那样通过动词的形态表达。由于汉语有用语气给虚词释义的传统，很自然地就把句末助词看作是汉语表现语气的语法手段。从语言类型学的角度看，英语的动词形变与汉语的句末助词是否具有可比性，取决于这两种表现形式所各自表示的语法意义。其次，语气在语法意义上无法与 mood 对应。Mood 的意义类型主要有 indicative、imperative 和 subjunctive 三种。汉语的语气概念并没有参照 mood 的意义分类，而是采用了传统语法的观点，主张语气由句末助词来体现，按照句末助词的意义来替语气分类。有意思的是，在确定句末助词的功能时，又转过身去依赖它所附着的句子，根据句子的功能来解读句末助词的意义。这样一来，根据句子功能解读句末助词的意义，再根据句末助词的意义去解释语气的意义。与句子功能类型相对应的语气类型确定以后，再以句末助词为标记，通过语气类型来解释句子的功能类型。由此形成了循环论证的格局，如下图所示：

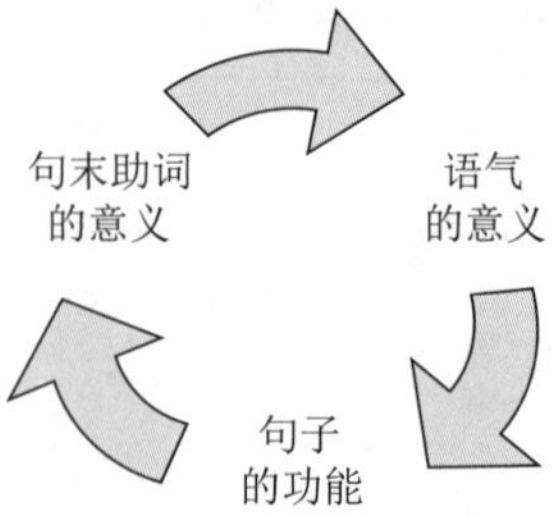

图 2–2 句子的功能、句末助词的意义、语气的意义三者循环论证图

由于句子功能的分类直接借鉴了英语 sentence type 的分类，句子功能、句末助词、语气意义三者的关系，就表现为以句子的四种功能类型为基础的一一对应。循环论证的结果是，各种语法书对四种句子类型进行划分时的依据，在功能、用途、目的、语气之间游荡，分辨不清，说法不一。

汉语有没有能够与英语 mood 对应的“语气”，要看如何理解“对应”的内涵。如果局限于语法形式的对应，由于汉语没有相关的动词形态变化，当然就没有与 mood 对应的“语气”；如果指语法意义的对应，汉语的句子当然可以表达英语 mood 所表示的语法意义，因此也有“语气”概念。

因此，要想建立与 mood 语法意义相对应的“语气”概念，就必须抓住循环论证的逻辑漏洞，打破三者之间的对应关系。

首先，应该打破句子功能与句末助词间的关联。众所周知，英语的 sentence 都可以归为一定的 sentence type，因为可以综合语序、疑问词、语调等各种语法手段来判断一个 sentence 的功能，不属于一定功能类型的 sentence 是不存在的。与之相同，汉语的每个句子也都可以根据各种语法手段判定其功能类型归属，即每个句子都有一定的功能。可是，并非每个句子都有句末助词，句子功能的判断标记也就不一定要依据句末助词，同样可以依据疑问词、语调等手段。另外，把句末助词与一定的功能类型捆绑在一起也不符合汉语事实，因为很多句末助词可出现在不止一种句子功能类型中，如：

（1）她是一个人去的？（疑问句而非陈述句）

（2）我们正考试呢。（陈述句而非疑问句）

（3）你小子涮我玩儿呢吧？（疑问句而非祈使句）

（4）快拿过来啊！（祈使句而非感叹句）

也就是说，句子功能与句末助词存在一定关联，但只是一种交叉关系。把二者对应起来既不符合事实，也不符合划分句子功能的逻辑。

其次，应该打破语气与句末助词的一一对应关系。英语的 mood 是由动词形变来体现的，而且每个句子都可根据动词的形态而归入一定的 mood 类型。如果汉语语气是由句末助词来表现的，那么，不带句末助词的句子有没有语气？如果坚持语气与句末助词的一一对应性，只有带句末助词的句子才有语气，那么语气与 mood 在形式与意义上都没有任何关联了，语气就不再是汉语句子层面带有普遍性的语法范畴，也失去了与句子功能对应的基础，因为每个句子都有功能，而语气仅仅是解释句末助词功能的概念。反之，如果打破语气与句末助词的对应性，认为每个句子都应该归属于一定的语气类型，那么语序、语调、词汇等都是表达语气的手段，句末助词充其量是表现语气手段之一。比如例（5）带有句末助词，而例（6）没有句末助词，但却都属于与 imperative mood 对应的祈使语气。从根本上说，一个汉语句子表示什么语气（mood），与句末助词没有必然关系，甚至没有关系。句子的语气最终取决于其本身表示的意义是违实的虚拟、未实的行为还是事实的表述。

（5）快走吧！

（6）快走！

最后，还应打破语气类型与句子功能类型的对应关系。如上所述，英语的 mood 类型与 sentence 的功能类型之间不是对应关系，而是交叉关系。汉语语法学界的主流观点认为，语气类型与句子功能类型一一对应。不管是根据语气给句子分类，还是按句子功能类型通过句末助词来给语气分类，这种对应关系都无异于取消语气独立存在的必要性。与已得到公认的句子功能类型相比，语气并没有揭示出更多的语义、句法和语用信息，其独立存在的价值非常值得怀疑。

既然汉语语气与 mood 在语法形式上没有对接关系，那么，汉语要想在和 mood 对应的意义上保留“语气”概念的独立地位，就必须重新评估汉语语气的语法意义。我们可以按照帕尔默（Palmer，1986：2）的意义准则和叶斯柏森（Jespersen，1924：313）的意义分类思想[①]，把mood从意义上分为事实、未实和违实三个意义类型，并据此来观察汉语表达这些意义的方式[②]。一方面突破只有单句才有语气的框框，借鉴 mood 不以句子结构划分为前提的思路；另一方面打破只有句末助词才表示语气的桎梏，参照 mood 的意义类型来分析汉语表现语气的方式。坚持这两点，就不难在汉语中找到表示 subjunctive mood（虚拟语气）的违实小句，例如：

（7）我是你的话，就劝她做下去。

（8）要是他枪法准，你就一命呜呼了。

---

① 叶斯柏森（Jespersen，1924：313）从概念角度提出了事实（fact-mood）、思想（thought-mood）和意志（will-mood）三种 mood 类型。

② 此处并非直接给汉语的“语气”进行意义分类，而是借鉴 mood 的意义类型寻找汉语“语气”有无表达 mood 意义的方式。也就是说，既然语气与 mood 在句法形式上没有对应性和可比性，那么二者在意义上应该存在关联。

这两例违实小句分别通过违实命题与后附助词“的话”（江蓝生，2004）、连词“要是”与时体助词“了”组合起来完成虚拟表述。陈国华（1988）曾细致地把汉语标记虚拟条件的手段归为五个方面：a. 从句动词的体态；b.“早”之类的直指词；c. 主句句尾的语气助词“呢”和“了”；d. 某些条件从属词，特别是“要不是”；e. 给条件从属词加句重音。从实际例子看，汉语表述虚拟的手段不像英语那么系统，通常要综合运用多种手段。比如：

（9）他不酒后驾车，就不会丢掉性命了。

（10）假如不告诉他，他还蒙在鼓里呢。

例（9）运用了副词“就”、情态词“会”和助词“了”，例（10）则运用了连词“假如”、副词“还”和助词“呢”。“否定”在两例中都起着一定的作用。可以说，汉语表达虚拟的方式具有整体综合性，单独一个手段（如句末助词）很难独立标记违实小句，像“要不是、早知道”本身就是复合手段，也需要其他手段的配合，如：

（11）a.* 要不是下雨，我在地里干活。［句子不成立］

b. 要不是下雨，我还在地里干活呢。［违实句］

（12）a.* 早知道下雨，我就带伞。［句子不成立］

b. 早知道下雨，我就带伞了。［违实句］

当然，汉语句子也可以表达未实的祈使语气和事实的直陈语气，前者如：

（13）千万别信他的话。

（14）滚！

后者如：

（15）小家伙陪叔叔去了一趟铁路博物馆。

（16）你买了什么东西？

即使不用句末助词，汉语依然可以表示与 mood 对应的语气类型。汉语在表达语气时并非完全不用句法手段，表虚拟语气的“要不是”就是词汇手段，表祈使语气的“第二人称主语缺省”则是句法手段。

不管怎样，基于 mood 的语法意义而非语法形式，建立不同于句子功能类型的汉语语气系统是可行的。尽管 mood 在本质上是通过动词形态变化来表示语法意义的形态句法范畴，而汉语语气则是通过词汇、句法等多种综合手段表示相当于 mood 的语法意义。以意义为基点构建 mood 与语气间的对应性和可比性，可以把语气归为综合句法范畴。至于汉语语气是否只有英文的三种意义类型，则可进一步探讨。

（三）不同范畴有不同的内涵界定

在内涵定义上，汉语分析中的语气与情态之间存在着模糊不清的现象。主流观点在界定二者时都用到了“主观态度”这一概念，其实这是受英语 mood 与 modality 内涵混乱不清的直接影响。

语气反映的是说话者表述话语的方式，话语又可分为命题和情态两个部分。情态表示说话者针对句子命题作出的主观判断。比如：

（17）公职人员每年可能改选一次。

（18）公职人员每年必须改选一次。

以上两例都属于未实语气，其命题都是“公职人员每年改选一次”。不过前者表示的是认知情态，而后者表示的是道义情态。汉语主要通过情态动词和情态副词等词汇手段来表示情态。至于那些没有情态动词和情态副词的句子，其情态类型则取决于我们如何界定情态所指的范围。比如我们可以设立一个中性情态（客观情态）类型而将例（18）归入其中；也可以不设立中性情态类型，而认定只有存在情态动词或情态副词的句子才有情态，从而取消所有句子都可归入某一情态类型的想法。两种做法都未尝不可。与英语 modality 一样，情态如何具体分类以及分多少类都是可以进一步讨论的问题。从总体上看，汉语的情态与句子功能类型、句末助词都没有直接关系，也不应该与语气纠缠在一起。

五、结语

汉语语气概念与情态、句子功能以及口气等概念都存在着纠缠不清的问题，究其原因，既与汉语的“口气 / 口吻”解读以及助词释义传统有关，但主要还是与语气概念在不同历史时期分别借鉴了英语的 mood、sentence type 和 modality 三个不同的语法范畴有关。

为了厘清汉语语气的概念内涵，首先要界定清楚英语三个语法概念的本质属性、各自类别和相互关联。从各个概念最初的提出方式看，mood 是从形式先于意义的角度提出的，属于通过形态句法手段来表示说话者表述话语方式的句法范畴，sentence type 是基于句子功能来分类的，属于通过多种句法手段来表示句子用途的交际功能范畴，而 modality 则是基于概念寻找形式的方式提出的，属于通过情态动词或情态副词来表示说话者针对命题所做主观判断的语义范畴。

其次，要打破汉语语气、句子功能类型和句末助词三者一一对应并循环论证的传统，分开处理。根据不同范畴在语法性质、类型名称和内涵界定上都存在着差异的原则，参照三个英语语法范畴的语法性质、类型和内涵，可以认为，汉语情态是基于逻辑认知的语义概念，句子功能是基于用途的功能概念，口气是基于情感态度的语用概念，而汉语语气可基于 mood 的语法意义而非语法形式作出界定，即其性质是基于词汇句法等多种手段的综合句法概念，其内涵是说话者表述话语的方式，其类型可分为与 mood 对应的直陈、祈使和虚拟三种类型。

这样，在厘清语气、情态、句子功能类型和口气四个基础概念的基础上，就可以重新认识句末助词的语法性质和语法意义，而要准确定位句末助词的分布规律并提取、验证、解释句末助词的语法性质和语法意义，还需要在借鉴各派语法理论的基础上，构建具有汉语语法特色的语义语法理论。

第三章　关于语义语法的逻辑界定

语义语法理论是准确定位句末助词分布规律并提取、验证和解释其语法意义的创新理论。那么，什么是语义语法理论呢？语义语法理论是在继承借鉴各派语法理论的基础上，以语义研究为核心，以认识论、本体论、目的论和方法论为逻辑线索和理论支点，根据汉语语言事实和逻辑范畴所构建的概念体系，是系统深入地研究句末助词的理论基石。首先，从认识论上看，语义语法理论认为语法是语法意义的性质、类别、组合与演变规律及其所决定的语法形式的性质、类别、组合与演变规律。其次，从本体论上，语义语法就是以语法意义为逻辑起点和研究对象并力求得到语法形式验证的语法理论。第三，从目的论上看，语义语法就是揭示出具有可验证性、可区别性、可解释性和可体系化的语法意义。第四，从方法论上看，语义语法理论综合运用形式与意义、静态与动态、描写与解释、定量与定性、归纳与演绎等两两结合的方法揭示客观存在且符合认知规律的语法意义，据此构建语义体系。

一、引言

经过十几年的发展，植根于“汉语语法研究”沃土的“语义语法”凭借其对语法规律的挖掘能力、论证能力和解释能力在汉语语法学界逐渐发展壮大，并产生了一定的国际影响力，彰显出顽强的理论生命力。从理论上看，由于“语义语法”是不同知识背景的学者根据自己的语法研究实践着眼于不同的研究目的从不同的角度提出来的，至今尚未形成一个逻辑严密、体系完整的语法理论，尚存在着以下问题：一是对基础概念的内涵外延缺乏严格的逻辑界定；二是对概念与概念之间的关系性质缺乏严密的逻辑推理；三是对语义语法的理论观点缺乏严谨系统的逻辑论证。

本章试图以认识论、本体论、目的论和方法论为逻辑线索和理论支点，根据语法事实和逻辑对语义语法理论的基础概念（如语法、语义语法、语法意义、语法形式、目的论、方法论等）及其逻辑关系进行逻辑界定，为构筑语义语法的理论体系奠定基石，也为自觉地运用语义语法理论及其方法进行语法研究厘清思路。

二、语义语法的语法认识论

（一）语法概念的存在论解读与概念论解读

从语法的理论研究上说[①]，“语法”概念通常可根据存在论和概念论做出两种解读：一是存在论解读，即作为研究对象，语法是指语言中客观存在的规则系统。存在论意义的语法研究主要关注语法规则系统是否存在以及如何证实的问题；二是概念论解读，即作为研究理论，语法是指认识、发现、描写并解释语言规则系统及其性质类别的各种语法理论，也就是语法学。基于概念论的语法研究主要关注以下问题：如何认识语法（认识论）、如何界定语法的本质（本体论）、为什么研究语法（目的论）和如何研究语法（方法论）。

存在论是构建概念论的逻辑前提和理论预设，而概念论是存在论体系化的必然结果。绝大多数语法理论都以存在着语法规则系统为预设前提和理论假设，为数不多的语法理论会试图从方法论或证据学角度证实语法规则的客观存在性（Chomsky，1966：3—12；Halliday，1996：1—38；石定栩，2002：1—2、17—18；邵敬敏，2006：7）[②]。而就概念论解读而言，不同的语法理论或秉持相同语法理论的不同学者（甚至同一学者的不同历史阶段）对语法内涵的认识、诠释和界定也存在着较大的差异，从而反映出不同的语法认识论。

（二）前人语法认识论的四种类型

自英语 Grammar 一词由马建忠于 1898 年引入汉语语法开始，作为一

① 此外，在语言教学、自然语言处理和语言互译等语言应用领域存在着对语法的应用研究，不过，一般都是基于一定理论的应用研究。本章主要探讨语法的理论研究相关问题。

② 韩礼德（Halliday，1996：1—38）从 the thing 和 the study of the thing 角度把 Grammar 分为 grammar 和 grammatics。而邵敬敏（2006：7）把“语法”与“语法学”区别开来。

个核心术语和基础概念，其翻译经历了一个由最初音译的“葛郎玛”（马建忠，1898/1983：15）到后来意译的“文法”（刘复，1919/1939：2）再到现在基本固定的“语法”（王力，1943/1985：1）的过程。基于不同的语言学思想和哲学思想，不同的语言学流派和学者对语法内涵的认识存在着一定的差异①，纵观各家观点，大体可以归结为四种类型：词句规则观、形式规则观、意义规则观和形意规则观。

首先是词句规则观。

尽管很多学者在语法的本位是字、词、词组、句子还是小句上还存在着分歧，甚至还经历了结构主义语法、功能语法、格语法、生成语法、语义语法等非传统语法理论的熏陶洗礼，但由于主张将语法分成词法和句法两个部分的传统语法学思想在学术研究和语法教学领域中的根深蒂固与深远影响，因此，主张“语法是组词造句的规则”的传统语法学这一语法认识论毫无疑问占据着汉语语法学界的主流，可归结为词句规则观。

从历史发展的进程看，词句规则观肇始于传统语法学的引入者马建忠［32：15］，他认为“葛郎玛者，……凡字之分类与所以配用成句之式具在”，经过刘复（1919/1939：2）、金兆梓（1922/1983：6）、黎锦熙（1924/1992：14）、吕叔湘（1942/1982：13）、王力（1943/1985：1）、中国科学院语言研究所语法小组（1952：26）、高名凯（1960：40）、胡裕树（1962：248）、黄伯荣与廖序东（1980：271）、张志公（1982：4）、高更生（1988：53—54）、邢福义（1991：3）、王希杰（1992：65）、邵敬敏（2001：168）、陆俭明（2003：12—13）等学者对语法的界定和阐释，并以教科书为媒介的广泛传播，不仅更加通俗易懂，而且还逐渐成为语法认识论的主流而被更多的学者接受。词句规则观对语法的定义按照逻辑学来说属于属加种差的定义方式中的“发生定义”，即语法作为规则是指“词和句子是如何组成的规则”，从表现语法的实体上说这一定义没有偏离方向，但如果细究起来，无论是词还是句子，本身都包含着形式和意义两个部分，那么，语法究竟是词和句子在形式上的组合规则还是在意义上的组合规则呢？显然，词句规则观并没有触及对自然语言处理和对外汉语教学

① 其实，从语法认识论的发展规律看，学者们对“语法”的界定经历了从“规范”到“规则”再到“规律”的由主观规定性强到客观描述性强再到客观描写与认知解释相结合的演进过程。

来说这个至关重要的问题。

其次是形式规则观。

形式规则观就是单纯从形式角度解读语法本质的认识，认为语法是语言符号与语言符号间形式组合的规则。沈开木（1992：16）提出："语法是'语言符号同语言符号的关系'，这种关系形成为一些规则和反映这些规则的许多格式、形式，它属于语言的形式方面。"同年，仝国斌（1992：52）也认为"语法是形式的哲学"。后来，金立鑫（1995：50—53）在批判意合语法时明确提出了语法是形式规则还是意义规则的问题，即"语法是形式之法还是意义之法"，他的回答是："语言学里的语法学，研究的也是语言单位和语言单位（准确的说应该是语法单位和语法单位）之间的形式组合方面的问题。"可归结为：语法是形式规则，非意义规则。

第三是意义规则观。

意义规则观就是单纯从意义角度诠释语法本质的认识，认为语法是语义范畴间的组合规则。张黎（1994：83—84）在界定汉语意合语法时提出"意合语法不拘泥于句法形式的限制，直接以语义为组合直接单位"，并以此为理论基础（1997：59）直接回答了金立鑫（1995：50—53）提出的问题："金立鑫（1995）指出一个很好的命题：语法是形式之法还是意义之法？对于这个问题，我们必须明确回答：语法是意义之法，语法是语义范畴间组合搭配的制约之法，语法是制约组词成句的语义范畴间的选择规则系统。"可归结为：语法是意义规则，非形式规则。

第四是形意规则观。

形意规则观就是强调形式规则和意义规则是语法的本质，主要包括两种观点：一是形意平行规则观，一是形意对应规则观。

形意平行规则观是指分别从形式和意义两个角度解读语法本质的认识，认为语法包括形式合成规则和意义合成规则。杨成凯（1994：14）认为："语法研究词形变化的规则和用词造句的规则。……语法规则（R）有两种类型：R1：W → W′；R2：{W1，W2，…，Wn} → P。……语法规则可能有两层含义：一是形式合成法则，由左边的各个单位的形式按规则进行操作，可以得出右边单位的形式；二是意义合成法则，由左边的各个单位的意义按规则进行操作，可以得出右边单位的意义。"R1 是词、句子、词形变化规则，也就是形式合成规则；而 R2 是用词造句的规则，也就是意义合成规则[①]，但杨成凯并没有论及形式合成规则和意义合成规则之间存在什么关系。

形意对应规则观主要从语法研究的目的和方法角度揭示语法形式和语法意义之间的结合性、渗透性和验证性。朱德熙（1985：80）提出："弄清楚语法形式与语法意义之间的对应关系，……应当把形式和意义结合起来，……使形式和意义互相渗透，讲形式的时候能够得到语义方面的验证，讲意义的时候能够得到形式方面的验证。"朱德熙（1985：84）的形意对应规则观比较深刻地认识到语法形式和语法意义的关系是语法研究的本质："语法形式和语法意义之间的关系是语法研究中的根本问题。"但语法形式与语法意义之间绝不是平行关系，究竟谁决定谁，谁制约谁，朱德熙并没有说明。

可以说，前人对语法的认识逐渐从强调语法实体（词句）的规则发展到了分别强调形式规则、意义规则或者形意平行或对应规则，但还没有完全揭示语法形式和语法意义间在语法研究中的辩证关系。

（三）语义语法理论的语法认识论

大多数语法理论都有意无意地试图描述、解决语法研究中语法形式和语法意义间的关系问题。早在1924年，奥托·叶斯柏森（1924/2010：37）在讨论语法的研究方法时就提到了从形式到意义或者从意义到形式的两种途径。1942年，吕叔湘（1942/1982：5）则沿袭叶氏两种途径而完成了《中国文法要略》。乔姆斯基（Chomsky，1966：5）曾强调："生成语法就是一套把语言信号和对信号的语义解释联系起来的规则。"可以说，这些语法理论都有意无意地以语法可分为语法形式和语法意义为逻辑前提，因此，语义语法理论应该在继承前人学术精髓的基础上，辩证地认识语法形式和语法意义之间的关系，从而把语法概念界定为：语法就是语法形式和语法意义的辩证统一体。不过，语义语法理论的形意辩证观必须深入地解构语法形式和语法意义的辩证关系（邵敬敏、赵春利，2006：29—40）。

首先，语法意义决定语法形式。语法意义对语法形式的"决定"不是决定语法形式是什么，而是决定并解释语法形式的性质、类别、组合和

① 由于对形式和意义的理解不同，杨成凯所说的形式合成规则与意义合成规则并不等同形式规则观和意义规则观中的概念，他更多地是从形态角度理解形式，从词句角度理解意义。

演变等规则的关联变化是什么。比如：语法意义“复数”决定了“book、desk、cake”共同的语法形式“+s”，共同的语法意义“有因性”决定并解释“高兴、伤心、兴奋”等情感形容词可进入共同的语法形式“令人 +A”［58：126］。可以说，语法意义的性质、类别、组合和演变规律决定并解释语法形式的性质、类别、组合和演变规律。

其次，语法形式制约语法意义。语法形式对语法意义的制约不是制约语法意义是什么，而是制约并反映语法意义的性质、类别、组合和演变规律的呈现方式是什么。“客人来了”与“来客人了”语义关系相同，而由不同语序所表示的不同语法形式，其所制约和反映的语法意义就存在着差别，即前句的“客人”是预期的，而后句的客人则是“非预期”的。同一语法形式还会容纳不同的语义关系，比如：同样是状中结构，“高兴地发现、惊喜地尖叫、焦急地等待”分别表示果因、因果和并行三种语义关系，分别是由发现、尖叫、等待三个动词的语法意义的性质决定的，即非预期的瞬间得失义、非自主的瞬间起止义和可自主的行状持续义（赵春利、石定栩，2011：21）。

根据揭示语法形式和语法意义间辩证关系的形意辩证观，语义语法理论可把语法界定为：语法是语法意义的性质、类别、组合和演变规律及其所决定的语法形式的性质、类别、组合和演变规律。具体说来，从性质上探讨某个语法意义的内涵和外延是什么以及其作为语法意义的根基是什么；从类别上则讨论某个语法意义的内在构成、分类以及其与其他语法意义的种属关系；从组合上则研究两个或两个以上语法意义之间的组合、同现、排序、互动关系及其句法分布特征和约束机制；从演变上则追溯某一语法意义的历时变化动因、过程以及相近语法意义间的共时竞争、因果、互补等关系。大体上来说，性质和类别偏于静态或共时的研究，而组合和演变则侧重动态或历时的研究。而语法意义决定语法形式的这一语法认识则是由语义本体论决定的。

三、语义语法的语义本体论

（一）语义语法的不同观点

近二十几年来，随着语义研究的深入，汉语语法学界的学者们陆续地提出了与“语义语法”相关的概念和理论[①]，形成了不同的语义语法流派，这些流派对语法中语法形式和语法意义间辩证关系的认识并非完全一致，各有偏重。从理论特点上看，主要有四种：语义句法说、语义功能说、语义决定说和语义网络说。

首先是语义句法说。

1969年，兰姆（Lamb，1969：40—49）提出了词位句法（Lexemic syntax）和义位句法（Sememic syntax）两组概念来解释那些形式合乎语法规则而意义却讲不通的句子，徐通锵（1991：39—40）结合汉语分析认为：义位句法并不能反映句法结构中句法单位的组合顺序，对重序的语义型语言汉语来说，语义句法更能反映出汉语以语义为基础的句法结构。可以说，一方面，语义句法强调汉语是以语义而非词法为基础的句法，另一方面，通过比较重序的语义型语言与重形的语法型语言，语义句法则强调语义和句法间的构成关系，即语义组合形成句法。关键的问题是语义及其组合规律的存在、表现和验证都必须借助一定的语法形式，否则容易陷入“公说公有理、婆说婆有理”的泥潭。

其次是语义功能说。

1995年，马庆株（1995：363）基于自己的研究和徐通锵的语义句法概念，提出了与印欧语的形态学语法（Morphological grammar）相对的“语义学的语法（Semantic grammar），简称语义语法”，1997年称为语义范畴语法，1998年定名为语义功能语法。整个理论框架可以概括为：一是以词和词组为基本单位；二是以语义为基础，以语义语法范畴为中心；三是以分布、变换等形式特征为标准；四是以基于结构、语义和表达的形式、语义和语用功能为基本层次。其可贵之处在于：不仅重视语义语法范畴的分类，而且重视语义语法范畴的形式验证性。但把形式、语义和语用搅在一起并不符合事实和逻辑，形式和语义是语法这个硬币的两面，而语用则是涉及言语者和言语环境在内的对语法结构的使用。语用反映了一定的语法特征，但不是语法的构成要件。

① 在西方计算语言学界，伯顿（Burton）于1976年提出了Semantic Grammar概念，这是一种把基于语义的概念、范畴和知识用于分析理解自然语言的技术方法。其实，西方理论语言学界的格莱姆斯（Grimes）早在1972年就以菲尔墨（Fillmore，1968）的格语法为理论基础提出了用于分析命题的Semantic Grammar，莱姆克（Lemke，1992）甚至把韩礼德（Halliday）的系统功能语言学也看作是Semantic Grammar。

第三是语义决定说。

1995年，邵敬敏（2000：3）提出了一个新的理论解释框架——“双向解释语法”，后来改为“双向语法”，单从语法所包括的形式和意义来看，就是对“形式和意义的双向研究”。随着对语义和语义关系研究的重视，1997年，他基于语义决定性原则提出了语义双向选择性语法，2004年（2001：102）正式定名为“语义语法”，即“以语法意义为研究出发点和重点的语法理论”。总的看来，邵敬敏的语义语法理论经历了一个从方法论的形式和意义双向研究到本体论的语义对句法的决定性研究的深化过程，并在目的论中揭示了语义与句法间的辩证关系，即语义的决定性和句法的强制性。语法意义究竟在哪些方面起决定作用，语法形式在哪些方面起制约作用，还需要在语法意义与语法形式的结合点上深入研究。

第四是语义网络说。

2001年，李葆嘉（2001）从元语言角度提出了人类语言的本质共性是语义性，并据此提出了与“语形语法学”相对的“语义语法学”概念。2003年（2003：106）他进一步解释语义是指“建立在认知符号的实体范畴化（聚合性语义场）和实体关联化（组合性语义场）基础上的语义网络”。其语义语法学思想以语义网络为核心，以归纳法而非演绎法为基本方法，并“力求采取计算机操作系统作为验证手段，从而使语法研究具有鲜明的技术性和可证伪性”。可以说，从本体论上说，语义是所有语言的共性，但不同语言在语义的性质、类别、组合和演变规律上存在着差异，并通过语法形式表现出来，因此，人机对话的科技系统并非验证而是适用与否，验证还要回归到语法形式上，脱离语法形式的语义网络构建必将陷入不可验证的困境。

尽管学者们提出“语义语法”的角度和依据不同，但有一点是一致的，即都试图以“语义”为基础构建语法研究的理论体系。从现实来看，语义语法至今尚未形成一个逻辑严密、体系完整的语法理论，尚存在着以下缺陷：一是对基础概念的内涵外延缺乏严格的逻辑界定，如没有基于语义的本体性界定语法的概念；二是对概念与概念之间的关系性质缺乏严密的逻辑推理，如没有基于语法意义和语法形式的辩证关系构建语义范畴体系；三是对语义语法的理论观点缺乏严谨系统的逻辑论证，如没有基于认识论、本体论、目的论和方法论来构建语义语法理论体系。

（二）语义语法的语义本体论

语言之所以为语言，不在于其外在的语音和文字，而在于语音和文字所赖以存在的意义。赵春利、张皓得（2009：178）提出："语言本质上是一套通过听觉符号（音）和视觉符号（形）表达的有意义的信息系统。"[①]作为视觉符号的文字和作为听觉符号的语音，都是语言表达意义的外在形式和物质外壳，甚至符号之所以称为符号的本质就决定于有无意义，如图所示：

意义（思维符号）{ 文字（视觉符号）
　　　　　　　　　语音（听觉符号）

图 3–1　文字、语音与意义的关系图

就语言来说，意义是语言的本体，语音和文字是现象。而就语法来说，语法意义是本体，语法形式是现象。语法形式可分为显性语法形式和隐形语法形式，前者如：语音上的轻声、重音、词缀等，词汇上的虚词、重叠等，句法上的词类、语序、重叠等；后者如：结构上的分布、组合、层次、变换等（胡明扬，1958、1992、1994；邵敬敏、赵春利，2006：30）。"语法意义决定语法形式，语法形式制约语法意义"这一语义语法的语法认识论还需要借助于语义语法的语义本体论来解释。所谓的语义本体性可从四个方面来理解：语法形式的性质借助于语法意义来解读；语法形式的构成借助于语法意义来解构；语法形式的形成借助于语法意义来解释；语法形式的变换借助于语法意义来解析。

首先是语法形式的性质借助于语法意义来解读。

语法意义的表现要借助于语法形式，但语法意义的存在却不取决于语法形式，因为语法意义是借助于语法形式来指称事物及其性质，比如："动词所指的动作正在进行"这一语法意义，英语使用的语法形式是"动词+ing"，汉语则借助于"正在 + 动词 + 呢"。语法形式的性质必须通过语法意义来解读，英语语法形式"动词 +ing"和汉语"正在 + 动词 + 呢"在性质上都是表述"动作正在进行"。只要存在着"动作正在进行"这一意义，

① 触觉所触的盲文就是表达意义的方式之一，聋哑人所看到的手语也是表达意义的视觉符号之一，但不是空间静态的，而是时间动态的。

语法层面对该意义的指称就是语法意义，对该意义的表现就是语法形式。总之，语法意义指称客观世界和主观世界的意义，而语法形式则是语法指称这些意义的形式，如果某种形式无法确定是否存在意义，也就无法界定其是否为语法形式。

其次是语法形式的构成借助于语法意义来解构。

一种语法形式的内在构成和分类必须借助于语法意义来解构，表面一样的语法形式在语法意义上可能并非一致，比如："情感形容词＋地＋动词结构"是一种语法形式，其深层的语义关系却包含三种，即果因关系（高兴地发现）、因果关系（惊喜地尖叫）、平行关系（焦急地等待）。也就是说，不同的语法意义可能会采用相同的语法形式，语法意义与语法形式之间经常会形成多对一的关系，从而可基于语法意义给语法形式分类。一种语言的语法形式可能对应于其他语言的两种甚至多种语法形式，比如：汉语"长得很快、长得很高"属于同一种述补结构形式，但翻译成韩国语，却要用表达两种语法意义的两种语法形式来表达，据此还可以对汉语的述补结构进行语义分类。

第三是语法形式的形成借助于语法意义来解释。

兰盖克（Langacker，1987：12）提出："语法仅仅是语义内容的结构化和符号化。"也就是说，语法形式是语法意义结构化或符号化所形成的形式。在"语义、语用和语法三个平面中，语义是最基本的"（陆丙甫，1998：353）。比如，20 世纪 50 年代，学者们还认为"程度副词＋名词"是不合法的形式，但 80 年代以后，这种形式被大量使用，"很绅士、很淑女、很香港、很广州、很气派、很个性"，这些组合都表达一种"很＋有＋名词＋特点 / 风格"的语法意义，因此，"程度副词＋名词"也就逐渐成为一种合法的语法形式。从起因角度说，正是由于当时这种新奇的语法形式能够表达出这一语法意义而不影响交流，才广为接受。

第四是语法形式的变换借助于语法意义来解析。

变换是鉴别几个语法结构是否属于同一种语法形式的验证方式，但最终的解析说明还要基于语法意义来说明。比如："台上坐着人，台上唱着戏"的差别在于前者可以变换为"人坐在台上"而不能变换为"台上正在坐人"，后者则不可以变换为"* 戏唱在台上"而可以变换为"台上正在唱戏"，不过，这仍然是从形式上借助语法结构之间是否存在变换关系而分化某种语法形式，要解释其深层的差异，还要依靠语法意义，即前者的动词“坐”具有［+附着］、［+静态］的语义特征，而后者的动词“唱”则具有［-附着］、［-静态］的语义特征。

可以说，语法意义是语法形式的本体，任何一种语法形式的性质、构成、形成和变换最终都要借助于语法意义来解释。一种形式是不是语法形式取决于其是否表达了某种语法意义，而一种意义是否是语法意义却不取决于形式，而是取决于该意义是否反映了具有范畴特征的聚合层面的语义特征或者组合层面的语义关系。不过，语法意义不仅仅是认知层面的概念，作为构成语法结构体的本体部分，语法意义的性质、类别、组合和演变规律总要通过语法形式表现出来，因此，语法形式就成为验证语法意义性质、区分类别、寻找规律的手段。语法意义与语法意义之间的区分从操作层面看可以得到语法形式之间差异的验证，即使可表达不同的语法意义的同一语法形式也可以通过能否变换成其他语法形式而得到检验。基于此，可以说，语义语法就是指以语法意义为本体，以语法意义的性质、类别、组合和演变规律为逻辑起点和研究对象并力求得到语法形式验证的语法理论。

四、语义语法的核心目的论

（一）非语义语法理论的目的论

语法研究的目的论主要讨论为什么研究语法。传统语法、结构主义语法、生成语法、系统功能语法和认知功能语法等不同的语言理论有着不同的理论追求，大致说来，主要有五种观点：句型说明说、对应规律说、能力规则说、使用方式说和解释预测说。

第一是句型说明说。

传统语法理论的出发点主要是用有限的格式或者句型来分析说明无穷的语句。吕叔湘（1979：91）就认为：“怎么用有限的格式去说明繁简多方、变化无穷的语句，这应该是语法分析的最终目的。”文炼、胡附（1982：166）也认为：“句子分析的终点是确定句型，……句子里复杂的语义关系须通过进一步的句法分析加以阐明。”换句话说，就是根据传统的主谓宾定状补进行句子分析以确定句型，然后再对相同句型的句子进行句法分析以解释语义差异。

第二是对应规律说。

结构主义理论基于两点论认为语法结构包括语法形式和语法意义两个方面，其目的就是揭示语法形式和语法意义之间的对应关系。朱德熙（1985：80、84）提出："语法形式和语法意义之间的关系是语法研究中的根本问题。……语法研究的最终目的就是弄清楚语法形式和语法意义之间的对应关系。"也就是要把语法形式和语法意义间存在的对应规律描写清楚。邢福义（1995：60）笼统地提出："揭示语法事实的客观规律性，这是现代汉语语法研究始终面对的一个目标。"当然，客观规律内涵丰富，其中，语法形式和语法意义之间的对应关系当属语法的基本规律。

第三是能力规则说。

生成语法的目的就是发现语言能力的生成规则。乔姆斯基（Chomsky，1966：5）认为："能把说话者－听话者的语言能力归结成一套规则，通过规则把语言信号和信号所代表的意义联系起来。语法学家的任务就是发现这套规则。"

第四是使用方式说。

系统功能语法主要基于概念、人际和语篇三大功能而研究语言的使用，其目的就是寻找语言使用的方式。韩礼德（Halliday，1985/1994：xiii）认为："功能语法就是用来解释语言是如何被使用的。"语言的使用就是语言的功能。

第五是解释预测说。

认知功能语法认为语法研究的目标就是解释已有的合格句子并预测可能会有的合格句子。沈家煊（2004：491）提出："语法研究的目标介于解释和预测之间，那就是探求规约背后的理据。……找出规约背后的理据并对规约做出充分的解释，这也就是做到了'弱预测'。"吴福祥（2005：2）提出："汉语历史语法研究的目标是揭示已有演变的规律、解释共时语言现象、预测未来演变的方向。"可以说，就是对所描写或揭示的语法规律给予解释和预测。

（二）语义语法的目的论

部分学者基于不同的语义语法理论提出了不同的目的论，如邵敬敏（2004：101）提出"汉语语法研究的最终目的应该是揭示'语义的决定性、句法的解释性、语用的选择性以及认知的解释性'"，李葆嘉（2007：280）

则认为“语义语法学的研究目标是建构语义网络”。邵敬敏的观点与其说是语义语法研究的目的，不如说是语法研究四个层面的目标，句法所制约的对象、语用所选择的对象与认知所解释的对象最终都是语法意义。而李葆嘉的说法虽致力于构建基于义征缠绕的语义网络，但语义绝非可随意捏合的认知概念，语义网络也绝非不同语义缠绕纠结形成的一团乱麻。

语义语法理论所研究的语法意义包括语法意义的性质、类别、组合和演变规律。每一种语法意义都有一定的性质，该性质的聚合形成语义特征范畴，该性质与其他性质的差异则形成不用的语义类别，从而形成不同的语义特征范畴；此类别与彼类别的组合关系和演变关系聚合可形成语义关系范畴。这样，语法意义就以性质与关系为支点分别形成语义特征范畴和语义关系范畴，从而组成疏密有序、层次分明的语义系统。比如：“高兴、伤心、难过、激动”等情感形容词具有语义特征“有因性”，其与“事情、信息”两类名词可形成“伤心的事情、高兴的消息”具有果因语义关系的形名组合（赵春利，2007：126—128）。语义角色、语义指向、语义结构等都是基于语义特征范畴和语义关系范畴而得到解释。

语义语法的核心目的就是揭示出具有可验证性、可区别性、可组织性和可解释性的语法意义的性质、类别、组合与演变规律。可验证性、可区别性、可解释性和可体系化是语义语法理论区别于其他语义理论的基石，也是维系语义语法理论生命力的基线。可验证性就是语法意义的性质、类别、组合和演变规律要能得到语法形式的验证，从而使某种语法意义独立出来；可区别性就是不同的语法意义在性质、类别、组合和演变规律上存在着差异，可划分为不同的区域和界限；可解释性就是基于人类一般的认知规律解释语法意义的性质、类别、组合和演变规律；可体系化就是不同的语法意义可按照一定的标准和序列分层级地形成语义体系。

五、语义语法的基本方法论

从方法论角度看，如何才能遵循语义语法的目的论而揭示出语法意义的性质、类别、组合和演变规律呢？首先，语义语法所要揭示的语法意义的性质、类别、组合和演变规律是客观存在的，不以人的主观意志为转移的，具有一定的自然科学性，因此，在研究方法上可以借鉴自然科学的方法；其次，客观存在的语法规律都是人类自觉不自觉地遵循并使用的，都符合人类一般的认知规律，语法研究就是把潜藏的人类语感背后的语法规律清晰准确地揭示出来，具有一定的社会科学性，因此，在研究方法上可使用一些社会科学的方法。可以说，只要能挖掘揭示语法意义的性质、类别、组合和演变规律的方法手段，语义语法理论都可以采用拿来主义和实用主义的态度。基于语法形式揭示语法意义或者基于语法意义解释语法形式的双向验证法，主要运用但不限于以下手段：

（一）形式与意义相结合

把语法形式和语法意义结合起来是语义语法研究的核心方法，通过形式验证意义和意义验证形式的双向验证思路，来界定语法意义的性质、分类类别、揭示组合演变规律、构建语义体系。比如：形名组合“倔强的孩子、剧烈的地震、锋利的刀片”在传统语法和结构主义语法看来是表达修饰关系、定中关系、偏正关系的语法意义的同种语法形式，但一个简单的事实是，并非任何一个形容词都可以不受限制地与任何一个名词组合，如“* 倔强的刀片、* 剧烈的孩子、* 锋利的地震”都不是合语法的。也就是说，同一种语法形式所表达的同种语法意义并没一种真正揭示形容词语义类型与名词语义类型之间的组合规律。语义语法就是要解开语法形式背后语义的组合规律，就需要把形式和意义结合起来。

（二）静态与动态相结合

语义语法不仅要研究语法结构的静态分布和组合，还要探讨其动态分布和变换，这样才能从纵向和横向上把词类、词组和句子结合起来，完整地展现该语法结构的性质。比如：“有”可以与很多名词组成有字短语，如下：

a：有差别、有根据、有远见、有风度、有规律；

b：有时间、有权利、有信心、有能力、有办法；

c：有桌子、有工具、有书、有钱、有饭；

调查发现，a 类可以进入状语位置，与句子谓语构成状中结构，但必须带“地”；b 类不可以带“地”进入状位，而是与句子谓语组成连动结构，句子谓语可以带宾语，可以变换为“有 +VP+ 的 +NP”（赵春利、石定栩，2011：108）；而 c 类有字短语也与句子谓语形成连动结构，但宾语在语义上是句子谓语的宾语，如“有饭吃、有钱花”等。这样静态的组合进入动态的句法结构以后，经过句法位置的筛选从语法意义上被分化为三类。

（三）共时与历时相结合

语义语法还可以把历时与共时结合起来，探讨某个语法结构或者虚词的语法意义演变过程。比如：在共时层面看，在山东西部和西北部以及河北东南部等地的方言中，“连”具有“把”字句的用法，为了追溯“连”的“把”字功能的来源，从历时层面上借助三道筛选程序提取出近代汉语中像“(邵氏)又恐秀姑知觉，到放个空，教得贵连秀姑奸骗了”一样“连”表达“把”字功能的语料（赵春利、梁万基，2007：257—273）。共时与历时的结合可以清晰地将语法意义的演变过程勾画出来，为语义演变路径和模式研究提供借鉴。

（四）描写与解释相结合

语义语法要把对性质、类别、组合和演变规律的描写与解释结合起来。比如：从描写层面看，状位情感形容词与述位动词结构之间存在着果因、因果、平行三种语义关系，从解释层面，这三种语义关系是由情感形容词与动词结构各自的语义特征共同决定的，当动词结构具有“非预期的瞬间得失义”语义特征时，就会凸显情感形容词的“有因性”语义特征，从而构成果因关系；当动词结构具有“非自主的瞬间起止义”语义特征时，情感形容词则凸显“致果性”语义特征，从而构成因果关系；当动词结构具有“可自主的行状持续义”语义特征时，情感形容词就会凸显“伴随性”语义特征，从而形成平行关系（赵春利、石定栩，2011：12—21）。这样就把规律的描写与原因的解释结合起来。

（五）定量与定性相结合

语义语法对语法现象的搜集和观察，除了依靠基于语感的内省之外，还要基于语料库把运用数学统计软件工具的定量研究与定性研究结合起来。比如：形容词“秀丽”既可以与主体及容貌名词“姑娘、女人、容貌、相貌、面容”组合，也可以与物体及风景类名词“山川、湖水、地方、风景、风光、景色”组合，那么，在分类性质上，究竟应该归入主体容貌类形容词还是物体风景类形容词？可以统计语料库中“秀丽”分别与两类名词的组合数量，通过对比数值和卡方检验，得出倾向性的定性结论：“秀丽”更倾向于与“物体风景类”名词组合（赵春利、石定栩，2010：36—42）。这样把定量与定性结合起来，指出“秀丽”优先选择物体风景类名词，其次选择主体容貌类名词，这对自然语言处理和汉语教学都具有重要的意义。

（六）归纳与演绎相结合

归纳和演绎是人类思维的两个基本推理方式，是人类研究事物客观规律的思维工具。语义语法理论在研究语法规律时会自觉不自觉地利用这两个逻辑工具，词类次范畴可采用归纳的方法把具有相同语义特征的词语聚合在一起，形成一类。具有“有因性”语义特征的情感形容词就是通过以下不同句法形式的筛选而归纳出来的主体形容词的一大类：

a：这件事令人很兴奋。

b：他把那些伤心的消息都忘了。

c：人们惊奇地发现景山犹如一个人像。

d：老张有个女儿很得意。

属于情感形容词的词语很多，不可能对每个词在所有句法形式中的情况都进行调查验证，因此，提取出部分情感形容词的语义特征和句法功能以后，就可以借助演绎推理预测其他情感形容词的句法语义功能。

六、结语

总的说来，本章主要从逻辑层面以认识论、本体论、目的论和方法论为基点和纽带讨论语义语法的理论建构问题，其中，认识论反映了以语义为本体的基本理念，而语义本体论决定了语义目的论，语义目的论制约着方法论当以语义为选择方法的基本旨向。

目前主流观点对语法的认识是：语法是由语法意义与语法形式构成的矛盾统一体，语法意义与语法形式的关系是语法意义决定语法形式，语法形式制约语法意义。那么，语义语法理论基于语法意义的本体性从认识论上可把语法界定为：语法就是语法意义的性质、类别、组合和演变规律及其所决定的语法形式的性质、类别、组合和演变规律。而从本体论上看，语法意义是语法、语法形式和语法功能的本体。基于语法意义的本体性，所谓的语义语法就是以语法意义的性质、类别及其组合规律为逻辑起点和研究对象并力求得到语法形式验证的语法理论。着眼于语法意义，语义语法理论的目的就是揭示出具有可验证性、可区别性、可解释性和可体系化的语法意义的性质、类别、组合和演变规律，从而以语义特征范畴和语义关系范畴为基石构建语义范畴体系。为了达到语义语法的目的诉求，在方法论上采取博采众长、为我所用的拿来主义和实用主义的态度，综合运用自然科学与社会科学的各种方法揭示客观存在且符合认知规律的语法意义的性质、类别、组合和演变规律，据此构建语义体系。

语义语法理论从认知论、本体论、目的论和方法论四个角度为界定、定位、提取、解释句末助词语法意义的性质和特点指明了方向，但是，就句末助词本身而言，还需要根据句末助词的性质特点从方法论角度点明具体的研究思路。

第四章　汉语句末助词研究的方法论思考

研究对象的性质特点决定了研究理论方法的选择。现代汉语句末助词的性质特点决定了准确定位句末助词分布规律和提取验证解释语法意义的方法。在综述各派句末助词研究方法的基础上，语义语法理论既可以重新认识各派理论的研究方法，也可以重新界定汉语句末助词语法意义的性质和特点，并据此提出句末助词研究的基本原则。首先，各派语法理论研究句末助词的本体论、认识论和目的论不同，因此从方法论上可以分成四派：传统语法的语感自省法、描写语法的分布比较法、功能语法的认知分析法、生成语法的层阶验证法，并根据历史和逻辑，提出语义语法理论要完成把传统语法、描写语法、功能语法与生成语法“合为一炉”的历史使命。其次，根据语义语法理论，对语法意义进行界定和分类，并提出了句末助词语法意义的四个特点：意会易而言传难、感知易而界定难、使用易而辨析难、体悟易而验证难。第三，根据句末助词的性质和特点，提出了语义语法研究句末助词方法论的四条原则：精确定位原则、意义提取原则、正反验证原则和系统解释原则。

一、引言

方法论是人类认识事物以发现规律、改造事物以达到目的的根本方法，是一种理论有意无意地根据本体论和目的论来认知事物的性质和特点而采用的研究方法。从方法论角度，反思和比较不同理论探索同一对象时所采用的研究方法，对深入认识研究对象的性质、特点具有重要的理论意义和现实意义。

按照科学方法论（吴元樑，1984：6）的观点：“研究对象对于科学方法影响极大，它的特点规定和制约了研究方法的性质和特点，有什么样的研究对象就会形成相应于它的研究方式和方法。”如此说来，作为研究对象的汉语句末助词，其特点应该规定和制约着研究方法的性质和特点，然而，事实上，一种语法理论采用什么研究方法来探究汉语句末助词的哪些问题，尽管受到句末助词本身性质的影响，但主要取决于该理论对句末助词的认识，而如何认识句末助词的特点却取决于该理论的本体论。也就是说，一种理论的本体论决定认识论，而认识论又决定目的论及其方法论。因此，对不同语法理论研究句末助词的方法进行反思，就不能仅仅谈方法，而是要弄清楚研究方法背后所隐含的前提：不同语法理论根植于什么本体论来认识句末助词的特点并试图解决句末助词的什么问题。这是评价一种研究方法是否适合研究对象的基本前提。

本章首先综述各派语法理论基于什么本体论来认识句末助词的哪些特点并采用什么研究方法来解决什么问题；其次则根据语义语法理论（邵敬敏，2004；赵春利，2014）的本体论来解读句末助词的性质、特点及其相关的语法意义问题，并在吸收其他理论方法的基础上，从方法论角度提出符合句末助词性质、特点的基本原则，从而建立起句末助词研究的语义语法方法论。

二、不同语法理论研究句末助词的基本方法

自马建忠（1898/2000）开始，汉语句末助词就逐渐成为语法学研究的难点和热点。由于各派语法理论在本体论上的差异，其对句末助词性质和特点的认识以及关注的问题也不尽相同，因此，各派理论采取的研究方法也存在着一定的差异。根据研究方法的不同，大致可以分成四派：传统语法的语感自省法、描写语法的分布比较法、功能语法的认知分析法、生成语法的层阶验证法。

（一）传统语法的语感自省法

作为传统语法的代表人物，无论是秉持“词本位”的马建忠（1898/2000：1），还是提倡“句本位”的黎锦熙（1924/1992：1—2），从本体论上看，他们都是以“句子”为基本单位来定位句末助词的。这一点从马建忠（1898/2000：536）的“助字为语已之辞”、黎锦熙（1924/1992：

228）的“只用在词句的末尾”、王力（1943/1985：160）的“每一句话总带着多少情绪”，一直到把句子功能类型与句末助词联系起来的传统语法的集大成者吕叔湘（1944/1985：258）都可以得到证明。

以句子为基本单位，传统语法把句末助词的性质界定为表达语气说。马建忠（1898/2000：536）通过英汉比较提出：“泰西文字，……凡一切动字之尾音，则随语气而为之变。……助字者，华文所独，所以济夫动字不变之穷。”即泰西文字通过动词变形来表达语气，而汉语则是通过句末助词来表达语气。随后黎锦熙（1924/1992：228）、王力（1943/1985：160）和吕叔湘（1944/1985：257—258）等都在“语气”概念的内涵中分别注入了“神情、态度”、“情绪”和“认识、行动和感情”。

根据表达语气说，传统语法认为句末助词有四个特点：一是意义上的空灵虚化。如马建忠（1898/2000：536）所言：“字以达意。……其虚处，若语气之轻重，口吻之疑似，……则惟有助字传之。”即句末助词所达之意空灵虚幻，难以掌握，而不同的句末助词“有时似乎无区别，但一般而论，实代表种种细微的区别”（吕叔湘，1944/1985：257）。二是类型上的信疑情态。马建忠（1898/2000：536）认为：“助字所传之语气有二：曰信，曰疑。”后来，黎锦熙（1924/1992：21）、王力（1943/1985：160）和吕叔湘（1944/1985：258）都提到了主观情态问题。三是地位上的句主助辅。“句末助词”这一术语本身就表明了句子为主而助词为辅的关系，从马建忠（1898/2000：536）的“济夫动字不变之穷”、黎锦熙（1924/1992：228）的“这些语气，各用相当的助词来帮助”到王力（1943/1985：160）的“帮着语调，使各品情绪更加明显”等无不说明了“助句表意”的附属关系和辅助功能，甚至出现“语气的表达，……语调是必需的，语气词则有时可以不用”（吕叔湘，1944/1985：257），足见对句末助词地位的认识。四是句法上的无关结构。由于传统语法都是“以句子为基点进行句法分析”（朱德熙，1985：69）的，而句末助词不属于六大句法成分之一，因此与句子结构无关，这一点黎锦熙（1924/1992：228—229）说得比较明白，即“助词在文句之论理的结构上虽无重大的关系，……与国语的内容和构造都不相干”。

为了揭示句末助词所表达的语气意义，根据对句末助词性质和特点的认识，传统语法选用的句末助词研究方法主要是基于语感的依句释义自省法。从马建忠（1898/2000：538—630）开始，传统语法就是把句子中句末助词的语气意义根据语感通过自省描述出来，并据此采用一些朴素的比较法，比如：马建忠的概念辨析比较（1898/2000：537）和助词有无比较（马建忠，1898/2000：553）、王力（1943/1985：167）的替换比较法等，而吕叔湘（1944/1985：274—276、278、299、307）则突破性地使用了同类比较法、古今比较法、高频同现词法和句子功能分布法。可以说，作为现代汉语语法理论的起点，传统语法关于句末助词表达语气的定性、特点的总结对后来的描写语法、认知语法、功能语法，甚至生成语法奠定了基础，成为不同语法理论的历史支点和逻辑起点，但也为句子功能与语气的纠缠不清埋下了种子（赵春利、石定栩，2011：484—486）。

（二）描写语法的分布比较法

从本体论上看，描写语法的集大成者朱德熙（1985：69）在批评“句本位”“把一切句法分析都附丽在句子的模型上”时，他（1985：74）提出：“由于汉语的句子的构造原则跟词组的构造原则基本一致，我们就有可能在词组的基础上来描写句法，建立一种以词组为基点的语法体系。”可以说，这一“词组本位”是中国描写语法本体论的典型代表。

朱德熙（1982：207）把句末助词定性为“永远读轻声的后置虚词”，并基于词组为基点，提出了句末助词的四个特点：一是组合上的层次差异。与传统语法的句子附着说不同，描写语法认为句末助词也可以与词组组合，如赵元任（1968/1979：353）认为句末助词“语法上附着于前边一个短语或句子”，而朱德熙（1985：79）更加明确地指出：“带语气词‘吧、呢、吗’的句子也是难以还原为词组的。不过即使是这类句子，它的组成部分仍然是符合词组的构造原则的。”后来黄国营（1994：1）也认为：“句末助词既可能属于全句，也可能只属于句中部分成分。”以朱德熙（1982：207）的分析为例：“通常认为语气词是加在整个句子上头的，其实在主谓结构后头的语气词，多半是附加在谓语上头的。”如在“你 / 去吧”与“谁去 / 呢”中，“吧”加在谓语上头，而“呢”加在主谓结构上头的。甚至在“一共多少钱吧”中，“吧”所依附的并不是“一共多少钱”，而是句子头上省去的“你说”。二是结构上的互无关系。朱德熙（1982：207）认为：“几个语气词接连出现，彼此在结构上没有直接的关系……尽管合成一个音节，结构上仍旧没有直接的关系。”三是分布上的功能差异。朱德熙（1982：208）把句末助词按照功能差异分成了时态、疑问祈使、态度情感三类。四是排列上的顺序固定。胡明扬（1981：348）已注意到了句末助词的叠用顺序问题，而朱德熙（1982：207—208）根据功能差异而提出："这三组语气词在句子里出现的顺序是固定的。……同属一组的语气词不能共现。"可以说，描写语法基于词组本位对句末助词句法位置的定位越来越准确。

尽管并非所有的描写语法学者都认可"词组本位"说，但为了揭示句末助词的结构层次，赵元任（1926：865）、丁声树等（1961：211—213）、赵元任（1968：807）、胡明扬（1981：347）、朱德熙（1982：208）、陆俭明（1984）、邵敬敏（1993/1996：217—225）、黄国营（1994：4—5）、储诚志（1994：43）、武果（Wu，2005：48）等学者非常重视研究句末助词的方法，都有意识地把结构、层次和分布等理念注入到分布比较法中。先看比较，第一个明确提出比较法来探讨句末助词的学者就是赵元任（1926：870—871），后来，丁声树等（1961：213、215）使用替换比较和同类比较分别辨析"吧"与"吗"、"罢了"与"呢"，此后，还有如陆俭明的比较分析法（1984：330）、邵敬敏（1996：220）的语音比较法、储诚志（1994：43）和武果（Wu，2005：48）的最小差异对比法（meaning minimalists）和最大共性归纳法（meaning maximalists）等。再看分布，赵元任（1968/1979：353）在提出"短语助词和句子助词"就显示了较强的分布意识，胡明扬（1981：418）也从合成语气助词与其他语气助词在分句和句子上的分布差异来进行研究。朱德熙（1982：208）更是基于词组本位来讨论不同句末助词的分布层次和分布顺序。可以说，分布比较法为揭示和验证句末助词的功能差异奠定了基础。

（三）功能语法的语用认知法

如果说，从传统语法到描写语法"似乎有一种把语气词所处的语言片段限制过短的倾向"，那么，功能语法（方梅，1994：137）"研究语气词的意义时总是放在较大的语言片段——篇章中"，因此，功能语法的学者（Luke，1990；Chappell，1991）会把句末助词"sentence-final particles"称为话语助词（utterance particles）或语末助词（utterance-final particles），并深入探讨语气类型与言语功能之间可比的交叉耦合现象（Halliday & McDonald，2004：330），可以说，功能语法从本体论上对句末助词的研究是以话语为基本单位的。

既然"语气助词用以区分不同的语气"（张德禄，1989：65），语气类型与言语功能、特别是人际功能（interpersonal function）之间存在着一定的对应关系，而人际功能又是体现了话语的交流角色（杨才英，2009：26—27），可见，从语气类型到人际功能再到交流角色，功能语法基于话语视角从语用上把句末助词的性质界定为说话者交流角色的表现方式，并认为句末助词是语法上的非必成分和语义上的非实意义，即“在语法上，它不是语法结构必须的成分，有或没有不影响语法结构的合法性；……在语义上，它没有实在的意义，有或没有不影响语法表达式的内容（命题）”（徐晶凝，2008：28）。

功能语法试图揭示句末助词是如何实现人际功能而表现交流角色的，因此，说话者运用句末助词来完成人际交流时的认知心理就成为功能语法关注的焦点，并力求提取出不同话语中说话者的认知心理。而语用认知法就成为功能语法切入说话者心理的核心方法。

以功能语法对“吧、嘛”分析为例。首先，李讷和汤普森（Li & Thompson，1981：307—311）将“吧”的人际功能概括为“寻求同意”（solicit agreement），凸显了说话者的认知性和目的性，屈承熹（Chu，1998：137）认为是“发话人的迟疑”（speaker’s uncertainty），是“说话者对所说内容表示迟疑”（Chu，2002），而徐晶凝（2003：143）则提出是说话者“对命题内容作出推量，并要求确认”，其中既有概念意义的心理推量，也有人际意义的心理诉求，结合屈承熹、李彬（2004：1）将“吧”看作“表示情态的‘语篇标记’”，可以说，功能语法对“吧”的认知分析逐渐从人际意义扩展到了概念意义、语篇意义。其次，查普尔（Chapell，1991：47）认为“嘛”是说话者愤怒或不耐烦地提醒听话者“命题是显而易见的，不同意对方的观点”。而屈承熹（Chu，1998：153）则认为“嘛”表示的是说话者预设命题是确凿的而坚持认为听话者应该相信和接受。

可以说，功能语法力求从语用上寻找说话者通过句末助词表现出来的认知、心理、甚至情态，并为某一助词的各类意义从认知上提供统一而系统的解释，尽管不同学者使用的概念术语既不一致也很宽泛，但仍极富启发性。

（四）生成语法的层阶定位法

生成语法是以句子（sentence）和小句（clause）为基本单位探讨句末

助词的性质和特点（邓思颖，2010：60）[①]。

生成语法的诸多学者（Lee，1986；汤廷池，1989；Li Yenhui Audrey，1992；Gasde & Paul，1996；邓思颖，2000、2010；徐杰，2005；邢欣，2005；石定栩、胡建华，2006；何元建，2007；石定栩，2009；等等）都认为句末助词是句子的功能核心，具有标句词（complementizer）性质。这一反以往语法理论的观念，正如石定栩（2009：457）所言，一方面，“沿用形式句法中已有的做法，将句末助词处理为上层小句 CP（complement phrase）的核心 C”，另一方面，“在形式句法的理论框架中，C 是一种功能性成分（functional category），这正好可以较准确地解释句末助词的句法地位”（Chomsky，1986、1995、2005）。

生成语法对句末助词特点的认识可以归为以下四点：一是意义上的不确切性，这与传统语法的认识是一致的，即“没有非常确切的意义”（石定栩，2009：457）。二是句法上的根句位置，汤廷池（1989：294）较早明确提出“被包接的疑问子句不能含有表疑问的语助词，所以必须附上语助词‘吗’或‘吧’的语助词问句不能成为疑问子句”，接着郑礼珊（Cheng，1991：17）则通过比较，从语言类型学上提出：汉语句末助词只能出现在根句（root clause），而不能出现在嵌套小句（embedded clause）。后来李艳惠（Li Yen-hui Andrey，1992）、邓思颖（2000）、徐杰（2005）、石定栩和胡建华（2006）等都持有相近的观点[②]。三是层次上的最高层级，句末助词作为标句词是小句 CP 最高层的核心，从小句 CP 到短语 DP 逐层分化就是：CP → IP → TP → vP → VP → DP（邢欣，2005；石定栩，2009）。四是功能上的层阶差异。句末助词都处于 CP 层面，但不同的句末助词具有不同的功能，因此还需要对 CP 重新进行层阶分析。根据瑞兹（Rizz，1997、2004）的 CP 分裂假说（Split CP Hypothesis）、辛珂（Cinque，1999：

---

① 汤廷池（1989：293）使用的是“母句、子句”术语，后来郑礼珊（Cheng，1991：17）使用了“根句（root clause）和嵌套小句（embedded clause）”术语。在“第十八次现代汉语语法学术讨论会”（澳门大学，2014 年 10 月 27—30 日）上，本人在向蔡维天、邓思颖两位教授求教生成语法是以什么为基本单位讨论汉语句末助词的性质和特点时，他们认为是以词类和词组为基本单位，但通过考察文献，可以发现：无论是句末助词的层阶划分还是排序定性，生成语法都是基于主句和子句为基本单位讨论句末助词的性质和特点的。

② 邢福义（1997：16—17）也认为：“句子语气不包含于词和短语，词和短语不带有句子语气。……词或短语，一带上语气，便成为小句。”韩礼德和麦克唐纳（Halliday & McDonald，2004：330）也有类似的观点：所有的主句都有语气，而小句则没有语气。（All major clauses select for MOOD. Minor clauses are those which do not select for MOOD.）

32）的副词短语层阶结构、贝莱蒂（Belletti，2004：4—5）的制图理论（cartographic approach），并参考朱德熙（1982：208）的句末助词三分法及其排序规则，李博雅（Li Boya，2006：65）通过对比“吧、嘛、啊、呢”等分布建立了以句末助词为核心的CP功能投射层级：限定（Fin）>语气（Mood）>评价（Evaluative）[呢]>句类（Force）>程度（Degree）[吧、嘛]>话语（Discourse）[啊][①]；石定栩（2009：458）得出的汉语小句CP层阶是：时态信息（IP）>状态变化（StatusP）[了2、呢1、来着]>句子类别（ForceP）[呢2、吗、吧1、吧2]>感情色彩（IllocP）[啊、呕、诶、么、呢3]；而邓思颖（2010：61）认为是：时间[了]>焦点[呢]>程度[吗、吧]>感情[啊]。尽管三者的结论不尽相同，但基本上都处于以客观命题与主观情态为两端的连续统上。

可以说，生成语法对句末助词的根句定位、层级划分、层阶排序本质上是对句末助词分布规律更为系统而精确的描述。至关重要的是，生成语法试图运用各种手段验证层阶的客观性，可统称为层阶定位法。如：小句宾语移位法、语气副词鉴定法（汤廷池，1989：270、302）、动词类型与疑问子句共存限制法（co-occurrence restriction）（汤廷池，1989：308）、句末助词同现测试法（Li Boya，2006：61—62）以及小句类型与句末助词匹配法（石定栩，2009：451）等，生成语法的研究方法对验证句末助词的分布定位具有重要的方法论意义。

总的说来，传统语法、描写语法、功能语法和生成语法对句末助词的研究可以从本体论、认识论、目的论和方法论四个逻辑项角度进行简单对比：

表 4-1　语法理论的四论对比表

逻辑项／理论	本体论	认识论	目的论	方法论
传统语法	词与句子	语气表达	意义	语感自省法
描写语法	词组	轻声后置	结构	分布比较法
功能语法	话语	人际功能	心理	语用认知法
生成语法	句子与子句	句子核心	层次	层阶定位法

① 为了便于比较，遵循石定栩（2009）和邓思颖（2010）的从内到外、由低到高的层阶排序原则，本章把李博雅（Li Boya，2006）由高到低的排序调整为由低到高的排序。

从方法论角度看，传统语法和功能语法主要从语法意义出发，注重对句末助词语义功能的提取、分析和解释，具有较强的人文科学色彩，而描写语法和生成语法主要从语法形式出发，注重对句末助词结构分布的描写、区分和验证，具有明显的自然科学特征。而从历史与逻辑来看，在汉语语法学界，传统语法、描写语法、功能语法和生成语法的先后出现恰恰形成一个从注重意义到重视组合、再到“既有重视心理的功能语法，又有重视层次的生成语法”的正、反、合的逻辑循环，这不是语法思想的简单历史重复，而是语法理论和方法符合历史和逻辑的发展规律。如果说功能语法（合）是传统语法的继承（正）与描写语法的批判（反）的结合，生成语法（合）则是对传统语法的批判（反）与描写语法的继承（正）的结合，那么，按照历史和逻辑的规律，功能语法和生成语法还处于“合”的初期，因为它们还没有真正将重视意义的传统语法与重视形式的描写语法“合”起来，那么，在20世纪90年代在中国语法学界开始出现的语义语法思想（徐通锵，1991：39—40；邵敬敏，1993：3、2004：102；马庆株，1995：363；李葆嘉，2001、2003：106；赵春利，2014；等等）试图完成意义与形式的“合”，如下表所示：

表 4-2　语法理论的历时发展逻辑表

逻辑规律	正（反）	反（正）	合	
历史时期	19世纪末期	20世纪50—60年代	20世纪80年代	20世纪90年代
语法理论	传统语法	描写语法	功能语法	语义语法
			生成语法	

语义语法理论要完成把传统语法、描写语法、功能语法与生成语法“合为一炉”的历史使命，就必须根据自身的本体论认清汉语句末助词的性质和特点，在批判继承四大语法理论和方法的基础上，弥补其研究句末助词时的四点不足：一是对分布规律的定位缺乏语料库的全面调查；二是对语法意义的性质缺乏明确的界定；三是对语法意义的提取缺乏句法形式的验证；四是对语法意义的衍生关系缺乏系统的解释。

三、语义语法对句末助词性质和特点的认识

汉语句末助词的语法意义问题一直是语法学界的热点和难点，而作为“以语法意义为研究出发点和重点”（邵敬敏，2004：102）、“以语法意义为本体，以语法意义的性质、类别、组合和演变规律为逻辑起点和研究对象并力求得到语法形式验证的语法理论”（赵春利，2014：8），针对句末助词的语法意义问题，语义语法必须界定清楚三个问题：什么是语法意义？句末助词语法意义的性质是什么？句末助词语法意义的特点有哪些？只有清楚句末助词语法意义的性质和特点，才能找到适合句末助词性质和特点的研究方法。

（一）语法意义的界定与分类

语法意义是由一定的语法形式所负载和反映的“具有范畴特征的聚合层面的语义特征或者组合层面的语义关系”（赵春利，2014：8）。从性质上看，根据语法意义是指称性的还是关联性的，可以把语法意义分成概念性和功能性两类。

通过概念来指称某种事物、行为、属性及其关系的语法意义就是概念性语法意义。一般来说，概念性语法意义主要由实词及其组成的短语、小句及其关系来表达。概念性语法意义从数量上可以根据概念所指对象是聚合性的还是组合性的，分成概念性语义特征和概念性语义关系，前者如自主义、顺序义等；后者如施受范畴、领属范畴等。

把事物、行为、属性及其关系等概念性语法意义关联起来并呈现出来的语法意义就是功能性语法意义。一般来说，功能性语法意义主要由虚词（助词、连词、介词）来负载并必须通过与实词、短语、小句的组合才能表达出来。功能性语法意义从数量上可以根据功能是聚合性的还是组合性的，分成功能性语义特征和功能性语义关系，前者如变化、持续；后者如因果、转折等。比如：助词“了”的语法意义不“是”“变化”，而是必须在与形容词的组合中起到使形容词呈现出“变化”特征的功能，如高了、胖了、漂亮了、谦虚了等，因此，严格地说，助词“了”并非概念性地指称“变化”，而是使与自己组合的形容词呈现出“变化”，因此“了”的语法性质是功能性的，而不是概念性的。

可以说，整个语法意义的分类标准及其类型可以通过下表看出来：

表 4–3　概念性与功能性两类语法意义对比表

标准 \ 分类	性质	数量		语法形式
	指称性/关联性	聚合性/组合性	例子	例子
语法意义	概念性语法意义	概念性语义特征	［自主］	动词
		概念性语义关系	［领属］	NP1 的 NP2
	功能性语法意义	功能性语义特征	［变化］	形容词 + 了
		功能性语义关系	［引入受事］	把 +NP

根据语义语法对语法意义的界定和分类，“吧、吗、嘛、呗、喽、哟”等句末助词本身并不指称事物、行为、属性或关系，因此，不是概念性意义，而是在与指称行为的小句组合时使小句呈现出一定的认知、情感或意向等主观特征，因此，在性质上属于功能性语法意义，在数量上属于聚合的功能性语义特征。那么，句末助词语法意义的特点有哪些呢？

（二）句末助词语法意义的特点

在语法意义的性质上，句末助词所表达的是一种功能性语义特征。然而，诸多学者有意无意地试图采用探讨实词概念性语法意义的思维方式和研究方法来探讨并表述作为虚词的句末助词的功能性语法意义，这就违反了科学方法论（吴元樑，1984：6）的基本原则，即研究对象的特点“规定和制约了研究方法的性质和特点，有什么样的研究对象就会形成相应于它的研究方式和方法”。那么，作为研究对象，句末助词的语法意义有哪些特点呢？

首先，意会易而言传难。我们可以领会句末助词的语法意义，却难以用“概念”表述出来。正如胡明扬（1988：4）所言：“语气助词的语气意义本来比较空灵，不容易捉摸，不容易‘范围住’。”比如：我们可以领会“他是老师吧”中“吧”的语法意义与“他是老师吗”中“吗”的语法意义存在着差异，如果用指称性的表述方法说，“吧”的语法意义“是”“揣测”，却又与我们的语感相差较远，因为“吧”并不指称“揣测”。根据语义语法理论对句末助词性质的解读，可以用关联性的表述方法说，“吧”的功能性语法意义是使“他是老师”呈现出“揣测”义，但其本身并不是指称“揣测”。可以说，我们不能用研究和表达概念性语法意义的方法来研究和表达功能性语法意义。

其次，感知易而界定难。我们可以感知句末助词的语法意义，但无法通过概念像界定实词的内涵和外延那样准确地界定虚词的意义，如同不能用捕捉苍蝇的网来捕捉空气一样，任何一个概念都无法把功能性语法意义界定清楚，正如胡明扬（1981：416）所言："语气助词的意义本身富于弹性，同时还受语调的影响，不容易确切地把握。"然而，很多学者试图将句末助词显示的语法意义"当作"其指称的语法意义。语义语法理论对句末助词的认识创新界定方法，即句末助词的功能性语法意义犹如测试酸碱性的试纸，试纸本身没有酸碱性却能显示出液体的酸碱性，句末助词的语法意义就是使一定的小句呈现出一定的概念性语法意义，但其本身并不"指称"而是"显示"概念性语法意义。

再次，使用易而辨析难。我们可以准确地使用某个或各类句末助词，却难以提取不同句子中同一句末助词的语法意义，也难以辨析不同句末助词的不同语法意义。由于句末助词功能性语法意义在具体的句子中会发生具体化、实体化，因此，语义语法理论必须创新语法意义的提取方法。本质上讲，一个句末助词只有一个核心的功能性语法意义，当该句末助词与不同类型的小句组合时，该句末助词的核心功能性语法意义会因小句概念性语法意义的变化和差异而呈现出实体化倾向，把句末助词在具体句子中各种实体化的语法意义提取出来就是句末助词的功能性语法意义。

最后，体悟易而验证难。我们在语感上可以细腻地体悟到不同句末助词的功能差异，却难以从形式上进行验证。在验证方法上，语义语法理论可基于前人的替换法和比较法，根据句末助词的性质和特点，找到验证句末助词语法意义的形式标记。因为功能性语法意义一定与一定的概念性语法意义组合才能发挥功能，反过来说，概念性语法意义只有与一定的功能性语法意义同现时才能显示出认知、情感和意向等主观特征。

可以说，语义语法理论基于语法意义的界定和分类，阐明了句末助词语法意义的性质和特点，而作为研究对象，句末助词的性质和特点制约着语义语法的研究方法，因此，语义语法必须使用与概念性语法意义不同的表述方法、界定方法、提取方法和验证方法来揭示句末助词的功能性语法意义。其中，表述方法和界定方法是认识论问题，而提取方法和验证方法则是方法论问题。

四、语义语法理论研究句末助词的基本方法

语义语法研究句末助词的前提条件就是基于语料库搜集数据以定位句末助词的分布规律，然后根据分布规律来提取语法意义并从合法与非法正反两面验证语法意义，从而系统地列出选用句末助词的可解释可操作的准允条件，因此，精确定位原则、意义提取原则、正反验证原则和系统解释原则就构成了语义语法研究句末助词方法论的四条原则。

（一）精确定位原则

第一步，广泛搜集语料。基于大型语料库来搜集语料是研究句末助词的基础性数据收集工作，由于句末助词在句子中的位置相对固定，因此，语料收集相对容易。根据北京大学中国语言学研究中心的 CCL 语料库，以搜索“哟”的语料为例，可以通过输入“哟！哟？哟。哟，哟；”并要求语料左向排序就可以搜索到99%的目标“哟”字句，为语料分析奠定基础。另外，可以利用 SPSS 软件中的卡方检验或 t 检验来处理统计数据，以显示不同类型之间的区别显著度，最常用的方法就是借助图表使句末助词的分布规律较为宏观地展示出来。以“吧”为例，其与句子功能的选择分布趋势可以通过饼形图表现出来：

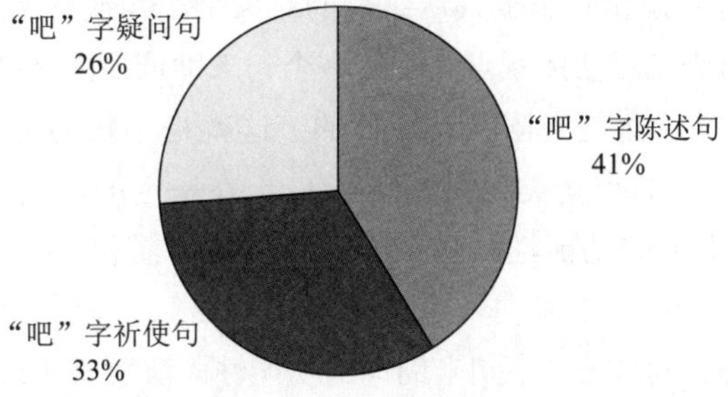

图 4–1　句末助词“吧”的句子功能选择分布图

第二步，细致观察语料。如何观察呢？从三个视角观察语料：一是语用选择视角。就是从说话者与听话者之间在权位关系、性别差异、亲密程度、具体语境等方面存在的差异确定选用句末助词的语用条件。比如说话者基于“情所当然”而非“理所当然”用“嘛”字句来表达“撒娇义”时，一般说话者认为自己与对话者存在着亲密关系。二是话语关系视角。确定

句末助词所附着的句子在话语关联或语义关联中具有什么作用，比如“呗”字句只用作口语对话体的应答句（answer sentence）而不是引发句（lead sentence），而“吧”字句既可以用于引发句也可以用于应答句。三是句子功能视角。一般来说，某个句末助词不可能可以不受限制地置于任何一个句子的句尾，因此，先要确定该句末助词可否用于陈述句、疑问句、祈使句或感叹句的末尾；如果可以置于疑问句句尾，接下来的问题是：是不是任何一个疑问句都可以在句尾加上该句末助词？如果不是，就要确定哪类疑问句可以带该句末助词，哪类不可以带该句末助词。以句末助词“喽”与疑问句的选择关系为例，“喽”只能选择是非问，而排斥特指问、正反问和选择问。接下来的问题是：是不是任何一个是非问句都可以带该句末助词呢？结果发现，“喽”字是非问在话语关系上必须是推断听话者意图的应答性是非问句。这样，从语用选择到话语关系再到句子功能及其次类，一步一步地精确定位句末助词的选择对象，确定句末助词的分布规律。

（二）意义提取原则

在精确定位句末助词的分布规律之后，就需要提取句末助词的功能性语法意义。正如胡明扬（1988：4）所言：“只能在语气助词的使用过程中，也就是在语气助词和某个具体句子结合的实例中去考察语气助词所表达的语气意义。”可以说，句末助词所组合的对象是小句或其次类（clause，简称 c），而根据语义语法的观点，任何一个句末助词所能选择的小句类型不是无限、任意的，而是有限、有规律的，这就是小句的定义域（domain，简称 D），当不同的小句类型及其次类（c）在一定的定义域（D）中发生变化时，句末助词的功能性语法意义（function，简称 f）会随着不同小句类型概念性意义的变化而在一定的值域中（range，简称 R）发生实体化（materialization，简称 m），句末助词的功能性语法意义（f）、不同小句类型的概念性语法意义（c）以及句末助词语法意义因不同小句的填充和变化而发生的实体化（m）恰恰形成了函数关系，即：

$$m = f(c),\ c \in D \text{ 且 } m \in R$$

其中，小句类型或其次类（c）是自变量，而句末助词功能性语法意义的实体化（m）就是因变量，而句末助词的功能性语法意义（f）就是函数关系中的对应法则。有意思的是语言学的“功能”与数学的“函数”在英语中是一个单词"function"，其实，无论是"功能"还是"函数"，都具有"用途、法则"的意思，自变量（c）和因变量（m）的意义是具体可感的，根据它们的意义及其关系就可以提取出作为对应法则的句末助词的功能性语法意义（f），就句末助词"吧"来说，"吧"所选择的小句类型（c）的定义域（D）必须是陈述句（c1）、疑问句（c2）和祈使句（c3），句末助词分别与c1、c2、c3组合时使之呈现出来的实体化意义是"揣测（m1）"、"求证或征询（m2）"或"商讨（m3）"，从m1、m2、m3去实体化后就可以提取出函数的对应规则即句末助词"吧"的功能性语法意义"意向待定（f）"，如下表所示：

表4–4　基于函数关系的句末助词"吧"语法意义提取表

小句类型（c）	句末助词的实体化意义（m）	例子	句末助词的功能性语法意义（f）
（c1）陈述句	（m1）揣测	我这个人就是这种命吧？	意向待定
（c2）疑问句	（m2）求证 / 征询	你昨天生病了吧？	
（c3）祈使句	（m3）商讨	你来一下吧！	

（三）正反验证原则

根据语义语法理论来认识句末助词的语法性质以及提取句末助词的语法意义都非常重要，然而，更重要的是从正反两个方面验证句末助词的语法意义。由于句末助词的语法意义是功能性的，验证功能性的语法意义必须借助与其组合的概念性语法成分，从正面来说，就是哪类词语可与该句末助词同现；从反面来说，就是哪类词语不可与该句末助词同现。

以"嘛"字陈述句为例，通过副词同现法来证明在陈述句中"嘛"的语法意义。根据语料库的调查，从正面看，可以发现，"嘛"字陈述句中主要出现三类表达说话者认知状态的副词：一是显知义，如：明明、分明、明显、显然等；二是常知义，如：理当、本该、当然、自然等；三是实知义，如：本来、根本、毕竟、到底、反正等。根据语义语法理论，这三类副词的语义与陈述句中的"嘛"的语法意义是一致的，因此，基于这三类副词的语义，就可以说提取出"嘛"在陈述句中的语法意义，即表达了说话者主观上对命题的确信性和对方的应知性。例如：

（1）a. 这分明是嫁祸于人嘛！

b. 她理应感到羞耻嘛！

c. 我本来就没有秘密嘛！

从反面看，“嘛”字陈述句中一般不能出现的主要有三类：一是或知义，如：大概、也许、可能、想必、不必等；二是必知义，如：必然、必定、必得、势必、定然等；三是非知义，如：竟然、居然、果真、偏偏等。例如：

（2）a. 想必他不来了吧。——*想必他不来了嘛！

b. 劳资关系势必涉及整个经济生活。——*劳资关系势必涉及整个经济生活嘛。

c. 你竟然爱上他。——*你竟然爱上他嘛。

为什么呢？因为这三类副词反映了说话者客观上表达命题的描述性和对方的告知性，而“嘛”要求说话者主观上表达命题信息的确信性和对方的应知性，二者在语义上是矛盾的，这样从反面精确地印证了“嘛”的语法意义，正如蔡维天（2007：205）所言：“句法和语义的对应其实是井然有序而循序渐进的。”而句末助词对副词的选择和排斥说明，形式对立性是语义对立性的反映，而语义对立性决定了形式对立性。

除了不同副词可以显示并验证句末助词的语法意义外，当句末助词句做宾语时，其主句的主谓谓语类型也可以检测句末助词的语法意义。以“吧”为例，由于“吧”的语法意义是“意向待定”，因此，“吧”字句做宾语而主语是第一人称时，主句的谓语必须是猜测性动词，如“猜、想、看、猜测、猜想、估计、认为、觉得、寻思”等，如（3）；如果谓语是明定性动词，如“决定、坚信、明白、确信、知道”等，那么，“吧”字句就不能进入宾语位置，因为谓语动词的语义与“吧”的语法意义是冲突的。如（4）。

（3）a. 我猜你新婚不久吧？

b. 我估计二年之内去看你吧。

（4）a. 我坚信我还算是个正统的女人。——*我坚信我还算是个正统的女人吧。

b. 我决定不再抱怨了。——*我决定不再抱怨了吧。

同样，话语标记也是显示并验证句末助词语法意义的示踪剂。以句末助词“喽”为例，“喽”在陈述句中的语法意义是传我所知，即我已经知道而对方还不清楚的信息，如（5），但当说话者自己都没有预料的命题信息或者说话者认为命题信息明显而对方应该已经获知信息时，表示意外义或明知义的话语标记就不能与“喽”字句同现，如（6）：

（5）a. 我告诉你，东东再这样，我要发脾气喽。

b. 你还不知道吧，他早就结婚喽。

（6）a. 令人意外的是，他没来上课。　——令人意外的是，* 他没来上课喽。

b. 众所周知，该学院录取过女学生。　——众所周知，* 该学院录取过女学生喽。

其实，与句末助词句前后同现的句子也可以成为验证句末助词语法意义的手段，特别是一些情感性语法意义。以“呗”为例，句末助词“呗”功能性语法意义就是在话语上需要正面回应而情感上不情愿的“应而不愿”，那么，在“呗”字句前后会存在着与“应而不愿”语义一致的反问句特别多，如：“管人家呢？、还能怎么办？、还用问吗？何必呢？”等等，充分反映了说话者“不在乎、无奈何、不耐烦和不满意”的“不情愿”性的四种情感类型，如（7）：

（7）a. 管人家呢？离就离呗。

b. 还能咋样，也这么凑合着过呗。

c. 这还用问吗？吃包子呗。

d. 想做就做呗，何必在意？

正如弗雷格（1884/1998：9）所言：“必须在句子联系中研究词语的意谓，而不是个别地研究语词的意谓。”这一原则对提取和验证汉语句末助词的“意谓”尤为重要，因为句末助词的“意谓”是功能性的，而功能性的“意谓”只有在与概念性的“意谓”的联系中才能呈现出来并得到验证。

（四）系统解释原则

语感不仅是提取验证句末助词功能性语法意义的认知基础，也是系统解释句末助词功能性语法意义的逻辑基线。但是，语感能鉴伪却不能证伪，能评价却不能证实，因此，语义语法理论必须以基于语感的“句末助词语法意义”为核心，从形式上，以单句为提取和验证语法意义的基本句法单位，逐层扩展到复句以至于话语，逐层验证句末助词的语法意义；从意义上，以句末助词使单句呈现出来的认知、情感、意向、态度等功能性语法意义为基本语义单位，逐层扩展到语义关联以至于话语关联，逐层建立句末助词的语义关联，从而建立一个系统解释句末助词的语义地图。

比如："喽"字句在陈述、疑问和祈使三种句子功能中分别呈现出告知、推知和预知三种认知状态以及提醒、求证和警告三种意向类型，从中可以提取出"喽"的语法意义：传知义。但是，在态度取向上，"喽"的态度轻松度会随着其提醒、求证和警告三类意向强度的增加而递减，或者说，"喽"的态度轻松度和意向强度成反比关系。这样就可以把"喽"在句子中所呈现出来的"认知、意向、态度"等功能性语法意义通过下面的语义地图系统而完整地解释出来：

表 4–5　句末助词"喽"的语义关联地图

<table>
<tr><th>"喽"的语法意义</th><th>句子功能</th><th>认知状态</th><th colspan="2">意向类型</th><th colspan="2">态度取向</th></tr>
<tr><td rowspan="3">传知义</td><td>"喽"字陈述句</td><td>告知</td><td>我告你知</td><td>提醒</td><td rowspan="3">轻松度</td><td>■■■</td></tr>
<tr><td>"喽"字疑问句</td><td>推知</td><td>我推你证</td><td>求证</td><td>■■</td></tr>
<tr><td>"喽"字祈使句</td><td>预知</td><td>我劝你动</td><td>警告</td><td>■</td></tr>
</table>

然而，"喽"的情感倾向在"喽"字句中不具有普遍性，主要体现在陈述句中，并在轻松心态与传知信息对说话者和听话者的利害性之间的博弈中，呈现出一定的动态特征。首先，当传知信息对任何人都无害时，"喽"字陈述句表现了说话者的欣喜兴奋之情，如（8）；当传知信息对所有人都不利或对他人不利时，"喽"则显示出一种幸灾乐祸之情，如（9）；而当传知信息对说话者不利时，则"喽"表现出一种无可奈何的伤感之情，如（10）：

（8）a. 开学喽！

b. 吃饭喽！

（9）a. 地震喽！

b. 你惹麻烦喽！

（10）a. 老喽！不中用喽！

b. 自己不行喽。

五、结语

石里克（1989：9）认为："哲学使命题得到澄清，科学使命题得到证实。科学研究的是命题的真理性，哲学研究的是命题的真正意义。"如果这是正确的，那么，语义语法对句末助词的研究不仅要澄清句末助词的性质和特点，还要证实句末助词的语法意义。

首先，在性质特点上，虚词就像幽灵一样，可以感觉到其意义的存在，却无法用一个概念将其内涵界定清楚并固定下来，这是因为句末助词语法意义的功能性而非概念性，是在与小句的组合中使小句呈现出一定的认知、情感、意向、态度等主观特征，但其本身既不“是”也不“指称”这些主观特征，因此，不能用研究实词语法意义的方法来研究虚词，特别是句末助词的语法意义，不能用一个“概念”来界定句末助词的内涵，而只能根据其性质和特点通过语义地图来描述其分布规律及其使小句呈现出来的主观特征。

其次，在语法意义上，语义语法对句末助词的精确定位、意义提取、正反验证到系统解释都必须遵循可证实原则。一是句末助词能与哪些小句类型及其次类组合而不能与哪些小句类型及其次类组合，这是定位证实。二是句末助词能使小句呈现出什么样的认知、情感、意向和态度等主观特征而不能使其呈现什么主观特征，这是意义取舍。三是句末助词所选择的小句中可以出现什么副词、话语标记、主谓类型等而不能出现什么副词、话语标记等词语，这是正反验证。四是句末助词使小句呈现出来的认知、情感、意向、态度等具有一定的因果关联性，而相反的认知、情感、意向和态度都不能进入到这个因果系统中，这是语感解释。

可以说，语义语法理论就是在科学方法论的指导下，澄清并尊重句末助词自身的性质和特点，打破过去概念式研究句末助词的方法，而提出了功能式描述句末助词的方法。而从根本上说，某类词语在形式上能否与句末助词同现是该类词语在意义上是否与句末助词一致的反映，而某类概念性的词语能否与功能性的句末助词同现是提取和验证句末助词语法意义的一条捷径。

为了研究句末助词，我们在理论上不仅梳理了前人对句末助词的研究现状和理论方法，也厘清了与句末助词语法意义关系密切的“语气、情态和句子功能类型”问题，还逻辑性地论证了用于研究句末助词的语义语法理论及其方法论，下面我们就可以通过实例研究检验语义语法理论和方法的有效性，定位揭示句末助词的分布规律，提取、验证并解释句末助词语法意义。

下　编

实例分析

第五章　句末助词“吗”的分布焦点及其疑问性质

“吗”在现代汉语中是使用频次最高的句末助词之一，其分布规律和疑问性质还存在一定的争议。语义语法理论和语义地图方法，可以全面描述并验证句末助词“吗”的分布规律和疑问性质。首先，前人关于“吗”的成因分析可以分成三类：“否定词”演变说、“么啊、没啊”合音说、“无、么”演变说，本项着眼于提取语法意义的共时关联研究可以为历时研究提供支撑。其次，从句子功能、虚指代词、语气副词和动词结构四个层面系统描述并正反验证句末助词“吗”的选择与限制。第三，根据分布规律和应答形式提取“吗”字句的自然疑问焦点类型及其优选排序规则，即模态类语气副词＞能愿动词＞述补结构＞句子谓语。第四，基于焦点排序规则把“吗”字句的疑问性质界定为模态极性问，并对前人关于“吗”字句的疑信问题进行辨析和验证，从而提出“吗”字句是基于“全疑零信”认知状态下的有疑而问句之一。

一、引言

某个句末助词的历史演变研究形成了早期以音韵而后期以语法化为判断依据的传统，而根据语义语法理论（邵敬敏，2004；赵春利，2014），剖析句末助词“吗”的演变历程，除了基于音韵的语音关联和基于结构的句法关联等外在形式之外，基于功能的语义关联作为内在依据更具验证性和解释力。

因此，弄清现代汉语句末助词“吗”的语法意义就成为追溯其历史起源的前提条件。而只有弄清句末助词“吗”的句法分布规律才能从正反两个方面提取并验证其语法意义的性质。不同类型的语气副词与“吗”字句的选择关系不仅为句末助词“吗”的分布规律精确描写和语法意义的科学提取提供了形式验证手段，而且也为基于疑问焦点和信疑之争的“吗”字句疑问性质的界定指明了研究方向。

本章在综述前人分析“吗”的来源的基础上，根据语义语法理论和语义地图方法，通过对北京大学中国语言学研究中心的 CCL 语料库的调查，以分布规律、疑问焦点、信疑甄别为逻辑线索，逐层提取“吗”字句的疑问性质。

二、前人关于“吗”的历史演变研究

关于句末助词“吗”的历史来源和发展演变，诸多学者运用不同的理论方法进行了深入研究。总的说来，大致可以分成三种观点：“否定词”演变说、“么啊、没啊”合音说、“无、么”演变说。

（一）“否定词”演变说

1924 年，黎锦熙（1924/1992：242）最早根据发音的相近性而将“吗、么”与“无、没”等联系起来，即：“‘么’‘吗’本是和‘无’、‘不’、‘否’、‘非’、‘未’、‘没’等否定词同是双唇阻的发声，不过收韵有平唇圆唇种种不同罢了。”后来，高名凯（1948/1986：472）根据“吗、么”与“否、未、不、没”在唇音声母、句法位置和询问功能上的相似性而提出“现在口语的询问词‘吗’‘么’是从古代的肯定否定连说式的询问命题中的否定词变化而来的”。可以说，关于“吗”的“否定词”演变说从宏观上框定了范围并指明了方向，但仍需要思考四个问题：其一，在数量上，究竟来自一个否定词还是多个否定词；其二，在性质上，究竟来自哪个或哪几个否定词；其三，在关系上，具体的演变动因和路径究竟如何；其四，在模态上，为什么一定会发生演变。不过，沿着否定词的来源思路，“么啊、没啊”合音说和“无、么”演变说将宏观的“否定词”演变说具体化为某个细节。

（二）“么啊、没啊”合音说

合音说主要从语音合流的角度阐明句末助词“吗”的形成机制。早在 1944 年，吕叔湘（1944/1982：287）在解释可用在任何问句之后的“啊”为什么在是非问句之后不常见时，提出“啊”“已经和‘么’字合音成

‘吗’字了”。后来，徐杰、张林林（1985：75）根据“吗”与反复问句中的“不、没（没有）”互相置换的语言事实以及“没（有）”与语气词“啊”组合成“没有啊、没啊”的汉语语音演变规律，推断出“‘没啊’[mei a]演变为‘吗’[ma]是完全可能的。……‘没啊’演变为‘吗’后，‘吗’又进一步演变为一个纯表是非问的疑问语气词”。“么啊”合音说能解释从“么”到“吗”的语音动因，而“没啊”合音说能推断为从“没”到“吗”的演变，但都缺乏基于句法结构的事实证明，更缺乏基于语义关联的逻辑验证。而从这一点看，“无、么”演变说既有基于句法结构的历史形式关联，也有基于音韵演变的历史语音基础，更具说服力。

（三）“无、么”演变说

“无、么”演变说主要是指否定词“无”虚化为语气词而后演变为“麽”，而“麽”演变为句末助词“吗”。对此，学者们主要采用语法化和音韵学两种理论给予解释。

首先，最早开辟语法化研究路径的是吕叔湘，他（1944/1982：286—287）提出“‘无’字就是白话里的‘么’和‘吗’的前身，这可见用‘吗’字的问句原是从反复问句化出来的”，这为以后学者运用语法化理论研究反复问句的“无”与句末助词“吗”的衍生关系奠定了基础。后来，席嘉（1996：133—134）借助反复问句的性质从功能分化角度不仅分析了“吗”与“么”的功能异同，而且还提出“传信的‘么’来源于传疑的‘么’。传疑的‘么’是从古代的反复问句发展出来的”，而吴福祥（1997：44）则根据语法化理论认为在“VP-neg”式从反复问句分化出非反复问句时，否定词“无1”虚化为语气词“无2”，而“‘麽’在唐初由‘无2’蜕变而来。唐宋时期，‘麽’可以进入是非问和测度问等疑问句形式；宋元明清，‘麽’可用于非疑问句”。因此，“麽”与“吗”语义、功能并非完全等同。后来，罗骥（2002：107）根据“无”与“麽”在存在句上的共同性说明“‘麽’确实来源于‘无’”，而杨永龙（2003：29）则从“无”的语义泛化和“VP无”句式的主观化角度论证了“吗”得以产生的语法化过程。可以说，语法化理论逐渐成为语气词研究的热点（王艳芳、王开生，2003；傅惠钧，2011：289；翟燕，2012）。

其次，顺着黎锦熙的语音相近思路，王力（1958/1980：452）根据音韵演变关系，并结合粤语和客家话的方言事实，提出：“‘吗’的较古形式是‘么’。……‘么’应该是从‘无’演变来的。”同时，太田辰夫（1958/1987：328—330）也从韵部角度运用历史语料梳理了疑问助词从盛唐的“无”到宋代的“么”再到清代的“吗”的繁衍关系。而钟兆华（1997：3、6）则根据韵文用韵从音读演变角度把“么”分成兴起于唐代、音读在果摄的疑问语气词“么 1［muo］”和兴起于北宋末年、以［ma］为音读的疑问语气词“么 2”，而“‘么 2’”所表示的音读，就是‘吗’所赖以出现的历史语音基础，最终“完成了由‘无’→‘麽’→‘吗’的字形规范”（孙锡信，1999：162）。

可以说，语法化派和音韵学派对“吗”借助“么”而起源于“无”的观点基本上是一致的，并成为句末助词“吗”历史演变研究的主流观点。从总的研究趋势看，语法化派在理论方法上逐渐成为主流，并越来越关注演变的具体细节。但无论是从古至今的推演，还是从今推古的追溯，只有把“吗”、“麽”和“无”在各自历史时期的句法分布及其语法意义细化，然后才能构建三者之间的关联性。

本章的目的就是从共时角度准确定位句末助词“吗”的分布规律，提取其语法意义，辨析其疑问焦点、疑问性质和信疑程度，从而为“吗”的历史演变研究提供现实支点。

三、句末助词“吗”的分布规律

尽管句末助词“吗”的分布很广泛，但并非任何一个句子都可以不受限制地加上一个句末助词“吗”而成为“吗”字句，“吗”的分布不仅受到句子功能的限制，还受到疑问代词、语气副词以及动词结构的约束。

（一）前人关于“吗”分布规律的三点贡献

探讨句末助词“吗”的分布规律，在本质上就是在描写层面找到“吗”能出现在什么类型的句子末尾与不能出现在什么类型的句子末尾的双向选择规律，而“能”与“不能”这一形式组合上的同现矛盾反映的却是句末助词“吗”与不同句子类型之间在语义上的一致性或对立性，从而为提取“吗”的语法意义奠定基础。至于确定“吗”与不同类型的句子组合后能形成什么类型的句子并非描写层面的分布规律问题，而是解释层面的功能性质问题。

但从总体上看，前人对“吗”的研究主要关注的却是句子功能的解释而非能否组合的分布描写，具有“重功能定性而轻分布描写”的特点。不过，前人从句子功能选择、疑问代词选择和语气副词选择三个角度为描写句末助词“吗”的分布规律奠定了基础并铺设了桥梁。

首先，从句子功能的选择看，是非问可选择句末助词“吗”。前人主要通过“吗”与“呢”的分布和对比逐渐廓清了句末助词“吗”与疑问功能类型的选择关系。王力（1943/1985：166）最早提出“用‘吗’的地方不能用‘呢’，用‘呢’的地方也不能用‘吗’”的互补分布观，吕叔湘（1944/1982：287）则从疑问功能上界定二者的互补分布，即“单纯是非问句后头用‘吗’，其余问句后头用‘呢’”，而丁声树等（1961：210）说得更加明白：“是非问句只能用‘吗’（么）字，不能用‘呢’字。特指问句、选择问句、反复问句都只能用‘呢’字，不能用‘吗’字。”

可以说，“是非问”疑问功能与句末助词“吗”的选择关系已成为语法学界的共识，但还有两个问题值得思考：一是“吗”字句是否一定属于是非问？二是“吗”字句的形成受到哪些限制？前一个问题与“吗”字句出现疑问代词如何解释有关，后一个问题与哪些语气副词或结构不能进入到“吗”字句有关。

其次，从疑问代词的选择看，“吗”字句中可以出现疑问代词。既然是非问可以选择“吗”字句，那么，当“吗”字句中出现疑问代词时，“吗”字句还是不是是非问句？对此，前人主要从“吗”字句与“呢”字句的代词在虚指功能和疑问功能上的差异来说明：包含疑问代词的“吗”字句仍是是非问。黎锦熙（1924/1992：244）最早发现“吗”字句中“谁”的功能是“不定指代”而非“呢”字句的“疑问指代”，吕叔湘（1944/1982：287）则进一步指出：“吗”使“哪儿、什么”从特指问的“疑问点”虚指为是非问的“无定指称词”，可以说，多数学者秉承了“吗”字句中代词虚指说（丁声树等，1961：210—211；吕叔湘，1985：242；王良杰，2006：33；何文彬，2007：39），即使强调“吗”字句的疑问代词“仍然或多或少地具有特指求代的作用”的邢福义（1987：81）也承认：“特指性是非问句中的疑问代词，跟一般特指问句中的疑问代词相比较，程度不同地接近虚指。”更为可贵的是，邢福义（1987：82）还意识到“吗”字句与疑问代词选择的有限性，即：“能进入特指性是非问句的疑问代词”以“什么”为主，包括与“什么人、什么地方”相当的“谁、哪个、哪里”等。

可以说，前人对“吗”字句与疑问代词的选择关系已经有比较清醒的认识，但没有根据“吗”字句的疑问性质解释疑问代词的虚指化，也没有从正反角度解释和验证“吗”字句与疑问代词之间的选择排斥规律。

第三，从语气副词的选择看，语气副词与句末助词“吗”具有选择限制关系。汤廷池最早（1981：249）发现“表示揣测的副词（如‘大概、或许、也许、恐怕’等）常与‘吧’连用，却少与‘吗’连用”，而邢福义（1987：79—80）发现句末助词“吗”的分布“受句中语气副词的制约”，不仅指出“吗”字句可以选择语气副词“难道 / 莫非”而排斥“究竟 / 到底”，而且还点明“吧”字特指是非问中出现“一定（是）/ 总（是）”时“吧”不能换成“吗”。齐春红（2008：132—136）则基于主观量度考察语气副词与句末助词的共现规律，她（2008：135）认为：语气副词与“吗”不共现或共现的频率很低，“因为语气副词一般不出现在高疑问句中（“吗”字是非问），因为它们表达的主观量度和该类问句的疑问度不相符”。然而，史金生（2011：153—154）却发现“吗”可与“其实、的确、根本、难道、反正、幸亏”等副词同现而排斥“看来、多么、难怪、毕竟、明明、偏偏、索性”等副词。邵敬敏（2012：349）运用“吗”与“吧”在副词“难道、莫非”和“八成、应该、大概、也许”同现与否上的对立来验证二者在信疑度上的对立。

可以说，前人已经逐渐认识到了不同类型的副词与“吗”之间存在着一定的选择和限制，然而，究竟哪类副词可以进入而哪类副词不能进入到“吗”字句中，无论从语言事实调查的普遍性还是分类的科学性来看，都缺乏深入的研究。而不同语义类型的副词与“吗”的同现与否的规律性是描写句末助词“吗”分布规律并提取其语法性质的一把钥匙。

（二）句末助词“吗”与虚指代词的选择限制

根据语料库的调查，可以发现，根据疑问代词在“吗”字句中的语义功能，代词可以分成三种类型：嵌套代词类、任指代词类和虚指代词类。

其一，嵌套代词类是指包含疑问代词的小句在“吗”字句中作宾语，疑问代词在句法地位上与句末助词“吗”不存在句法关系，这一点可以通过嵌套代词的小句前移成为话题而句子意义没有改变来检验，如（1）：

（1）a. 你知道谁见过那姑娘吗？ ——谁见过那姑娘，你知道吗？

b. 你能告诉我哪个人能挣过命吗？——哪个人能挣过命，你能告诉我吗？

c. 他不清楚你有什么吗？ ——你有什么，他不清楚吗？

d. 他知道你以前去哪里吗？　　——你以前去哪里，他知道吗？
e. 你想过我怎么样吗？　　——我怎么样，你想过吗？
f. 你们知道为什么打仗吗？　　——为什么打仗，你们知道吗？

其二，任指代词类是指“吗”字句中的代词在语义上指向全部人事物的任何一个而非“吗”字句的疑问点，代词后常常有全指副词“都、也”，整个“吗”字句属于一般是非问或反问句，可通过“任何NP”的替换检测代词的语义是否任指，可称之为任指代词，如（2）：

（2）a. 谁都见过那姑娘吗？　　——任何人都见过那姑娘吗？
b. 哪个人也能挣过命吗？　　——任何人也能挣过命吗？
c. 你什么都有吗？　　——你任何东西都有吗？
d. 你以前哪里都去吗？　　——你以前任何地方都去过吗？
e. 他怎么样也睡不着吗？　　——他任何办法也睡不着吗？

其三，虚指代词类是指“吗”字句中的代词指称一定范围内的某个或某些待定事物，而“吗”字句的疑问焦点却并非这个虚指代词而是谓词及其附属成分。但是，并非任何一个特指疑问句都可以不受限制地加上句末助词“吗”而形成虚指代词，如（3）都不可以加“吗”：

（3）a. 谁见过那姑娘？　　——*谁见过那姑娘吗？
b. 哪个人能挣过命？　　——*哪个人能挣过命吗？
c. 你有什么？　　——*你有什么吗？
d. 你以前去哪里？　　——*你以前去哪里吗？

根据语料库的调查，并结合前人的研究，可以发现，特指问中的疑问代词要想变成“吗”字句，需要句法和语义两个条件：第一，在句法上，疑问代词在句法地位上必须降级，即主语降为“有”的宾语，如（4a/b），或宾语降为“办法”的定语，如（4c），或独立述宾结构“去哪里”变成连动结构“去哪里看过”，如（4d），甚至通过增加数量定语“点儿”来使疑问代词降级为隐含“东西”的定语，如（4e），通过降低疑问代词的句法地位，整个句子的疑问焦点就从特指问的疑问代词转为是非问的谓语动词，从而使代词的疑问功能变为虚指功能。总体上看，虚指代词一般作定语或宾语，而极少作状语。

（4）a. 谁见过那姑娘？　　——有谁见过那姑娘吗？
b. 哪个人能挣过命？　　——有哪个人能挣过命吗？
c. 你有什么？　　——你有什么办法吗？

d. 你以前去哪里？　　　　——你以前去哪里看过吗？
e. 你买什么？　　　　——你买点儿什么吗？

第二，在语义上，“吗”字句中的虚指代词都是指称人事物及其范围数量，主要包括“什么、谁、哪些、哪个、哪里、多少”等，而询问状态的“怎么样、怎样、如何”以及寻求原因的“为什么”都不能作为虚指代词而进入“吗”字句，如（5）：

（5）a. 我们如何掌握这些规则？　　　　——* 我们如何掌握这些规则吗？
b. 他怎么说服别人？　　　　——* 他怎么说服别人吗？
c. 你生活得怎么样？　　　　——* 你生活得怎么样吗？
d. 你们为什么学习英语？　　　　——* 你们为什么学习英语吗？

孟自黄、吴宣文（1980：128）曾根据问题逻辑重点的不同，把问题分成三种基本的类型：“判断型即‘是什么’型，说明型即‘怎么样’型，论证型即‘为什么’型。”能够作为虚指代词进入“吗”字句的都是指称人事物的判断型疑问代词，而不能作为虚指代词进入“吗”字句的都是用来描写状态方式的说明型疑问代词或解释原因的论证型疑问代词。为什么这样呢？因为“吗”字句的疑问焦点是谓语动词及其状语或补语成分，判断型疑问代词一般进入到“吗”字句的宾语或定语位置等非疑问焦点位置而虚指化，这与“吗”字句的疑问焦点不矛盾。说明型或论证型疑问代词处于特指问句的状语或补语疑问焦点位置，而这恰恰与以谓语及其状语或补语为疑问焦点的“吗”字句焦点位置重合，因此，状语或补语作为“吗”字句的自然焦点位置，说明型或论证型疑问代词就不能虚指化，既然不能虚指化，就只能以疑问代词的形式进入到特指问句中而非“吗”字是非问中。可以说，语义、句法和疑问焦点决定了哪类疑问代词能否虚指化而进入“吗”字句中。如下表所示：

表 5-1　“吗”字句与疑问代词能否虚指化关系表

疑问类型	疑问代词	语义	可否虚指进入“吗”字句	
			可否虚指	句法位置
判断型	什么、谁	指称事物	可以	宾语、定语
说明型	怎么样、如何	描写状态	否	状语、补语
论证型	为什么	解释原因	否	状语

可以说，当说明型和论证型的疑问代词出现在特指疑问句的状语或补语位置时，该特指疑问句就不能后加句末助词“吗”而使其虚指化，即使是判断型疑问代词，也必须通过句法降级从原来的疑问焦点变为虚指代词才可与句末助词“吗”同现。

（三）句末助词“吗”与语气副词的选择限制

尽管句末助词“吗”的分布规律相当宽泛，难以定位，但也并非如朱德熙（1961/1982：202）所言：“只要把相应的陈述句的语调换成疑问语调，就变成了是非问句。”因为，不只是一个语音层面的语调变换就决定句末助词“吗”的分布，句法成分之间在语义层面的一致性和矛盾性也决定了一个陈述句能否变换成“吗”字是非问，其中，不同语义类型的语气副词与句末助词“吗”的同现与排斥不仅能反映“吗”的分布规律，而且能显示“吗”的疑问性质。

根据语料库的调查，可以发现，与句末助词“吗”同现频率最高的是三类模态类语气副词：实然义、必然义和可能义。实然义副词主要有：真、真的、果真、当真、确实、确然、着实、的确、果然、绝对、完全等，如（6）；必然义副词主要有：一定、非得、必然、必须、必定、必要、务必、注定、肯定、确定等，如（7）；可能义副词主要是：可能，如（8）；

（6）a. 这真是你的想法吗？
　　b. 他真的能带你走吗？
　　c. 鲧禹的确是父子关系吗？
　　d. 他确实需要援助吗？
（7）a. 经营批发一定能赚大钱吗？
　　b. 政治自由必然会导致经济自由吗？
　　c. 你肯定要干下去吗？
　　d. 你确定要进去吗？
（8）a. 历史可能会嘲笑我们吗？
　　b. 这些行星上可能有生命吗？
　　c. 我们有可能节约吗？
　　d. 我有可能获得这个职位吗？

而反映说话者对命题信息估测或已知的估知类语气副词却极少与句

末助词“吗”同现，主要包括四类：其一，估测义语气副词，如：大概、未必、也许、或许、兴许、说不定、该不是、该不会、该不能、不见得、恐怕、好像、大约、大体、差不多、差一点、想必、八成等；其二，显然义语气副词，如明明、明显、分明、显然、明摆着等；其三，认定义语气副词，如索性、干脆、当然、实在、简直、反正、好歹、横竖、根本、毕竟、何必、何不等；其四，幸悟义语气副词，如：幸亏、恰巧、恰好、恰恰、偏巧、偏偏、怪不得、难怪、原来、敢情等。每类举两例如（9）：

（9）a1. 他们大概没有想到。 ——*他们大概没有想到吗？
a2. 你们想必已经知道了。 ——*你们想必已经知道了吗？
b1. 这明明是绑票。 ——*这明明是绑票吗？
b2. 他显然感到孤独寂寞。 ——*他显然感到孤独寂寞吗？
c1. 他索性把外衣脱了。 ——*他索性把外衣脱了吗？
c2. 魏元红横竖想不通。 ——*魏元红横竖想不通吗？
d1. 他幸亏年轻力壮。 ——*他幸亏年轻力壮吗？
d2. 难怪中国人不服输。 ——*难怪中国人不服输吗？

可见，并非任何一个陈述句都可以不受限制地加上句末助词“吗”而成为是非问句，当陈述句中出现估知类语气副词时，陈述句就不能变成“吗”字是非问，而如果是模态类语气副词，则可以变成“吗”字是非问。之所以句末助词“吗”选择模态类语气副词而排斥估知类语气副词，这是由“吗”字句的疑问焦点和疑问性质决定的。

语气副词与句末助词“吗”的选择限制规律如下表所示：

表 5–2 句末助词“吗”与不同语义的语气副词选择限制表

语气副词 / 句末助词	模态类语气副词①			估知类语气副词			
	实然义	必然义	可能义	估测义	显然义	认定义	幸悟义
“吗”	●	●	●	○	○	○	○

① 当句子不出现语气副词时，命题的实然义可以通过体标记“了、过”来表示，如“他走了吗？他病了吗？”，而这又与动词结构的自主与非自主有一定的关系；除了实然义、必然义和可能义之外，广义模态还包括由能愿动词所标的未然义，如：能、想、会、打算、计划、可以等，如“你想去吗？”。

（四）句末助词“吗”与动词结构的选择限制

最早注意到谓语动词与句末助词“吗”同现关系的是范继淹，他（1982：426）认为“动词的各种体范畴、句子的各种谓语结构，对是非问句有不同的约束力”，后来，马庆株（1988：157）从动词的自主与非自主分类角度发现非自主动词“病”加“吗”是不能说的，那么，句末助词“吗”与动词结构的自主与非自主之间存在着什么选择限制呢？根据调查，可以发现以下特点：

首先，光杆自主动词一般都可以直接加句末助词“吗”，表达对未然意图的询问。从语感上说，如果把动词前无标记隐含的表达未然体的能愿动词“要、想、打算”等补出来更易于接受，如（10a）；而更多的是带体标记“了、过、着”后再加“吗”，如（10b/c/d）：

（10）a. 你看吗？ ——你要/想看吗？

b. 你吃了吗？

c. 你讨论过吗？

d. 你在听着吗？

当自主动词带可控结果补语时，一般也可以直接加“吗”，也表达未然意图义，并隐含着表达未然体的能愿动词，如（11a/d），而更多的也是带上体标记“了、过”后再加“吗”，如（11c/d）：

（11）a. 你写完吗？ ——你要/想写完吗？

b. 你打开吗？ ——你要/想打开吗？

c. 你看完了吗？

d. 你打开过这台电脑吗？

但一般来说，自主动词所带的结果补语常常是非可控的，整个动补结构就呈现出非自主性，如：写错、看见、找到、拿错、盖好、记住、听清楚、说明白、洗干净、休息好等，因此，单个动补结构就不能直接带“吗”，如（12a/b），而必须带上体标记“了、过”或变为可能补语或前加“能”等才可以带“吗”，如（12c/d/e）：

（12）a. * 你写错吗？

b. * 你看见吗？

c. 你写错了吗？

d. 你看见过吗？

e. 你看得见吗？　　　　　　——你能看见吗？

可以说，无论自主动词是光杆的，还是带可控补语或不可控补语的，本质上都必须或隐或显地表达一个具有时体意义的命题，才可以带“吗”形成“吗”字句。换句话说，“吗”前的动词或动词结构应该是一个具有独立时体特征的句子。

其次，有些属于非自主动词的动词或形容词（马庆株，1988：159—160），其语义不表自主动作，而表一种自存关系或状态，也可以直接加“吗”。主要有五类：一是判断动词，如是、有、在、姓、像、等于、属于、位于、相似等（13a）；二是认知动词，如知道、认识、认得、晓得、记得、懂得、明白、失望等（13b）；三是情感动词，如敢、爱、会、能、肯、怕、害羞等（13c）；四是生理动词，如痒、疼、困、乏、累、饿、馋、聋、瞎、恶心等（13d）；五是性质形容词，如乱、坏、好、穷、苦、甜、多、少、滑、冷、干净、粗糙等（13e）。其实，这五类非自主动词都隐含一个无标记的现在时态，如：

（13）a. 他是英雄吗？　　　　　　——他现在是英雄吗？
　　　b. 你知道吗？　　　　　　——你现在知道吗？
　　　c. 他敢吗？　　　　　　——你现在敢吗？
　　　d. 你们饿吗？　　　　　　——你们现在饿吗？
　　　e. 湖水干净吗？　　　　　　——湖水现在干净吗？

但绝大多数光杆非自主动词及其动补结构都不能直接加“吗”，如败、沉、跌、丢、掉、化、塌、忘、涨、毕业、跌倒、丢失、塌陷、到达、误会、坠毁、遇见、痊愈、失去、失散等，必须加上体标记“了、过”形成一个命题才可以加“吗”，如（14）：

（14）a. * 你忘吗？　　　　　　——你忘了吗？
　　　b. * 房子塌吗？　　　　　　——房子塌过吗？
　　　c. * 孩子跌倒吗？　　　　　　——孩子跌倒了吗？
　　　d. * 他们遇见吗？　　　　　　——他们遇见过吗？

可以说，无论自主还是非自主，谓语动词或动词性结构都必须隐或显地包含时体信息而表达一个独立的命题时，才可以带上句末助词“吗”而变成“吗”字句。区别在于：光杆自主动词和五类非自主动词可以无标隐含时体信息，而大多数非自主动词及其动词性结构不能隐含而必须标明时体信息。

表 5–3　句末助词“吗”与动词结构选择限制表

	可直接带“吗”	不可直接带“吗”
自主动词	光杆自主动词；自主动词 + 可控结果	自主动词 + 非可控结果
非自主动词	判断、认知、情感、生理、性质	其余非自主动词及其动补结构

无论如何，句末助词“吗”的分布既不是随意的，也不是无限的。从句子功能、虚指代词、语气副词和谓语动词四个层面可以从粗到细地勾勒出句末助词“吗”的分布规律，通过下表表现出来：

表 5–4　句末助词“吗”的分布地图

分布 层面	选择区域	限制区域			
句子功能	是非问	特指 / 正反 / 选择	陈述句	祈使句	感叹句
虚指代词	判断型（什么、谁）	说明型（怎么样）		论证型（为什么）	
语气副词	模态类（实然、必然、可能）	估知类（估测、显然、认定、幸悟）			
谓语动词	自主动词 / 五类非自主动词	不带时体信息的大多数非自主动词及其结构			

那么，为什么句末助词“吗”具有这样的分布规律？这是由“吗”的疑问焦点所决定的，而疑问焦点又决定于“吗”的疑问性质。

四、“吗”字句的自然疑问焦点

（一）前人关于“吗”字句疑问焦点的研究

前人对“吗”字句疑问焦点的认识主要有三种代表观点：

一是句子述语说。马建忠（1898/2000：599）认为“传疑助字六：‘乎’‘哉’‘耶’‘與’‘夫’‘诸’是也。……六字所助者，句读中之动字耳。”后来，黎锦熙（1924/1992：241）从应答方式角度提出“只要求答者对于所问的话决定是非然否”，而所问的话的焦点体现为“决定然否的述语”（1924/1992：242）。

二是整个命题说。吕叔湘（1944/1982：281）最早提出“是非问句”

的“疑点不在这件事情的哪一部分，而在这整个事情的正确性。……这类问句可以用‘然’和‘否’回答。”这样把疑问焦点与应答方式区别开来。后来，吕叔湘（1985：241）根据自然焦点和对比焦点的差异而提出“是非问”是对“这个句子的真实性有疑问”，（1985：242）“是非问句一般是对整个命题的疑问，但有时候也会集中在某一点，形成一个焦点。这个焦点在说话中可以用对比重音来表示。”沿着这一思路，邵敬敏（1996：9）在反驳林裕文（1985：96）的是非问无疑问点的观点时，坚持认为“是非问以整个句子为一个疑问点”。

三是无疑问点说。林裕文（1985：96）提出：“是非问的疑问点与其他几种问句都不一样。是非问的答问往往是‘嗯’或‘不’，是对整个句子的肯定或否定，这就无所谓疑问点了。”为什么呢？因为“如果认为整个问句是疑问点，必然把疑问点和疑问句混为一谈，疑问点的分析也就失去了意义”。但他并不是说“是非问就一定没有疑问点，……是非问如果要突出疑问点，可以用上句中重音”。可以看出，林裕文的主要观点是：是非问没有自然疑问点，但有对比疑问点。

无论哪种观点，都不能仅凭语感就确定“吗”字句的疑问焦点，而必须根据语言事实从存在论、认识论和方法论角度论证“吗”字句的疑问焦点。否则，极易陷入“公说公有理，婆说婆有理”的窘境。

（二）“吗”字句自然疑问焦点的类型及其优选排序

首先，从存在论角度要明确“吗”字句疑问焦点的有无问题，即“吗”字句究竟有没有自然疑问点。林裕文（1985：95）认为：“没有疑问点的，回答用‘是’或‘不是’，有疑问点的，还要回答疑问点。”其实，这一论断犯了逻辑错误，因为决定“吗”字句有没有疑问点的根据是“应答的必要”，即“需不需要应答”，而不是“应答的方式或内容”，即“怎么应答或应答什么”，需要应答的就说明“吗”字句有疑问点，正如邵敬敏（1996：9）所言：“疑问句中必须有疑问点，没有疑问点就没有疑问句，这是疑问句的本质。”而不需要回答的就说明没有疑问焦点。显然，一般来说，“吗”字句都需要应答，因而存在疑问焦点。

其次，从认识论角度要搞清“吗”字句疑问焦点的判断问题，即如何判断“吗”字句的疑问焦点。在判断标准上，无论是特指问、选择问，还是正反问、是非问，处于“问”与“答”关系中的应答方式是折射疑问焦点的一面镜子，是判断反问焦点的基本标准。而不同类型疑问句的本质区别就是疑问焦点的差异。特指问是由不同疑问代词所标志，其疑问点是指称事物的判断问、描写状态的说明问或解释原因的论证问；选择问是由“A还是B”结构所标志，其疑问点是由不同词类、短语、句子所表示的事物、方式、原因、命题等；正反问是由述语位置的“A不/没A”结构所标志，其疑问点是由动词、形容词或能愿动词所表示的行为、性质、能力或意愿。那么，“吗”字句疑问焦点是什么？根据徐烈炯、刘丹青（1998：94）对焦点的界定：“焦点（focus）在本质上则是一个话语功能概念，它是说话人最想让听话人注意的部分”，从信息功能角度说，“吗”字句的疑问焦点就是说话者最想让听话者提供的信息。焦点一般可以分为无标记的自然焦点和有标记的对比焦点。这里主要研究“吗”字句的自然疑问焦点。正如吕叔湘（1985：244）所言：“只要针对疑问点，用一个词或短语就够了。”在“吗”字句没有标记重音或标记词来凸显对比焦点的情况下，能单独应答“吗”字句的词或短语就是“吗”字句的自然疑问焦点。根据应答方式的不同，并结合语料库的实际调查，可以发现：“吗”字句存在着四类自然疑问焦点，并遵循一定的优选排序规则。

一是句子谓语类。当“吗”字句的谓语动词是光杆动词、形容词时，不管有没有时间、地点或介宾短语做状语，其应答方式一般都必须包含对谓语动词或形容词的肯定或否定，如（15），这说明句子谓语是疑问焦点。

（15）a. 你去学校吗？

a1. 去。　我去。　我去学校。　去学校。

a2. 不去。我不去。我不去学校。不去学校。

b. 教室干净吗？

b1. 干净。　教室很干净。

b2. 不干净。教室不干净。

c. 你明天去学校吗？

c1. 去。　我去。　我去学校。　去学校。　明天去。　我明天去学校。

c2. 不去。我不去。我不去学校。不去学校。明天不去。我明天不去学校。

二是动补结构类。当“吗”字句的谓语动词是动补结构（除了“得”字补语外）时，无论如何应答，每种应答方式一般都采用动补结构，如（16a），只有极少数可直接用补语回答：一是“得”字状态补语（16b），一是部分结果补语（16c）。这个现象说明：补语或者动补结构是疑问焦点，因为绝对不单用谓语动词来回答，且都可以用动补应答式。

（16）a. 你买到了吗？

a1. 买到了。我买到了。* 我买了。

a2. 没买到。我没买到。* 我没买。

b. 她长得漂亮吗？

b1. 漂亮。 ［长得］漂亮。 她长得漂亮。

b2. 不漂亮。［长得］不漂亮。她长得不漂亮。

c. 她喝醉了吗？

c1. 醉了。 ［喝］醉了。 她喝醉了。

c2. 没醉。 ［没喝］醉。 她没喝醉。

三是能愿动词类。当“吗”字句谓语动词前有“能、会、想、敢、必须、可以、应该、希望、愿意”等能愿动词时，可单用能愿动词应答（吕叔湘，1985：244），也可以采用能愿动词 + 谓语动词的形式，无论如何，能愿动词是应答形式的必选项，因此，能愿动词是疑问焦点，如（17）：

（17）a. 他能去吗？

a1. 能。 能去。 他能去。

a2. 不能。不能去。他不能去。

b. 你敢说吗？

b1. 敢。 敢说。 我敢说。

b2. 不敢。不敢说。我不敢说。

四是语气副词类。当“吗”字句谓语动词前有能愿动词，能愿动词前有模态类语气副词时，其应答方式首选就是模态类语气副词，也可以是模态类语气副词 + 能愿动词，或者模态类语气副词 + 能愿动词 + 谓语动词等方式，但无论如何，模态类语气副词都是疑问焦点，如（18）：

（18）a. 你真的想弄清楚吗？

a1. 真的。 真的想。 真的想弄清楚。 我真的想弄清楚。

a2. 不是真的。不是真的想。不是真的想弄清楚。我不是真的想弄清楚。

总的说来，“吗”字句的自然疑问焦点主要有四类：模态类语气副词、能愿动词、述补结构和句子谓语。“吗”字句疑问焦点的优选排序规则就是：模态类语气副词＞能愿动词＞述补结构＞句子谓语。那么，如何验证“吗”字句的自然疑问焦点呢？

第三，从方法论角度要阐明“吗”字句疑问焦点的验证问题。即如何验证“吗”字是非问的自然疑问焦点呢？其实，应答方式既是判断标准，也是验证方式。另外，对比法和标记法可以验证“吗”字句的某个成分能否成为自然疑问焦点。通过对比不同类型副词的应答方式（张谊生，2000：21—22），可以发现，“吗”字句中只有模态类语气副词才可以针对疑问焦点独立做出应答（19a），而时间副词（19b）、重复副词（19c）、范围副词（19d）等非语气类副词一般都不能针对自然疑问焦点做出独立应答：

（19）a. 他们一定不能来吗？　　一定。一定不能。

b. 他们仍然不能来吗？　＊仍然。仍然不能。

c. 他们也不能来吗？　　＊也。　也不能。

d. 他们都不能来吗？　　＊都。　都不能。

通过对比可以看出：“吗”字句中的模态类语气副词是“吗”字句的自然疑问焦点，而非主观类副词一般不能做“吗”字句的自然疑问焦点。同样，如果把对比焦点标记“是”强制性地加在副词前面，可以看到，模态类副词可以独立做对比焦点（20a），而非语气类副词必须依附于能愿动词或谓语动词才能做出应答，一般不能独立成为对比焦点，如：时间副词（20b）、重复副词（20c）和范围副词（20d）。

（20）a. 他们是真的去北京吗？　　是真的。是真的去北京。

b. 他们是刚刚去北京吗？　＊是刚刚。是刚刚去北京。

c. 他们是还去北京吗？　　＊是还。　是还去北京。

d. 他们是只去北京吗？　　＊是只。　是只去北京。

总的说来，可以看出：“吗”字句的自然疑问焦点按先后排序主要是四类：模态类语气副词＞能愿动词＞述补结构＞句子谓语，本质上，“吗”字句的疑问焦点是包含状语和补语在内的述语成分，这与马建忠和黎锦熙的观点比较一致，而述语是命题的核心，因此，吕叔湘所提出的整个命题说也有一定道理。非语气副词可以进入到“吗”字句中，但一般不作自然疑问焦点，而估知类语气副词则不能进入到“吗”字句中。那么，“吗”字句为什么会按照优选顺序选择四种自然焦点类型呢？这是由“吗”字句的疑问性质所决定的。

五、“吗”字句的疑问性质与信疑验证

（一）“吗”字句的疑问性质

疑问性质决定了“吗”字句以句子述语为核心的自然疑问焦点类型及其排序规则。从疑问焦点类型来看，模态类语气副词、能愿动词、动补结构和动词谓语都具有“是”与“否”的两极性；而从优选排序规则来看，有一个从主观情态向客观事态的模态性内在约束机制。基于这两点，可以把“吗”字句的疑问性质概括为：模态极性问。

如果从模态极性问的疑问性质角度，重新研读吕叔湘关于“吗”字是非问的观点，就会发现：诸多学者不是误解就是忽略了吕先生的核心思想。因为吕先生早已意识到了“吗”字是非问所蕴含的“模态”意义。1944 年，吕叔湘（1944/1982：281）就提出“是非问句”的“疑点”是“这整个事情的正确性”，而 1985 年，他（1985：241）又提到“是非问”是对“这个句子的真实性有疑问”，无论是对应“错误”的“正确性”，还是对应“虚假”的“真实性”，本质上都是“肯定”与“否定”对立的两极性以及主观情态和客观事态的模态性。这恰恰印证了毛泽东（1937/1991：286）的名言：“感觉到了的东西，我们不能立刻理解它，只有理解了的东西才更深刻地感觉它。”

可以说，“吗”字句就是问话者要求答话者按照从主观情态到客观事态的优选模态顺序在“是”与“否”的两极性中做出选择，比如：“真的、一定、可能”就是要求在是否具有实然性、必然性和可能性的模态中做出选择。对于缺乏两极性的情态一般不能进入到“吗”字句中，而缺乏两极性的事态则一般不能成为“吗”字句的自然疑问焦点。比如：就情态来说，“大概、明明、索性、幸亏”等估知类的语气副词因缺乏两极性情态而不能进入“吗”字句中；就事态来说，“也、只、都、还”等事态副词虽可进入“吗”字句但因缺乏两极性事态而不能成为自然疑问焦点。模态两极性是“吗”字句疑问的本质，因此，具有两极性的语气副词、能愿动词、动补结构和谓语动词都自然而然地成为了“吗”字句的疑问焦点。

（二）“吗”字句的信疑验证

根据问与答的话语关系，从应答句的角度全面深入地描写、界定并验证了“吗”字疑问句的疑问焦点、焦点顺序及其疑问性质。那么，根据“吗”字句的疑问性质，如何解读或验证前辈们比较关注的“吗”字句信疑度问题呢？换句话说，“吗”字句的模态极性问究竟有没有信疑问题呢？

关于“吗”字句的信疑问题，前人主要有三种观点：信多于疑说、疑多于信说和信疑多样说。

第一，信多于疑说。赵元任（1926：890）最早认为“吗”字句“口气偏重于肯定”，后来，王力（1942/1985：168）则明确提出“凡信多于疑，往往用‘吗’字”。

第二，疑多于信说。赵元任（1968/1979：356）还认为：“吗”字句“对于肯定的答案抱有或多或少的怀疑，也就是可能性在50%以下”。徐杰、张林林（1985：71）通过比较不同类型的疑问句而提出：“吗”字句的疑问程度为80%。邵敬敏（1996：72）提出“‘吗’字是非问句处于：[疑1/2 ＜ W 吗？＜疑 1]，疑惑程度较高”，总起来说就是疑多于信。

第三，信疑多样说。黄国营（1986：131—132）认为：说话者通过“吗”字句“在潜知中对命题真假所作判断的认定程度”分为五级，其中，一级和五级都是无疑而问的假问句，二级是疑多信少的怀疑问句，三级是信疑对等的中性询问句，四级是疑少信多的猜测问句。

总的说来，前人对“吗”字句信疑关系的解读有一个从二元对立到多级分化的变化，然而，问题的关键是：为什么解读同样的“吗”字句，学者们会提出不同的、甚至截然相反的结论呢？原因有两点：其一，对信疑的内涵缺乏界定；其二，对信疑的有无缺乏验证。无论是信多于疑、疑多于信，还是疑信多样，指的都是信疑的数量关系，而数量问题以存在论的有无问题为前提，有无问题则以认识论的内涵界定和方法论的验证解释为前提。因此，我们需要回答三个问题：如何界定内涵、如何验证有无、如何解释问题。

从本质上说，“疑”是基于“不知、不明”的疑惑，“信”则是基于“知晓、明白”的相信，二者都是一种认知心理而非情感或意向，是一个硬币的两面。从语言表达看，当一个人处于疑惑认知状态时，可能没有语言表达（21a），也可能陈述观点（21b）、祈使行为（21c）、甚至发出感慨（21d），当然，多数是提出是非、选择、正反、特指四类问题（22）。

（21）a. 他疑惑地望着我，我冲他郑重地点了点头。

b.“嗯，我想乔昨天，也许是前天来过。”贝苗疑惑地说。

c. 张全义疑惑地摇头：“请道长指教！”

d. 一些不了解自由港谓何物的人，便带着十分的疑惑惊呼：“那可不得了哇！”

（22）a. 武松疑惑地问道：“我说错什么了吗？”

b. 钟离春疑惑地问：“你是真疯还是装疯？”

c. 迟少先少将疑惑地道：“会不会是郑家帆在弄鬼呀？”

d. 农民们疑惑地问：“到底是哪里出了问题？”

可以说，作为一种认知心理状态，有疑未必导致发问，正如吕叔湘（1944/1982：281）所言：“‘疑’和‘问’的范围不完全一致。”而反过来说，发问也未必有疑，因为“有传疑不发问”而“介乎疑信之间”的测度句，有“不疑而故问”的反诘句，“只有询问句是疑而且问”（吕叔湘，1944/1982：281），可以把吕叔湘的观点列表如下：

表 5–5 吕叔湘关于疑问句的疑、问、信分析表

疑问关系	疑信关系	句子类型
不疑而问	零疑全信	反诘句
传疑不问	疑信之间	测度句
有疑而问	全疑零信	询问句（特指问、是非问、抉择问）

可以说，作为询问句之一的“吗”字是非问与特指问、抉择问一样都是全疑零信认知状态下的有疑而问，用朱德熙（1961/1982：211）的话说就是“用‘吗’字是不知而问”，“不知”即为“全疑零信”，如何验证“吗”字句的“零信”心理呢？无论是“信多于疑”还是“疑多于信”，如果“吗”字句能插入“大概、未必、也许、或许、兴许、说不定、该不是、该不会、该不能、不见得、恐怕、好像、大约、大体、差不多、差一点、想必、八成、有些、有点儿”表示“知晓、明白”程度的估测义副词，就说明“吗”字句中有“信”的意义，可是，“吗”字句根本不能插入这些基于略知的副词，如（23）：

（23）a1. 他知道你来北京吗？ ——* 他也许知道你来北京吗？

a2. 你想去游泳吗？ ——* 你八成想去游泳吗？

b1. 他相信我吗？　　　　　　　　——＊他有点儿相信我吗？

b2. 你怀疑他的话吗？　　　　　　——＊你有些怀疑他的话吗？

可见，“吗”字句没有基于“略知”的“信”，只有基于“不知”的“疑”，这是由“吗”字句的“模态极性问”的疑问性质决定的，表示“绝对”义副词“完全、一点也不、一点X也没”等却可以进入到“吗”字句中，就说明了“吗”字句的极性特征，如（24）：

（24）a. 你完全相信吗？

b. 你一点儿也不痛苦了吗？

可以说，“吗”字句是一种全疑认知状态下的模态极性问，与选择问、特指问和正反问一样，没有“信”的认知心理。当然，也就没有“疑”与“信”的对比关系。那么，为什么前人根据语感在“吗”字句中会解读出了二者之间的数量关系呢？其实，前人分析疑问句信疑问题的根据与其说是认知心理上的疑惑程度，还不如说是询问范围上的应答数量。比如：特指问是“发问者对询问的对象完全不知，疑惑程度最强”，而正反问是“发问者提出正反两项，各有百分之五十的可能性，……疑惑程度居中”（邵敬敏，1996：71），其实，回答的可能数量多少并不等于询问者的疑惑强度。从认知心理上看，“你买什么？”并不比“你是老师吗？”、“你是老师还是学生？”更具有疑惑性。可以说，一个疑问句的可能答案数量并不影响询问者的疑惑心理强度。

六、结语

无论使用频率高低，每个句末助词的分布都是有规律的，关键的问题是：如何找到描写其分布规律的角度和方法。只有找到分布规律才能有效地提取其语法性质，句末助词“吗”对句子功能、虚指代词、语气副词和动词结构的选择反映了其分布的受限性，而“吗”字句应答方式又反映了“吗”字句的焦点优选规则，从而为提取“吗”字句“模态极性问”这一疑问性质奠定了基础，也为辨析其疑信问题提供了解释依据。

第六章　句末助词“吧”的分布验证及其语义提取

在现代汉语中，“吧”的分布规律的定位和语法意义的验证一直是一个难点。语义语法理论和语义地图理念，可以深层次地揭示并验证：句末助词“吧”的句法分布在形式上受制于语义同现规约和语义关联规约，而在本质上则决定于自身的语法意义“意向待定”。首先，从文献综述角度，前人的研究成果可以分成语气多样论、信疑不定论、迟疑求定论、标句标度论四种典型观点，本项研究认为前人在调查的全面性、验证的科学性和解释的系统性上都存在着问题。其次，从单句分布角度，可以深入挖掘“吧”对陈述句、疑问句、祈使句、感叹句的选择条件，提取出其分布规律上的语义同现规约及其语法意义。第三，从复句分布角度，全面分析“吧”字句对因果、并列、转折的选择性，提取其复句分布规律上的语义关联规约。第四，从语法意义角度，根据“吧”在单句和复句上所受到的语义同现规约和语义关联规约，借助现象学的“意向”概念，提取出多功能“吧”的语法意义“意向待定”，从而勾勒出“吧”的语义地图，并解释认可性应答的勉强义和拒绝性应答的放任义。第五，从语义语法理论看，可说明两点：无论助词的句法选择如何纷繁复杂，总有办法追踪其隐现的轨迹；无论助词的语法意义如何空灵虚幻，总有办法从其所制约的分布规律中提炼出来。

一、关于句末助词“吧”的四种观点

“吧”作为典型的句末助词（sentence-final particle）一直以来都是语法学界的热点、重点和难点。根据理论、方法、视角、观点等方面的差异，大致可以分成：语气多样论、信疑不定论、迟疑求定论、标句标度论四种典型的观点。

首先，传统语法的语气多样论。

早在1924年，黎锦熙（1924/1992：239—241）就将“吧”的商量揣度语气分化出“揣度事理、自己裁量、向人商请”三类语气，传统语法的语气多样论初现端倪，如果说黎锦熙有着一分为三的思想，那么王力（1943/1985：174）则直接将“吧”归于不定语气的揣测语气和意志语气的祈使语气，凸显了多样性。到了1944年，吕叔湘（1944/1985：257）就明确提出了句末助词研究的基本认知原则，即“语气词和语气不是一一相配的，一个语气词可以用来表不同的语气”，并认为“吧”具有测度、拟议、劝请三种语气（1944/1985：297、302）。可以说，传统语法的语气多样论与其“基于语感、以句为本、信疑令间、依句释义”的研究方法有着直接关系（高名凯，1948/1986：516），当然已开始使用比较法（吕叔湘，1944/1985：298）。作为现代汉语语法理论的起点，传统语法在思想上铺设了中国结构语法、认知语法、功能语法、生成语法等不同语法理论的基点和底蕴，使它们或多或少地染上了传统语法的底色。

其次，结构语法的信疑不定论。

尽管传统语法重视意义，而结构语法重视形式，但二者的历史渊源关系最深。早期结构主义语法的学者（丁声树等，1961：211—213；赵元任，1968：807；朱德熙，1982：208、211；齐沪扬，2002：91；等等）更多地延续了传统语法的语气多样论，特别是“吧”测度语气的解释（丁声树等，1961：213；朱德熙，1982：211）与吕叔湘的估测求证说（吕叔湘，1944/1985：298）一脉相承，但后来的学者（胡明扬，1981：416；陆俭明，1984：334；邵敬敏，1995：217；张小峰，2003：36；周士宏，2009：16；等等）在由马建忠（1898/2000：536）和吕叔湘（1944/1985：257—300）开辟的信疑范畴上逐渐把“吧”的语法意义综合性地界定为“信疑不定论”。

其实，结构语法的最突出贡献就是重视研究方法。如果说，王力（1943/1985：171）、吕叔湘（1944/1985：298、302）使用差异比较法还带有一定的语感的自然性和偶然性，那么，结构语法学者往往自觉地使用各种形式上可操作的甄别验证方法，比如：丁声树等（1961：213）的“别是谣言吧”中“吧”不能替换为“吗”的替换验证法、朱德熙（1982：207）讨论“下雨了 / 吧”的层次分析法（黄国营，1994：4—5）和非是非问句带“吧”的省略补充法（朱德熙，1982：211）、陆俭明的比较分析法（1984：330）、胡明扬（1981：416）的删除比较法、邵敬敏（1993/1996：75—82）的语音比较法、储诚志（1994：43）和吴（Wu，2005：48）的最小差异对比法（meaning minimalists）和最大共性归纳法（meaning maximalists）等。可以说，结构语法在将“如何提取并验证观点”的追求带入到了语法研究中时极大地丰富了句末助词的研究方法。

第三，认知功能的迟疑求定论。

认知功能语法对“吧”的研究主要是从语用学和话语分析角度探讨说话者的认知心理，并力求提取出一个核心的语法意义。根据吕叔湘的“吧”问句“已有一种估计，一种测度，只要对方加以证实，所预期的答语是‘是’”的（1944/1985：298）基础上，李讷和汤普森（Li & Thompson，1981：307—311）将“吧”的话语功能概括为“寻求同意”（solicit agreement），凸显了认知性和目的性，尚没有完全摆脱传统语法的窠臼。解志强（Shei，1991：192—198）提出“吧”的语篇功能是“不确定”，但没有说清楚“什么”不确定，也没有阐明“不确定”功能与具体意义之间的关联性。

根据语言分析学派（Hare，1970：19；Lyons，1977：749）的言语行为可分为情态（neustics）、功用（tropics）和内涵（phrastics）三个部分的表意功能分层理论（hierarchies of illocutionary force），韩洋（Han，1995：104）通过与“吗”比较而得出“吧”的语用功能是削弱情态（neustic weakening）[①]。如果说“削弱情态”是从语用效果来看的，那么从认知心理看就是屈承熹（Chu，1998：137）所言的“发话人的迟疑”（speaker's uncertainty），是“说话者对所说内容表示迟疑”（Chu，2002），因迟疑不决而情态削弱。而从情态语义看，徐晶凝（2003：143）认为“吧”是“对命题内容作出推量，并要求确认”，这一情态既含有概念意义的心理推量，也含有人际意义的认知诉求，再综合屈承熹、李彬（2004：1）将“吧”看作“表示情态的‘语篇标记”'，可以看到，认知功能学界对“吧”的认识涵盖了系统功能语言学的概念、人际和语篇三大元功能。但从验证角度看，认知功能语法提取观点的过程带有较强的分析性而且缺乏形式的操作性。

① 关于 neustics、tropics、phrastics 这三个词的翻译问题，汤廷池（1989：246）分别翻译成情态、功用和内涵，而万俊人在翻译黑尔（Hare）1964 年的 *The language of Morals* 时则把 neustics 译为首肯，把 phrastics 译为指陈。本章采用汤廷池的译法。参见理查德·麦尔文·黑尔（1999：20）。

第四，生成语法的标句标度论。

生成语法对句末助词的研究有一个从标句词（complementizer）到程度标记（degree marker）再到句类标记（force phrase）逐渐深入的认识过程。

关于汉语句末助词具有句类标示功能初见于李行德（Lee，1986），而汤廷池（1989：294）明确提出：“被包接的疑问子句不能含有表疑问的语助词，所以必须附上语助词‘吗’或‘吧’的语助词问句不能成为疑问子句。”郑礼珊（Cheng，1991：17）则通过汉语与日语、Navajo 语（纳瓦霍语）等的句末助词比较，从语言类型学角度得出结论：汉语句末助词只能出现在根句（root clause），而不能出现在嵌套小句（embedded clause）。后来李艳惠（Li Yen–hui Andrey，1992）、邓思颖（2000）、徐杰（2005）、石定栩、胡建华（2006）等都持有相近的观点。

李博雅（Li Boya，2006：65）根据瑞兹（Rizz，1997、2004）的 CP 分裂假说（Split CP Hypothesis）、辛珂（Cinque，1999：32）的副词短语层阶结构和贝莱蒂（Belletti，2004：4—5）的制图理论（cartographic approach），参考朱德熙（1982：208）的句末助词分类和排序，通过对比“吧、嘛、啊、呢”等分布建立了以句末助词为核心的功能投射层级：话语（Discourse）[啊] ＞程度（Degree）[吧、嘛] ＞句类（Force）＞评价（Evaluative）[呢] ＞语气（Mood）＞限定（Fin）。石定栩（2009：458）得出的汉语小句分层结构是：时态信息（IP）＞状态变化（StatusP）[了 2、呢 1、来着] ＞句子类别（ForceP）[呢 2、吗、吧 1、吧 2] ＞感情色彩（IllocP）[啊、呕、诶、么、呢 3]，把“吧”归入句子类别层，而邓思颖（2010：61）则提出了新的句末助词句法排序：时间 [了] ＞焦点 [呢] ＞程度 [吗、吧] ＞感情 [啊]，尽管与李博雅（Li Boya，2006）不同，但都把“吧”归入了标记程度类。

总的说来，各语法流派根据不同的理论方法从不同的侧面揭示“吧”的语法意义，从而使其特征从意义、句法、语用到认知逐渐立体化。不过，还存在着以下几点不足：一是对分布规律的研究缺乏语料库调查的全面性；二是对语法意义的提取缺乏句法形式上的验证性；三是对语法意义的衍生关系缺乏系统的解释性。因此，本章试图根据语义语法理论和语义地图（semantic map）理念，在总结前人研究成果的基础上，基于 CCL 语料库的调查，探讨以下几个问题：首先，从单句角度系统描绘句末助词“吧”对不同句子类型的选择限制，从而提取出其单句分布上的语义同现规约。其次，从复句角度分析“吧”字句与前后句之间的逻辑语义关系，提取出其复句分布上的语义关联规约。第三，根据分布规律提取“吧”的抽象语法意义，揭示其语法意义与句法分布间的决定与制约关系，阐明抽象语法意义与其在不同句类中的具体语法意义之间的关联关系，从而绘制语义地图。第四，根据语义语法理论探讨句末助词研究的方法论启示。

二、句末助词“吧”的单句分布规律

（一）前人有关“吧”小句类型分布的观点及其验证

实词是借助指称事物的概念来表达意义的，而虚词则是借助指称关系的功能来传达意义的。从科学方法论的角度看，研究对象的“特点规定和制约了研究方法的性质和特点，有什么样的研究对象就会形成相应于它的研究方式和方法”（吴元樑，1984：6）。因此，需要根据作为典型虚词的句末助词的特点来思考、探索和选择研究方法，而不能完全照搬实词的研究方法。句末助词只有与一定小句类型组合形成交际单位并在一定的话语中才会显示其语法意义，正如乔姆斯基（1981/1988：35）所言：“普遍语法当然不是一部语法，而是一系列条件，用来限制人类语法的可能范围。”那么，句末助词研究首要任务就是揭示其分布条件，搞清楚其所分布的小句类型（clause type）（赵春利、石定栩，2011：488），然后再搞清楚“吧”是否不受任何限制地选择小句类型及其次类。

汉语的小句类型主要包括陈述句、疑问句、祈使句和感叹句，那么，“吧”可以与哪类小句类型组合呢？学术界有不同的看法，胡明扬（1987：416）认为：“‘吧’可以用在各类句子后面，不论是陈述句，还是疑问句、祈使句、感叹句。”而朱德熙（1982：211）则提出“吧”只分布于疑问句和祈使句。可见，分歧主要在于“吧”能否分布与陈述句和感叹句的问题。要想证明这个问题，可从两个方面入手：一是从小句类型的分类标准看陈述句和感叹句的界定标准；二是搜索语料库中有无符合标准的带“吧”陈述句和感叹句。

一般来说，判断小句类型的标准主要是结构（structure）或形式（form）和功能（function）或意义（meaning）（Asher & Simpson，1994：3846；Huddleston & Pullum，2002：854）。但就汉语而言，主要是根据

功能来判定小句类型，陈述句以提供信息可求答应、疑问句以索取信息求得回应、祈使句以要求行为求得反应、感叹句以情感抒发可求呼应（赵春利，2003：129；Halliday，2004：107—108）。据此，通过调查 CCL 语料库，可以看到例（1）属于陈述性“吧”字句，而例（2）中的感叹句如果带“吧”就不合法了。

（1）a. 我猜想，他可能是一名布雷工兵吧。

　　b. 心里还暗暗思忖，我这个人大概就是当教师的命吧。

　　c.“或许她在知道世界不会被毁灭后，会高兴一点儿吧，”泰斯自言自语。

　　d．孟二楞诧异起来，暗想：“不是敌人有了看不见的汽车吧！”

（2）a. 妈妈，你多么漂亮啊！　——* 妈妈，你多么漂亮吧！

　　b. 您住在这儿？好、好难找哇！　——* 您住在这儿？好、好难找吧！

　　c. 你看看，做人何其难啊！　——* 你看看，做人何其难吧！

　　d. 真不容易呀！　——* 真不容易吧！

例（1）的“吧”字句表达的是说话者在内心中对境况的揣测信息，属于自言自语式的自我思索、斟酌、揣度与陈述，所述信息不针对听话者，当然也就没有疑问句所要求的回应信息或者祈使句的行为反应。如果一定要从说话者与听话者的视角看，那么，“吧”字陈述句的说话者与听话者是一体性，带有自我揣测与自我求证的特征，这是“吧”字陈述句不同于单纯为听话者提供信息的一般陈述句的特点，而在语法意义上，“吧”字陈述句这一基于心理揣测的自我商榷性则与“吧”字疑问句基于意图应答的双方求证性具有语义关联性。用“吧”来替换例（2）的典型感叹句句末助词“啊、呀、哇”等后，句子都不能再表达感叹意义，有的（2a/b/c）因话语关系而不合法，有的（2d）改为疑问句才能接受。那么，为什么句末助词“吧”不能分布于感叹句呢？其原因就在于：感叹句是说话者“以表达感情为基本作用的语句”（吕叔湘，1944/1985：312），而感情具有无法共享和复制的亲验性和无需商讨和征询的自明性（赵春利，2007：125—126），这两个特征恰好与“吧”基于信息待定的商讨性相对立而不相容，因此，“吧”无法出现在感叹句中。

总的说来，句末助词“吧”可以选择陈述句、疑问句和祈使句三种小句类型（邵敬敏，1995：217），但不是说，“吧”可以不受限制地出现在任何一个陈述句、疑问句或祈使句的句尾。正如李博雅（Li Boya，2006：2）所言："句末助词的出现并非随机的"，而是有着严格的限制。那么，"吧"究竟会选择哪类陈述句、疑问句和祈使句呢？

（二）"吧"与陈述小句的选择关系

并非所有的陈述句都可以在句末位置加"吧"，"吧"对陈述句具有一定的选择性。齐春红（2008：132—135）和史金生（2011：153—154）曾从副词视角谈到副词与句末助词（包括"吧"）的同现问题，但没有深入揭示和解释同现的语义约束机制。从句末助词角度看，陈述句中的同现副词和非同现副词可以从正反两个方面揭示句末助词的语法意义。根据语料库的调查，可以发现，大概、大约、大抵、或许、也许、恐怕、似乎、好像、可能、想必、不会、不能、不见得、算是、该不是等揣测性副词与"吧"字陈述句同现率最高，如（3）；而明明、分明、明摆着、明显、显然、公然、当然、难怪、居然、竟然、果然、果真、怪不得、原来[①]、偏偏、偏巧等反揣测的明知性副词则不可出现在"吧"字陈述句中，否则不合法，如（4）：

（3）a. 大概优秀的教练都是有个性的吧。

b. 她或许也有些想念前夫吧。

c. 他这种想法想必太傻了吧。

d. 坡度似乎有七八十度吧。

（4）a. 姓许的明明比我妈妈的年龄大嘛。　——*姓许的明明比我妈妈的年龄大吧。

b. 难怪她气得全身哆嗦呢。　——*难怪她气得全身哆嗦吧。

c. 他竟然打败了大名赫赫的隆美尔。　——*他竟然打败了大名赫赫的隆美尔吧。

d. 他偏偏想不起该说什么。　——*他偏偏想不起该说什么吧。

在陈述句中，句末助词"吧"与揣测性副词的高同现率而与明知性副词的非同现性，这一语义选择限制充分说明了"吧"具有较强的揣测性语义。

① 你原来是厨师吧。如果"原来"是时间上的"原本、以前"义，则句子合法；如果是心理上的"醒悟、顿知"义，则句子不合法。

不仅副词类型是“吧”的语义示踪剂，而且当宾语为小句时，其主谓类型也可以显示“吧”的语义倾向，当主语是第一人称“我”而谓语是“猜、看、想、觉得、估计、认为、猜测、猜想、料想、估摸、寻思、希望、恐怕”等猜想性动词时，加上句末助词“吧”就是合法的，如（5）；如果是“明白、清楚、确信、坚信、深信、知道、明知、决定、以为”等明定性动词，则加上句末助词“吧”就不合法，如（6）：

（5）a. 我想这也是一种自我保护的心态吧。

b. 我看他现在还是这样想吧。

c. 我猜测伯爵小姐已有腹案了吧。

d. 我估摸他已经走了吧。

（6）a. 我明白她一定是感情上受了伤害。——* 我明白她一定是感情上受了伤害吧。

b. 我决定把你调到公关部。——* 我决定把你调到公关部吧。

c. 我坚信我们能获得最终胜利。——* 我坚信我们能获得最终胜利吧。

d. 我还以为你不来了呢。——* 我还以为你不来了吧。

可见，“吧”字陈述句对副词类型和主句主谓类型的选择关系，从语义兼容的角度说明，“吧”在陈述句中的语义是说话者对未定命题信息的主观揣测而非明知。

（三）“吧”与疑问小句的选择关系

对疑问句来说，“吧”主要分布于是非疑问句，与“吧”字陈述句一样，句中出现频次最高的词仍然是“大概、也许、可能、兴许、不见得、差不多、恐怕”等揣测副词，如（7）；有时“吧”字是非问包含着各类宾语小句，如（8），可以将宾语小句话题化，以验证“吧”与主句主谓结构的句法关系。“吧”无论选择单句还是嵌套小句宾语的主句，都显示出说话者基于自身对命题信息的揣测而向听话者求证或征询的语法意义。

（7）a. 您或许见过那个吧？

b. 这对我国出口创汇工作想必造成了不小的损失吧？

c. 你该不会撒谎吧？

d. 你不见得真的被吓坏了吧？

（8）a. 你不知道那个姓李的住在哪儿吧？　——那个姓李的住在哪儿，你不知道吧？
b. 你也许猜不到里面是什么吧？　——里面是什么，你也许猜不到吧？
c. 你总该知道我为什么改变主意了吧？　——我为什么改变主意，你总该知道了吧？
d. 你知道我是谁了吧？　——我是谁，你知道了吧？

从语料库的调查来看，表示说话者已经主观确认命题信息的反诘疑问句绝对不能带“吧”，即形式疑问而性质确定的无疑而问的反问句与基于揣测的求证或征询的“吧”字疑问句之间存在着排斥关系，“难道……吗、何必……、哪能……、怎么会……、岂不是……、不是……吗 / 么”等都是常见的反问句标记词，既无需求证，也不必征询，都不可以带“吧”，如（9）：

（9）a1. 你难道不明白吗？　a2.* 你难道不明白吧？
b1. 大哥何必发这么大的脾气？　b2.* 大哥何必发这么大的脾气吧？
c1. 他们哪能不认识我呢？　c2.* 他们哪能不认识我吧？
d1. 我们怎么会不知道呢？　d2.* 我们怎么会不知道吧？

对于“吧”能否选择特指问句和选择问句，学者们有不尽相同的看法。朱德熙（1982：211）认为“特指问句、选择问句、反复问句之后也可以用‘吧’字”，只不过这些疑问句带“吧”以后“实质上是祈使句，只是句子头上省去了‘你说’一类的话”（赵元任，1968/1979：361；吕叔湘，1980：56—57），而徐晶凝（2003：144）则提出：“选择问、wh 疑问句中均无需要取得听话者认可的信息项，所以不能用‘吧’。”从语料调查看，能够带“吧”的特指问句都要么自带，（10a/b）要么可插入揣测性副词（10c/d），从而使整个疑问句因主观揣测而降低了无知而疑问的强度，却增加了征询听话者的意味，如（10）①：

① 正如黄正德教授所言，该类形式上有疑问词而意义上带揣测问的“特指问”本质上仍然属于是非问，翻译成英语都是是非疑问句（yes-no question）。

（10）a. 我们好像在哪儿见过吧？

b. 你大概听到什么传说了吧？

c. 你们俩闹什么别扭了吧？　——你们俩好像闹什么别扭了吧？

d. 你们中有谁是学生吧？　——你们中大概有谁是学生吧？

而单纯表示一无所知的特指问句和缺乏信息倾向的选择问句一般不能带句末助词“吧”，如（11a），一旦特指问和选择问带上“吧”，就如朱德熙所言，“吧”在句法关系上绝非附着于特指问或选择问，而是被省略的主句主谓短语“你说”等索取性话语标记，形成“你说……吧！”，而特指问或选择问在句中作嵌套宾语小句，整个句子功能不再具有疑问性而是祈使性，如（11b）：

（11）a1.* 你是谁吧？　b1. 你说你是谁吧！

a2.* 你去还是我去吧？　b2. 你说你去还是我去吧！

a3.* 我怎么办吧？　b3. 你说说我怎么办吧！

a4.* 他在哪儿吧？　b4. 你说他在哪儿吧！

总的说来，句末助词“吧”主要选择揣测性与求证性交融的是非问以及能插入揣测副词的揣测性与征询性合一的特指问两类疑问句，从而表示基于揣测的征询性。而单纯的特指问和选择问只能作为嵌套宾语小句出现在表祈使的“吧”字句中，并伴有追问性的“究竟、到底、一定”等词语（邵敬敏，1995：224）。

（四）“吧”与祈使小句的选择关系

“吧”所选择的祈使句表达了说话者对行为执行与否的可商榷性，从语料库调查来看，常见的“吧”字祈使句以表达建议和请求的让字句和VV句为主，表现出较强的行为商榷性，如（12）：

（12）a. 让他走吧！

b. 你说怎么办吧！

c. 谈谈你的想法吧！

d. 发发慈悲吧！

不过，禁止性祈使句因态度强硬、语气坚决、毋庸置疑而无法选择表商榷性的句末助词“吧”，常见的禁止类词语有严禁、禁止、不准、不得、别等，如（13）：

（13）a. 不准打人！ ——* 不准打人吧！
b. 严禁吸烟！ ——* 严禁吸烟吧！
c. 别吵啦！ ——* 别吵吧！
d. 举起手来！ ——* 举起手来吧！

另外，祈求性祈使句因意愿执着、语气真诚、情真意切而无法选择表可商榷的句末助词“吧”，如（14）：

（14）a. 你要小心哪！ ——* 你要小心吧！
b. 你倒是说话呀！哑巴了？ ——* 你倒是说话吧！哑巴了？
c. 这件事情你要想清楚啊！ ——* 这件事情你要想清楚吧！
d. 千万记住啊！ ——* 千万记住吧！

可见，句末助词“吧”主要选择商讨性行为的祈使句，而对禁止性行为和祈求性行为的祈使句则因态度明确且意愿真诚带有强烈的反商讨性而无法选择。

总的说来，通过考察句末助词“吧”与感叹句、陈述句、疑问句和祈使句四种单句类型的选择关系，借助于副词同现约束和宾语小句的主句谓语类型的正反验证，可以发现，句末助词“吧”的单句分布具有较强的规律性，主要分布于揣测性的陈述句、求证性和征询性的疑问句和商榷性的祈使句中，折射出“吧”具有较强的命题信息未定而主观情态求定的意向求定性。

其实，不仅“吧”的单句分布规律可以佐证其语法意义，而且其对复句关系和话语功能的选择也可以彰显其语法功能。

三、句末助词“吧”的复句分布规律

句末助词“吧”对复句类型及其前件和后件的选择性，可以折射出“吧”的语法意义。根据语料库的详细调查，可以发现四个特点：第一，从分布类型看，“吧”基本上可以进入到并列、因果和转折三种复句类型中（邢福义，2001：8）；第二，从分布倾向看，根据不同类型复句中“吧”出现的频次，“吧”主要选择因果关系，其次是转折关系，而后是并列关系；第三，从分布位置看，无论是哪种类型的复句，句末助词“吧”主要选择结论性的后件，而排斥前提性的前件。但随着并列关系、因果关系、转折关系中前件从客观性向虚拟性的过渡，“吧”对前件的排斥性也在降低，直至选择前件，尽管出现频次较低；第四，从分布关系看，在存在复句关系标记词的复句中，“吧”一般只出现一次，在缺乏复句关系标记词的复句中，偶尔会出现“吧”字句同现现象。那么，下面结合实例说明“吧”在复句上的分布规律。

（一）“吧”在并列关系上的分布特点

这里所说的并列关系主要包括并列、递进、选择和连贯，常见的复句关系标记词有：既……又……、不但/不仅……而且/并且/甚至/也、不是……就是……、或者……或者……、……然后……等等，相对来说，“吧”在并列关系复句中出现的频次较低，但分布位置较为固定，即一般只出现在后件句尾，如（15）：

（15）a. 让我们以中国特色的方式，既做企业家，又当明星吧。

b. 这样不但影响不好，也没有解决问题吧？

c. 大概守卫以外的人不是熟睡了，就是在屋子里面喝酒吧。

d. 我们快搜一搜，然后立刻到外面去吧。

（二）“吧”在因果关系上的分布特点

广义的因果关系主要是指因果、目的和条件，常见的复句标记词有：因为/由于……所以/因而/因此/以致、为了/以便/以免、只要……就……、只有……才……、既然/既是……就……等，“吧”出现在因果关系中的频次最高，并只能出现在结论性的后件句尾，否则不合法。如（16）：

（16）a. 也许因为世界太拥挤，所以造物主那么吝啬吧？

b. 他对我有一种特殊的好感，大概是因为我们身高差不多的缘故吧。

c. 只要她喜欢，就让她尽情地住在这里吧。

d. 他们大概是要打开水门，以便迎接诸王国的军队吧。

（三）“吧”在转折关系上的分布特点

这里所说的转折关系主要是指假设、转折和让步，常见标记词有如果/要是/假如/若/假使……就/那么……、虽然/虽说/尽管……可/但是/可是、即便/即使/哪怕/纵然/就算……但/也、无论/不管……都……等，尽管“吧”主要出现在转折关系的后件句尾，如（17），但由于前件所述情况的虚拟性较强，带有一定的未定性，因此，“吧”有时可以选择前件的句尾，如（18）：

（17）a. 如果你不准备发动战争，那就讲和吧！

b. 虽然我还不够成熟，但是请让我也帮你们忙吧！

c. 这样的效果即使称不上多么高明，但至少也是一种特色吧。

d. 不管你们有多少人，都一起来吧。

（18）a. 如果保留吧，也有它的好处。

b. 虽说没人唱了吧，可是自己弹弹弦儿，也能解解闷儿的。

c. 即便是深刻的孤独吧，也毕竟只属于私人。

d. 不管叫什么吧，反正我得过那样的病。

那么，为什么“吧”从使用频次上主要选择因果复句，其次转折复句，最后是并列复句呢？从“吧”对陈述、疑问和祈使这三类单句的选择倾向可以看出，“吧”字句的主要功能就是根据当前情况来揣测原因、求证结果、征询策略或者商讨办法，并有结束对话的意味（Shei，2005），因此，“吧”依次选择因果、转折和并列。而为什么“吧”倾向于选择复句后件呢？因为复句后件的话语功能恰好与“吧”字句的主要功能存在着一致性，如（19）：

（19）a. 家长们纷纷要这封信，大概是因为信里说出了孩子们的心里话吧。（揣测原因）

b. 因为我背叛了命令，所以大概已经被剥夺资格了吧。（揣测结果）

c. 如果你睡眠不好的话，那你一定很忧虑吧？（求证结果）

d. 即使如此，总不能就这样放着不管吧？（征询策略）

e. 虽然没有十足的把握，救场如救火，让他试试吧。（商讨办法）

而为什么在转折复句中，“吧”偶尔也会分布于复句前件呢？因为并列句，特别是因果句，其前件作为推理前提的据实性较强，从而为后件所述原因、结果、手段等的可行性奠定基础，而转折复句中的转折、特别是假设和让步，其前件所述情况具有较强的虚拟性，这一点与“吧”的揣测、求证、征询、商榷等不确定之间存在着一致性，因此，“吧”有时会选择转折复句的前件。

四、句末助词“吧”的语义地图

除了从句法角度以单句和复句为基本单位根据语料库的调查来归纳、分析、描写句末助词“吧”的分布规律之外，从语用角度看，人称、权位、性别等也能显示出“吧”的使用条件。比如：当第一人称“我”与情感形容词“高兴、难过”等或明知动词“清楚、明白”等组合时，因情感形容词与明知动词的亲验自明性与“吧”所表达的揣测、求证、征询、商讨等是矛盾的，呈反对关系，因此，就取消了“吧”进入到该句子句尾的可能性，如（20）：

（20）a. 我很高兴。——* 我很高兴吧？

b. 我很生气。——* 我很生气吧？

c. 我明白了。——* 我明白了吧？

d. 我清楚了。——* 我清楚了吧？

另外，在权位关系中，下属与领导商讨事情时经常会使用“吧”字句，而领导对下属却很少使用。而在性别上，女性的使用频次多于男性。

其实，从句法角度所提取的句末助词“吧”的单句和复句分布规律，基本上已经达到了描写的充分性，据此可提取出“吧”的语法意义。尽管“吧”在陈述、疑问、祈使中呈现出揣测、求证、征询、商讨四种不同的语法意义，但这些意义之间并非机械割裂，而是以疑问的求证和征询为核心，陈述的揣测与疑问的求证有时难以区分，而祈使的商讨与疑问的征询也时常纠缠不清，因此，从陈述、疑问到祈使便形成了互相关联的连续统，如（21）：

（21）a. 可能是因为他的神经质过度谨慎吧，他无病无痛地平安地活到现在了。（揣测）

b. 我知道有一个小马倌住在这里，或许是你给他送的晚饭吧（。/？）（揣测 / 求证）

c. 我儿子在上海当官，离你老家江苏很近，跟我们一起去吧（？/！）（征询 / 商讨）

d. 听说这次演一个大戏，是易卜生的《娜拉》，咱们去看一看吧！（商讨）

这一关联现象说明：句末助词“吧”有一个原初的跨句类的核心语法意义，它因与陈述、疑问、祈使三种不同句子功能组合而显现出揣测、求证、征询、商讨等语法意义。这一点，主体估量视角插入语和客观引证来源插入语能否与不同句类的“吧”同现就可从正反两个方面证明：不同句类的“吧”具有一个统一的核心意义。从语料库调查可知，主体估量视角插入语“我看、照我看、据我看、依我看、看样子、看来、看起来、听起来”等可以跟不同句类的“吧”字句，如（22），而客观引证来源插入语“照说、按理说、众所周知、俗话说、据说、听说、据X说、听X说、正如X所言，用X的话说”等一般不能后续跟“吧”字句，如（23）。

（22）a. 看来他不再那么孤独凄凉了吧。

b. 看样子，你们又要搞什么阴谋诡计了吧？

c. 我看，你还是来一趟吧？

d. 依我看，你还是坐你原来的安乐椅吧。

（23）a. 众所周知，青年是国家的未来。——*众所周知，青年是国家的未来吧。

b. 按理说，白守备应该过来看看。——*按理说，白守备应该过来看看吧。

c. 听别人说，他早就对明朝不满。——*听别人说，他早就对明朝不满吧。

d. 俗话说，士为知己者死。——*俗话说，士为知己者死吧。

可以说，决定句末助词“吧”分布特征的既不是陈述、疑问、祈使和感叹四种句子类型，它们只是必须的描写手段，也不是同现副词、动词类型、疑问类型、祈使类型、复句类型，它们只是必要的验证手段；而是其单一的核心语法意义，该意义在陈述句中表现为半识而未明的情状揣测义，在疑问句中表现为半知而待定的情状求证或行为征询义，在祈使句中表现为已欲而待决的行为商讨义，将三种语法意义整合并还原，就可以得出原初概念：意向待定。

所谓意向（intention）是借自现象学的核心概念，是指主体意识有所指向的心理活动（Franz Brentano，1874：85；Edmund Husserl，1901：346），包括意向主体、意向客体和意向活动三个要素。同样，任何话语都是说话主体对客体情状的意向行为，反映了主体情态、客体情状以及二者之间的关系。那么，意向就是话语所反映的主体情态对客体情状的认定、待定、中性等认知状态。所谓认定是指主体情态对客体情状的意向是明确全知或无知，而待定是指主体情态对客体情状的意向是识而未明、知而待定、求而待商；而中性是指主体情态对客体情状的意向既可以进入到待定状态，也可以进入到认定状态。如下表所示：

表 6–1　句子类型与意向状态关系表

句子类型	意向状态	例子
陈述句	待定	他是老师吧。
	中性	他是老师。
	认定	他明明是老师嘛。
疑问句	待定	你不认识他吧？
	中性	你不认识他？
	认定	你难道不认识他吗？
祈使句	待定	进来吧！
	中性	进来！
	认定	千万别进来！

这样，我们就可以借助注重关联性和系统性的语义地图（semantic map）（Anderson，1982；张敏，2010）的方法，不仅能勾勒出句末助词“吧”相互关联的多种语义分布图以及与其原初语义的关系图，而且还能按照句子意向状态从总体上看到句末助词“吧”的句子功能分布图以及与其他意向状态的关系图。如下图所示：

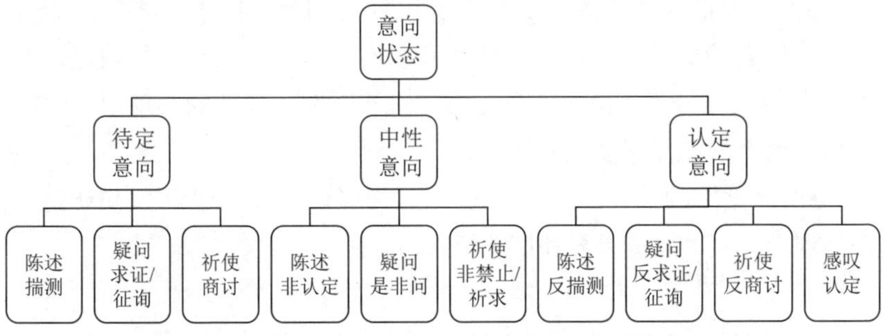

图 6–1　句末助词“吧”的意向分布图与句子功能分布图

从话语关系来说，无论是揣测情状的陈述句、征询信息的疑问句还是商讨行为的祈使句，一般是作为引发句（lead sentence）而具有意向待定的语法意义，如果“吧”字句作为应答句（answer sentence）时经常会使“意向待定”带上强烈的情态意义。主要分成两类：一类是认可性应答，表现出勉强义，常见的如好吧、就这样吧等；一类是拒绝性应答，表现出放任义，常见的如去你的吧、去你的妈的吧、滚你的吧、你去死吧、随你便吧等。前者如例（24），这是一段爸爸请女儿同意打赌的对话。

（24）a1. 女儿，答应下来吧。

b1. 啊，爸爸，我必得答应吗？

a2. 我正在替你挣一笔财产，快点，你还有什么话说，露易丝？行了吗？

b2. 哦，那么，好吧。只要你担保没有赌输的危险。

a3. 好，好极啦。那咱们这个赌就算打定了。

最后女儿在b2中用“好吧”来答应，而爸爸则在a3中用表赞赏的“好”，可以看出，女儿的答应带有较强的“犹豫、无奈、勉强”的情态取向，为什么呢？我们知道，“好”是自己做出的表“同意”的决定，而“吧”则是要求对方做决定，这就造成了说话者自我态度的分裂：自表同意且自我商榷的矛盾，从而造成心理的犹豫而态度的勉强，而单表“征询”的“好吧？”就不会出现这个矛盾，表赞赏的“好”（b3）也绝对不能带上待定性的“吧”，否则不合法。

（25）a. 谁不信你啦，告诉你吧，我正想介绍你参加我们的组织呢。

b. 去你的吧，妇救会都散了，你还能有个屁的组织。

（25）中的拒绝性应答“去你的吧”是由表拒绝的“去你的”和表待定的“吧”组合而成。一方面，说话者表示不相信不同意对方的观点，另一方面，行为执行与否任由对方自行决定，于不满、气愤的心理中反映出应答者对对话者的放任态度。

因此，“吧”的核心意义“意向待定”也会因为附着于引发句还是应答句而体现出一定的功能差异和情态倾向。

五、句末助词“吧”研究的方法论启示

根据语义语法的本体论和方法论（邵敬敏，2004；赵春利，2013），

通过对句末助词“吧”的分布规律的描写、语法意义的提取和语义地图的建构，可以发现以下几点启示：

首先，从基本认识上讲，尽管研究对象不同，研究方法存在着差异，但任何事物的存在都是有规律的。与指称概念的实词不同，作为指称关系的典型虚词，句末助词所组合的对象不是实词，而是小句，小句是研究句末助词的最小单位。但是，并非所有的小句都可以不受限制地加上某一个句末助词，即句末助词与小句之间的选择关系不是任意的、随机的，也存在着一定的规律性。那么，语料调查和形式描写的目的就是要发现句末助词分布的规律性。

其次，从研究方法上看，任何事物的存在都不是孤立的、无痕的，都处于一定的选择关系和同现约束中，句末助词也不例外。要揭示句末助词的分布规律，就要找到显示其存在痕迹的验证性示踪剂。其一，应该从正面、反面和中性三个角度观察句末助词与小句的选择关系，即哪些句子常带“吧”、哪些句子不能带“吧”以及哪些句子可以带“吧”；其二，分别统计出常带“吧”的句子与不能带“吧”的句子中出现频次最高的语气副词并进行对比，通过同现副词所构建的语义同现规约来显示并提取句末助词的语法意义；其三，观察“吧”字句做宾语小句时的主句主谓类型，可以发现人称和动词类型与句末助词的选择关系，从而揭示其所受到的话语规约；其四，观察“吧”字句与前后小句的复句关系，揭示“吧”字句在复句分布上所受到的语义关联规约；其五，不同类型的插入语测试法以及传统语法常用的不同句末助词的替换法也能在比较分析中揭示句末助词的分布特征。

第三，从基本理念上说，虚词的语法意义决定其分布规律和多样功能，反过来说，分布规律又成为揭示其语法意义的依赖形式。无论句末助词的分布如何纷繁复杂，无论句末助词的语法意义如何空灵多样，决定其分布规律和多样功能的最终因素就是其原初的核心语法意义。虚词语义决定了其分布的规律性和功能的多样性。

第七章　句末助词“呗”的态度取向及其语义基础

句末助词“呗”在现代汉语中使用频次不高，但态度取向却很有特点，其语法意义、态度取向可以通过“呗”字句在话语上的语体功能、与引发句的语义关联、与评价句的态度关联来验证，可以说，话语关联能验证其态度取向和语义基础。首先，可以准确定位“呗”字句作为“口语对话体应答句”的语体功能。其次，再根据语体功能解析“呗”字句受到的语义制约：语义关系上的广义因果关联、语义顺逆上的承推关联和语义功能上的承受解劝关联。第三，基于评价句的态度关联，提取“呗”的核心语义“应而不愿”及其四种态度取向：不在乎、无奈何、不耐烦和不满意。最后，通过把“呗”的态度取向解构为认知、情感和意向三个要素，从逻辑范畴角度解析语义关联对四种“呗”态度取向的语义制约性，从而为解释“呗”的成因奠定语义基础。

一、引言

前人有关“呗”的研究文献虽不算多，却为深入探讨“呗”字句语体、语义和态度取向奠定了基础。总体上看，在成因分析上，主要基于语音解释“呗”的成因，但对其语义层面的解释重视不够；在研究理论上，主要基于传统语法和结构主义理论提取“呗”在“呗”字句中的语法意义，但对其语体分布和语义关联重视不够；在研究方法上，主要基于传统的语感内省法和结构主义的比较法随释例举“呗”的不同语法意义，但对不同意义的定性及其关系重视不够。

本章试图以语义语法理论为指导（邵敬敏，2004；赵春利，2014），以北京大学中国语言学研究中心的CCL语料库为基础语料来源，从成因上分析有关“呗”字成因的合音说和变韵说都需要解决的语义基础问题；从理论上研究“呗”字句在语体功能、语义关联和态度取向上的问题；从方法上系统讨论“呗”字句的语义关联对其态度取向的语义制约问题。

二、基于语音或语义的“呗”字成因分析

关于“呗”的成因，前人主要有两种解释：一是合音说，即呗＝吧＋哎，代表人物是胡明扬（1981：348）和齐沪扬（2003：58）；一是变韵说，即“呗”是“吧”的韵母变体，代表人物有孙锡信（1999：184）、郭小武（2000：349）和齐沪扬（2002：189）。

无论是合音说还是变韵说，其立论基础都强调“呗”与“吧”在语音上而非语义上的渊源关系。如果说“呗”与“吧”仅仅存在着语音关系而没有语义关系，这在逻辑上缺乏解释力和说服力。因为不管“呗”的语音是由“吧”合音形成的还是变韵而成的，本质上都涉及一个“音合与义合、韵变与义变”的问题，语音是一种形式，语义是决定并解释语音形式的基础，只有深入到语义层面得到语义验证的语音成因分析才更有说服力。

那么，如何解释“呗”与“吧”在语义上的渊源关系呢？朱德熙（1982：208）的观点很有启发性。他把语气词按同现排序和语义功能分成三组：表时态的“了、呢$_1$、来着”、表疑问或祈使的“呢$_2$、吗、吧$_1$、吧$_2$”和表态度情感的“啊、呕、欸、嘿、呢$_3$”，并提出“呗＝吧$_1$＋欸”，按其思路，这一合成公式的解释可从语音和语义两个层面来解读，即“呗”的语音和语义都是由表疑问的“吧$_1$”和表态度情感的“欸”合成的，这一语音和语义对应合成的思路为解读“呗”的态度取向及其语义基础指明了方向。

不过，尚有两个问题值得探讨：一是“呗”的语义绝不是“吧”的语义功能和“欸”的态度情感机械相加的结果，正如胡明扬（1981：348）所言的“合成语气助词的语义已经不是原有的单纯语气助词语义的简单的相加”，“呗”的语义是“吧”的语义功能与“欸”的态度情感化合的结果，既包含着“吧、欸”各自的语义内涵，又具有独特的语义功能。二是根据语料库调查，“呗”字句极少用于疑问句，而合成“呗”的“吧”也就不

大可能是表疑问“吧$_1$”。根据邵敬敏（1996：65）的研究，“语气词‘吧’不仅可以出现在疑问句句尾，而且也可以出现在祈使句以及表应答的陈述句句尾，从而形成‘W+吧？’与‘W+吧！’以及‘W+吧。’的对立”。由此可见，“呗”主要在表应答性的陈述句和祈使句的末尾，虽然说“呗”与“吧”在语义功能上不完全等同，但在基本句子功能上二者至少不应相互对立，况且，“欤”也主要用于表提醒语气的陈述句（朱德熙，1982：212—213）。因此，较为合理的解释是：合成“呗”之语义的“吧”应该是表陈述和表祈使的“吧”，而不是表疑问的“吧”。

为了脉络清晰地揭示“呗”的语义、态度取向及其语义基础，首先，从话语分布角度定位其语体功能；其次，从语义制约角度分析其语义关联；最后，从态度关联角度提取其态度取向及其核心语义，根据逻辑范畴建构“呗”的态度取向所受到的语义制约。

三、“呗”字句的语体功能

（一）“呗”的句法位置

关于“呗”的句法位置，绝大多数学者都认为只用于句末，但张筱平（1993：40）认为“呗”是“在句中而不是句尾”，却没有进行分析。例如：

（1）a. 你说，这吃哑巴亏的事怎么总让咱们去干？

b. 那还用得着说吗？共产党员呗，吃点亏就吃点吧。

如果例（1）中的“呗”属于句中，那么，在句法上，“共产党员呗，吃点亏就吃点吧。”就是一个完整的句子，即可以变换为：

c. 共产党员吃点亏就吃点吧。

但从话语上看则存在着三个偏误：一是在衔接上，引发句的“咱们”与应答句的“共产党员”非直接照应，存在断裂；二是在概念上，代词“咱们”与类指名词“共产党员”在内涵上也不一致，犯了内涵扩大的逻辑错误；三是在话语上，变换后的应答句（1c）不再是与寻因的引发句（1a）相对应的释因句，有些答非所问。如果把“呗”看作是位于句末，那么，（1b）句就可变为两个小句组成的因果复句：

d.（因为）咱们是共产党员呗，（所以）吃点亏就吃点吧。

这样，就可以避免上述的三种偏误，因此，“呗”的句法位置应该是句末而非句中。那么，究竟“呗”可用于哪些句类的句末尾呢？

（二）“呗”字句的句类分布

关于“呗”的句类分布，语法学界主要有三种观点：一是只用于陈述句末尾，代表人物有吕叔湘（1980/1999：69）和刘月华等（2001：429）；二是可用于陈述句和祈使句末尾，代表人物有张筱平（1993：40）和徐晶凝（2007：73）；三是可用于陈述句、祈使句和疑问句末尾，代表人物是孙汝建（2005：78）、王璨（2006：12）和李咸菊（2010：132）。换句话说就是“呗”字句是否具有陈述、祈使和疑问等句子功能。“呗”的陈述功能是公认的，在此不必多言。

首先，看“呗”是否具有疑问功能，看例（2）。

（2）观　众：要出一种吃了以后就什么烦恼都没有这样一种药就好了。

崔永元：就是吃了以后就都变傻了呗？

由于“呗”字句只用于口语，因个人语感的差异，书面的标点标注未必准确。把崔永元的回答中的“呗”分别换成“吗、吧”，不加标点符号，通过比较就能看出“呗”的句子功能。例如：

（3）a. 就是吃了以后就都变傻了吗

b. 就是吃了以后就都变傻了吧

c. 就是吃了以后就都变傻了呗

很明显，“吗”表示疑问，“吧”表示商榷，而“呗”则表示回应性的解释或推断而非疑问，应该用句号。

其次，看“呗”是否具有祈使功能。语法学界对汉语句子功能的分类主要基于单句而不是复句，因此，有些“呗”字句，并不是真正的祈使句，如例（4b）；有的是省略主语的句子或复句中的小句，可界定为祈使句，但不是始发性的指使或命令，而是顺接性的应允（如例5b）、建议（如例6b）或请求（如例7b），这与“呗”字句的语体功能有关。例如：

（4）a. 她这是去哪儿？

b. 上班去呗。——她上班去呗。

（5）a. 你喝啤酒吗？

b. 想喝就喝呗，还用我批准？——你想喝你就喝呗。

（6）a. 让我干什么去？

b. 这你还不明白？这事哪有坐家里等着的，过去活动活动呗。——你过去活动活动呗。

（7）a. 那我干吗？

b. 帮帮我呗。——你帮帮我呗。

可以说，“呗”字句具有应答性祈使功能。由此可见，“呗”的句子功能主要是陈述和祈使。那么，“呗”字句具有什么语体功能呢？

（三）“呗”字句的语体功能

从宏观上讲，学者们关于“呗”字句语体分布的认识基本一致，即只用于口语而不是书面语（北京大学中文系1955/1957级语言班编，1982：74—75；李咸菊，2010：131），但没有点明“呗”字句具体的语体功能。根据语料库的调查，可以发现：在口语中，“呗”字句主要应用于对话中而不是叙述中，因而表现为对话体而不是叙述体①，而对话可分为引发句（lead sentence）和应答句（answer sentence）（尹世超，2008：15）②，其中，“呗”字句主要作应答句③，即对引发句所陈述的情况做出回应或对其所提出的问题做出回答。简单地说，“呗”字句的语体功能就是口语对话体中的应答功能。如下图：

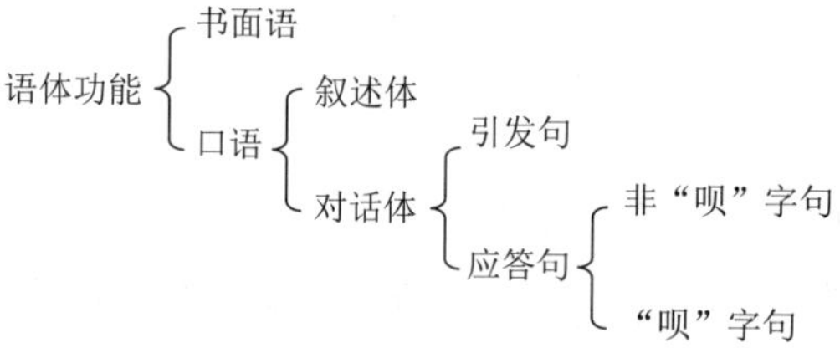

图7–1 “呗”字句语体功能分布图

---

① 需要说明的是：所谓的对话体要从宽泛的意义上理解，形式上不一定必须有两个以上的人对话，还包括自述式的自述自应或自问自答，前者如：人家说我清高，清高就清高呗。后者如：为啥？不理解呗。

② 这里采用了尹世超（2008：15）对对话体的解构，他从应答句式角度界定并解释了引发句和应答句。

③ 王璨（2006：14）认为“呗”字句可以作发端句（引发句），这并不符合语言事实，如果没有引发句或某种预设，“呗”字句不能独立存在。《现代汉语虚词例释》（1982：74）就曾提到过“呗”字句经常出现在对话的答句里。

根据引发句与“呗”字应答句的句子功能组配关系，四种句子功能类型都可以作引发句，而只有陈述句和祈使句才可以作“呗”字句应答句，如表 1 所示：

表 7-1　“呗”字应答句与引发句的句子功能组配图

句子功能组配类型			例句	
引发句（L）		应答句（A）	引发句（L）	应答句（A）
1	疑问	陈述	干嘛杀？	图财呗！
	疑问	祈使	讲什么呀？	讲讲困难呗！
2	陈述	陈述	老陈回来也没办法，	认了呗。
	陈述	祈使	想要晓得，	晚上来看呗。
3	祈使	陈述	你想想吧！	想就想呗。
	祈使	祈使	咱们去吧！	去就去呗。
4	感叹	陈述	太远了！	远就远呗。
	感叹	祈使	他心里多么难过啊！	难过就回去呗。

从同现频次看，与“呗”字应答句组配的引发句主要表达疑问和陈述功能；从句子类型看，“呗”字应答句既有单句，也有复句，还有承前省略很多成分的独词句，比如经常会出现“X1 就 X2 呗”格式，X1 与 X2 一般内容一样，但功能不同，X1 是承接引发句而复述的内容，而 X2 则说话者认可的内容。

总之，通过对“呗”的句法位置、句子功能和语体功能的甄别分析，可以逐渐掌握“呗”对“口语对话体的应答句”这一语体功能的选择，但这一语体约束条件不能根本解决“呗”的语义问题，因为并非任何一种应答方式都可以选用“呗”，是否选择“呗”字句来做应答还需要满足引发句（L）与应答句（A）间一定的语义约束条件。不过，“口语对话体的应答句”这一语体功能作为切入点，为深入揭示“呗”字句与引发句的语义关联、与同现评价句的态度关联铺平了道路。

四、“呗”字句与引发句的语义关联

“呗”字应答句与引发句的语义关联主要包括：语义关系、语义顺逆和语义功能，三者构成了“呗”字句的语义约束条件。

（一）语义关系

如果把引发句（L）和应答句（A）之间的话语关系看作是句子与句子之间的广义复句关系[①]，就可以解构引发句与“呗”字应答句间的语义关系。“呗”字应答句必须对引发句的所提疑问或所述情况做出回答或回应，即有问必答或有情必应。有问必答是指复句前件是引发询问的疑问句，后件则是“呗”字回答句，如例（8）；有情必应是指前件是陈述情况的陈述句，而后件则是“呗”字回应句，如例（9）：

（8）a. 花销大，怎么办呢（L）？

b. 回家向老娘要呗（A）。

（9）工作可能不太理想（L），就减肥少吃点呗（A）。

从语义关系看，引发句（L）与“呗”字应答句（A）存在着广义因果或果因关系。从语义性质上看，主要有四类：原因果因句、目的果因句、推断因果句、假设因果句，分别如例（10）至例（13）；从语义方向上看，前两类属依果溯因，后两类属依情推果。例如：

（10）a. 干嘛抢？

b. 便宜呗。

（11）a. 你干啥去沟里呀？

b. 为了财礼多呗。

（12）既然干什么都是为了挣钱，什么轻松就干什么呗！

（13）如果非行驶日有急事，就打“的”呗！

四类广义因果关系通过附加因果标记显示出来，如表2：

---

① 如果“呗”字句是复句，一般是“X1 就 X2”的格式，由于前件 X1 是承前拷贝引发句的全部或部分内容，因此可以看作是引发句，后件 X2 可以独立看作是应答句。

表 7–2　“呗”字应答句与引发句的语义关系图

语体功能		语义关系	
引发句（L）	呗字应答句（A）	语义性质	语义方向
之所以 L	是因为 A	原因果因句	依果溯因
之所以 L	是为了 A	目的果因句	
既然 L	就 A	推断因果句	依情推果
如果 L	就 A	假设因果句	

可以说，“呗”字应答句与引发句的语义关系属于广义因果或果因关系。

（二）语义顺逆

除了受语义因果关系制约外，引发句与“呗”字应答句还受制于语义顺逆条件（邢福义，2001：10），即只有当应答句（A）顺引发句（L）之义而承接应答时，应答句才有资格带“呗”。例如：

（14）a. 我想明天去北京。

b1. 去就去呗。

b2. 去什么去？就因为放暑假吗？

b3. 我也想去。

从语义方向上看，b1 就是对 a 的顺向承推，而 b2 是对 a 的反向违逆，b3 则与 a 并列（邢福义，2001：8）。只有当引发句与应答句之间存在语义承推关系时，应答句才可以带“呗”；而若是转折关系、违逆关系或并列关系，则应答句就不可以带“呗”，这也解释了为什么“呗”字句不是疑问句（包括反问句），因为疑问句本身不是一种顺向的正面应答。

此外，“呗”字应答句也会对引发句提出一定的要求。一般来说，引发句可以是特殊疑问句、选择疑问句或反问句，极少采用简单的是非疑问句。例如：

（15）a. 他是谁？

b. 王老师呗。

（16）a. 你明天去不去？

b. 去就去呗。

（17）a. 他是老师吗？

b. * 不是呗。* 是呗。

总的说来，“呗”字应答句与引发句在语义顺逆上必须是承推关系。

（三）语义功能

针对引发句所反映的情况或所提出的疑问，“呗”字应答句主要包括四种语义功能：承受境况、解答疑惑、解决问题和规劝行为，即引发句与“呗”字应答句之间在语义功能上需具备承受解劝关系。

首先，接受境况。“呗”字应答句接受引发句所表述的意见、要求或境遇等，例如：

（18）a. 你还买菜，小家妇似的。

b. 小家妇就小家妇呗，不买菜吃什么呀？

（19）a. 会不会听见我们说话？

b. 听见就听见呗，咱们也没说什么。

其次，解答疑惑。简单的是非疑问句一般不能作引发句，当是非疑问句包含着特殊疑问句，“呗”字应答句可以解答作宾语的特殊疑问句的疑惑，如：

（20）a. 你知道小李明天去哪儿吗？

b1. * 我不知道呗。* 我知道呗。

b2. 回老家呗，还能去哪儿？

例（20a）的句法类型是以嵌入小句（embedded clause）为宾语的是非疑问句，即主句属于简单是非疑问句，而作宾语的嵌入小句则是特殊疑问句。b1 是针对主句（你知道吗？）做出了肯定或否定的回答，但都不可以带“呗”；b2 则是针对嵌入小句（小李明天去哪儿？）解惑答疑，则可用“呗”字句。

第三，解决问题。“呗”字应答句针对引发句所指称的境遇，出谋划策、想方设法解决困境，例如：

（21）a. 要是明天讨不回工钱，可怎么办啊？

b. 还能怎么办？不给钱就到厂子门口静坐呗！

尽管“静坐”是解决“不给钱”这一境遇的无奈选择，但却是应对困境的必要策略。

第四，规劝行为。“呗”字句可针对引发句所表述的条件或情况规劝对方实施或中止某种行为，例如：

（22）a. 有我替你做主，你别怕跟人吵架！

b. 我是天生的不会吵架。怎么个吵法儿，你有空教教我呗！

（23）a. 米线酸辣粉味道再好有苍蝇，还靠着个厕所，倒胃口！

b. 你不喜欢吃就算了呗！何故要跟人家小本生意的人计较。

总之，只有当应答句（A）与引发句（L）之间的语义关联需满足语义关系、语义顺逆和语义功能这三个基本的语义约束条件时，应答句才具备选用句末助词“呗”的语义基础。如表3：

表7–3　“呗”字应答句与引发句的语义关联图

条件 / 语义		“呗”的语义约束条件
语义关联	语义关系	广义因果或果因
	语义顺逆	承推
	语义功能	承受解劝

五、“呗”字句与评价性词句的态度取向

除了要满足语体功能和语义关联之外，应答者的态度取向对选用“呗”字应答句与否起着至关重要的作用，那么，如何提取应答者的态度取向呢？语料库的调查可以发现，应答者经常在“呗”字应答句前后，高频率地使用一些评价词和反问性评价句（commentary sentence）对引发句与应答句间的因果性质与因果关系进行评价，这些高频同现的评价性词句直接表达了应答者的态度取向。

评价性词句（C）与引发句－应答句（LA）形成一种评价关系，三者关系如下图：

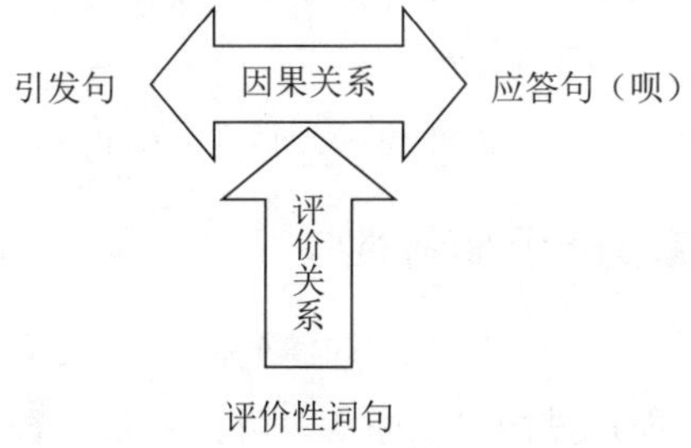

图7–2　评价性词句与“呗”字应答句及其引发句的关系图

根据调查，评价性词句主要评价事物的属性，而属性分为性质和关系（《普通逻辑》编写组，1993：105），因此，评价性词句对引发句和应答句之间因果的评价可分为两类：一是因果性质的无关主体性、不可控制性；一是因果关系的容易解答性和不可多余性，表现出各不相同的态度取向。

（一）因果性质的无关主体性

应答者会针对引发句与“呗”字应答句间在因果性质上的承继性而做出无关说话主体或微不足道的评价。而这一因果性质的无关主体性或无价值性表现出应答者不在乎的态度取向。前者如例（24），常见的有：跟你有啥关系、碍你什么事、管人家呢、和我有什么相干呢、非拉上我干吗。后者如例（25），常见的评价词有：大不了、最多、顶多、只不过、也不过、不就是、不外乎、可不是就X、反正等。例如：

（24）a. 他太忘恩负义了，上个月他居然到法院提出离婚（L）。

b. 离就离呗（A），管人家（C）！

（25）a. 就算你认识他，也不能说服民工撤诉吧？那边怎么办（L）？

b. 大不了就是花钱呗（A）。

（二）因果性质的不可控制性

应答者对引发句与“呗”字应答句之间在因果性质上的承继性做出认可承继而不可自主控制的评价，这一因果性质的不可控制性促发应答者产生无可奈何的态度取向，如例（26）（27）。常见的评价性词句有：还能咋样、还能怎么办、还能干啥、可不是吗、这有什么好说的。

（26）a. 将来你们老了咋办（L）？

b. 还能咋样（C）？也这么凑合着过呗（A）！

（27）a. 这又是为什么（L）？

b. 为了好看呗（A），那还能为什么（C）！

（三）因果关系的容易解答性

应答者会针对引发句与“呗”字应答句间在因果关系上的易推性而做出容易解答的评价，而这种因果关系的易解性导致应答者产生不耐烦的态度取向。主要通过两个方式：一是多余问的显而易见评价，常见的有：那还用说吗、那还用问吗、这不明摆着吗、这还不简单、装傻啊、这谁不知道、有什么啊、这还不好办吗，如例（28）（29）。一是拷贝疑问词的不言自明评价，常见的有：啥、凭啥、为啥、为什么、怎么办、谁、怨谁、咋了、哪儿、什么时候等，如例（30）（31）：

（28）a. 参军，我们党员要起带头作用（L）！

b. 那还用说（C）？听党的话呗（A）。

（29）a. 你打算和他们谈些什么呢（L）？

b. 谈罗伯斯庇尔呗（A），这还用问（C）！

（30）a. 这是什么意思嘛（L）？

b. 什么意思（C）？说胡话呗（A）。

（31）a. 这是咋了？怎么突然自个儿走了呢（L）？

b. 咋了（C）？臊了呗（A）！嫌你说给她找婆家了呗（A）！

（四）因果关系的不可多余性

应答者会针对引发句与“呗”字应答句间在因果关系上的易推性而多此一举的评价，而因果关系的不必多余性激活应答者不满意的情感取向，如例（32），常见的有：那还能为什么、加上X干嘛、还带什么X、还带个“小”字干什么、至于这么X吗、还用X吗、何必X、不必X、你还想干什么等。

（32）a. 你是孙老师家里的小憾憾吗（L）？

b. 憾憾就憾憾呗（A），还带个“小”字干什么（C）？

总的说来，评价句能显示出应答者四种以情感为代表的态度取向：不在乎、无奈何、不耐烦和不满意。

蕴含四种态度取向的评价性词句（C）与引发句 - “呗”字应答句（LA）之间极高的同现率，不仅说明评价性词句与“呗”字应答句在态度取向上具有高度的一致性，而且也因二者的高度关联性，而使评价性词句的态度取向迁移而融入到引发句 - “呗”字应答句（LA）所形成的话语构式中，久而久之，在认知层面就内化成一种心理构式。最终，基于二者的一致性、关联性和融合性，即使不出现评价性词句，“呗”字句也蕴含并表达同样的态度取向。能否插入蕴含四种态度取向的评价性词句不仅成为判断“呗”字应答句合法与否的认知基础，而且成为提取和验证“呗”字应答句态度取向的一种语法手段。如例（33）就可以通过补出隐含的评价性词句“还用问吗？”而彰显“呗”字句所蕴含的不耐烦态度取向。

（33）a. 过马路为什么不走斑马线（L）？

b.［还用问吗？］（C）图个方便呗（A）！

六、“呗”的核心语义、态度取向及其语义基础

前人对“呗”语义（语气意义、语法意义）① 及其态度取向的研究在分析性、系统性和解释性上存在着不足。分析性不足是指没有从结构上解构“呗”的语义及其态度构成，而态度的内涵界定模糊笼统；系统性不足是指没有从逻辑上建构“呗”的不同态度取向的系统性和关联性；解释性不足是指没有从认知上解释“呗”字句的语体功能、语义关联对其语义及其态度取向的约束性，造成“呗”的不同态度取向缺乏统一的语义解释。

评价是产生并展示主体态度的行为基础，主体的态度取向可以直接通过评价活动展示出来。什么是态度？态度就是主体在认知事物性质及其关系的过程中所引发的带有情感的意向倾向性。因此，态度主要是由对事物的性质及其关系的认知、情感和意向三个要素构成的（康德，1790/1961：15）。前人对“呗”字句态度的分析往往把这三个要素混杂在一起。比如，刘月华等（2001：429）认为：“‘呗’用于陈述句末，常常表示‘道理简单’、‘无须多说’的语气。……‘呗’包含‘不屑一说’的意味，说话者用‘呗’时多不太满意。”其中，“道理简单”是指认知，“不太满意”是表情感，而“无须多说、不屑一说”则是意向。从认知到情感再到意向存在着逻辑和心理的关联性。

主体有了某种认知才会激活某种情感，情感驱动才会产生某种意向，认知不同，激活的情感及其驱动的意向也不相同，从而形成不同的态度

① 对“呗”所表语义的理解，学者们使用了不同的术语，多数采用传统的术语——语气意义；少数使用了笼统概念——语法意义；还有人借用 Modality 而称之为情态。本章基于“呗”在“呗”字应答句的不同态度取向而综合出其核心语义，即“应而不愿”，尽管所有的“呗”字句都满足语体关联和语义关联，但其在具体的句子中所表示的态度取向不同，即“呗”的语义会具体化为不同的态度取向。这是因为其对语义关联中因果性质和因果关系的认知不同，因此，引发的情感也不相同，并采取不同的意向。可以说，认知、情感和意向共同形成“呗”的态度内涵及其核心语义。

意向。而把不同的态度取向综合起来，就可以把“呗”的核心语义界定为“应而不愿”，即在话语上必须正面回应对方但在情感上却是不情愿的。在态度三要素中，情感既是连接认知与意向的桥梁，也是维系态度稳定的纽带。既然与“呗”字句同现的评价性词句可以表达四种态度取向，根据说话者态度一致性原则，“呗”的“应而不愿”也可以表达四种以情感为代表的态度取向，即：不在乎型、无奈何型、不耐烦型和不满意型。

（一）不在乎型

（34）a. 明天晚上，我就邀请林逸先生出去吃饭，怎么样（L1）？

b. 他要去（L2）就去呗（A），跟我有什么关系（C）？

“他要去”是根据疑问引发句 L1 引出的假设引发句 L2，加上假设标记就可以显示出 L2–A 间的语义关系：“如果他要去（L2），他就去呗（A）。”从语义顺逆上看，A 承接了 L2 的意思，即应答者承认并接受 A 与 L2 之间的因果性质，但应答者认为二者间的因果性质或微不足道或与己无关，这一认知激活的情感就是“不在乎”，驱动的意向就是“任其自然、不干涉、不作为”。常采用的句法形式就是“X1 就 X1 呗”，常伴随“管人家呢、大不了、只不过”等评价性词句。

（二）无奈何型

（35）a. 村里没豆面了，开不了伙了，大家说，怎么办吧（L1）！

b. 还能怎么办（C）？开不了伙了（L2），咱们就要饭呗（A）！

L2 与 A 间的语义关系就是“既然开不了伙了，咱们就要饭呗”，从语义顺逆看，在 L2“开不了伙了”境遇下只能顺势认可而无奈接受 A“要饭呗”这一解决策略。但应答者认识到只能别无选择地接受这一因果性质，对此无能为力，这一“欲选择而别无选择、不接受也得接受”的认知会激活“无奈”的情感并驱动“欲管不能”的意向。一般采用的句法形式是“X1 就 X1 呗、X1 就 X2 呗”，常伴随“还能怎么办”等评价句。

（三）不耐烦型

（36）a. 为什么上线都隐身呢（L）？

b. 还用问吗（C）？就是不愿意理一些人呗（A）。

L 与 A 的因果关系就是“之所以上线都隐身，是因为不愿意理一些人呗”，应答者认为很容易从“上线隐身”现象推知原因“不愿意理一些人”，这一因果关系是显而易见、易于推导、无须多问、不言自明的。对这样一个道理浅显、不言自明而无须多问的因果关系，你还要问，而我还要答，应答者认为“问与答”都是不必要的、多余的，从而激起“不耐烦”的情感，引发“不值得回答、不想回应、不屑为”的意向，常伴随“那还用说”等评价句和“什么、啥、谁”等拷贝疑问词。

（四）不满意型

（37）a. 最近没啥事（L1）。

b. 没事（L2）就看看书呗（A）。

应答者认为“没事”是“看看书”的有利条件，“看看书”是“没事”的听话人容易想到并应该实施的行为。应答者顺应性利用“没事”这一有利条件来规劝听话者实施“看看书”这一行为。应答者认为：“没事”（原因）与“看看书”（结果）的因果关系在客观上是顺势而为、易于实现的，并非勉为其难，根据这一客观上“易于实现”的行为，听话者主观上却没有主动去做（不难为而不为）就会激活应答者“不满意”的情感，并推出“不难为”的劝诫意向，常伴随“何必 X 呢？为什么不……呢”等评价句。

在态度的四种取向中，从语义关系看，“不在乎型”和“无奈何型”都是针对因果性质的承继性，而“不耐烦型”和“不满意型”则是针对因果关系的易推性。从语义功能看，“呗”字句在“不在乎型、无奈何型”中的语义功能主要是“承受（承继接受）”，而在“不耐烦型、不满意型”中则是“解劝（解释规劝）”，它们都受语义顺逆上的承推关系的约束。这样，通过把“呗”字句的态度解构为认知、情感、意向三个要素，不仅把态度的构成系统化为三个相互关联的子系统，而且把态度取向的解释植根于“呗”字应答句与引发句之间的语义关联，并概括出“呗”的核心语义“应而不愿”。如表 7–4：

表 7–4　“呗”字句的核心语义、态度取向及其语义基础关系图

语义关联			态度取向[①]			核心语义
语义顺逆	语义功能	语义关系	认知	情感	意向	
A 承推 L	承受	因果性质的承继性	事不关己 微不足道	不在乎	不作为 放任不管	应而不愿
			别无选择 无能为力	无奈何	不能为 欲管不能	
A 承推 L	解劝	因果关系的易推性	显而易见 道理浅显	不耐烦	不屑为 想而易解	应而不愿
			顺势而为 有根有据	不满意	不难为 做而易成	

七、结语

说话者选用“呗”字句必须满足三个条件：语体、语义和态度。语体条件就是口语对话体的表陈述或祈使的应答句句末；语义条件就是须与引发句之间存在语义关系上的因果或果因关联、语义顺逆上的承推关联和语义功能上的承受解劝关联；态度条件就是可通过评价句来提取和验证“呗”的“应而不愿”所蕴含的四种态度取向：不在乎、无奈何、不耐烦和不满意。当说话者满足语体和语义条件，并秉持某种态度取向时，就可以选用“呗”字句来应答。

“呗”字句在话语中的语体功能为解构其与引发句的语义关联圈定了范围，也为提取和验证其与评价句的态度取向提供了话语构式。“呗”字句与引发句的语义关联以认知为跳板，很好地解释了态度取向中的情感和意向来源。而“呗”字句与评价性词句的态度取向的高频同现性与一致性不仅为解读“呗”字句的态度取向铺设桥梁，而且作为一种“呗”字句话语构式，评价性词句的态度取向逐渐漂移到“呗”字句中，并由“呗”来承担，

① 在语料库中，除了评价性的词语和句子外，作者也经常使用一些状位修饰语来表现应答者的态度取向，如：表现不在乎型的有漫不经心、无动于衷、轻描淡写、不以为然、不在乎、无所谓、随便等；表现无奈何型的有无奈、无可奈何；表现不耐烦型的有不假思索、毫不犹豫、直截了当、直言不讳、不屑、不耐烦、干脆等；表现不满意的有不满意、生气、不高兴等。

即使没有显性的评价性词句，仍能捕捉到其态度取向。

“呗”字句的态度取向可分解为认知、情感和意向三种构成要素，每一种要素都分成四种类型，每种类型可得到评价性词句的验证，具有一致而系统的语义基础，由于对语义关联中语义功能和语义关系的认知不同，激活的情感和驱动的意向就存在着差异，因而产生不同的态度取向。

“呗”字句的态度取向分析，部分地证明了“呗”字形成的语义基础。朱德熙（1982：208）认为“呗”是由表疑问的“吧 1”和表态度情感的“欸”合成的，这并不符合事实，因为“呗”字句根本就没有疑问功能，只有陈述和祈使功能，因此，可以推断，合成“呗”的“吧”应该是表陈述和祈使的“吧 2”。“呗”的态度取向包括认知、情感和意向，其中，表陈述和祈使的“吧 2”形成了“呗”的认知义，表情感的“欸 / 哎”则形成了“呗”的情感义，不管是语音合成还是语义合成，“呗”都会因合成而形成新的意义，这就是意向义，并且其认知义和情感义也因合成而不同于“吧”和“欸”。这也是“呗”区别于其他句末助词的意义所在。例如：

（38）a. 小王病了吗？

b. 小王病了吧？

c. 小王病了嘛。

d. 小王病了呗。

很明显，例（38）中 a 是疑问句，b 是商量句，c 是申辩句，而 d 是具有解惑功能的释因句。

从人际意义上看，由于“呗”字句态度取向是以消极情感为特征的，疏于礼貌，主要在熟人之间以及上级对下级时使用，因此，在实际的对话体中其使用频率比较低。

第八章　句末助词“喽”的功能意向及其态度情感

句末助词“喽”的认知、意向、情感、态度及其之间的关联性比较复杂，我们可以运用语义语法的理论方法，并借鉴语义地图的思路，在揭示句末助词“喽”的句子功能分布规律的基础上，提取“喽”的传知功能、意向类型、态度取向及其情感倾向。首先，前人主要从语音角度解释“喽”的成因，大致可以分成四种观点，本项研究认为“喽”具有独立的语法意义是其语音独立的根本原因；其次，可以从正反两个角度全面系统地揭示“喽”与陈述句、疑问句、祈使句和感叹句的选择或排斥关系；第三，根据句子功能分布规律，提取出“喽”的传知功能及其语义地图，并根据其与宾语小句和复句关系的选择关系进一步验证其语法意义；最后，基于传知功能，证明“喽”的三种意向类型、轻松态度及其三种情感倾向。

一、引言

现代汉语句末助词的功能分布与其语法意义之间存在着一定的对应关系，正如戈达德（Goddard，1998：6）所言：“一个词的意义是其功能的主要决定因素。”语法意义决定功能分布，功能分布反映语法意义。句末助词的功能分布主要指句子功能分布，一个句末助词能分布于什么句子功能的句子末尾受制于其语法意义；反过来说，一个句末助词的功能分布反映着其语法意义的性质、类型及其作用范围，是准确描写、分析和提取一个句末助词语法意义的入口和桥梁。因此，要揭示出一个表示抽象功能而非具体概念的句末助词的语法意义，必要的条件和首要的前提就是：准确定位其能分布于什么句子功能的句子末尾。

本章试图以现代汉语句末助词“喽”为研究对象，以北京大学中国语言学研究中心的 CCL 网络版语料库为语料来源，在吸收前人研究成果的基础上（赵元任，1926；吕叔湘，1944/1982；Chao Yuen Ren，1968；胡明扬，1981；朱德熙，1982；郭小武，2000），根据语义语法的理论与方法（邵敬敏，2004；赵春利，2014），准确定位“喽”的句子功能分布，并据此深入揭示、提取并验证“喽”的语法意义，从而指明“喽”的意向类型、态度取向和情感倾向。

二、前人有关句末助词“喽”的成因研究

根据前人对句末助词“喽”的形成原因和条件的分析和解释，并结合“合”和“变”的认识，关于“喽”的成因可以分成四种观点：一是直接合音说，二是先变后合说，三是先合后变说，四是直接变韵说。

第一种是直接合音说，即主张“喽”是由两个独立的音节“勒”与“欧”或“了”与“呕”直接拼合而成的，主要代表有赵元任（1926：904）、胡明扬（1981：348、418）、朱德熙（1982：207、212）以及北京大学中文系现代汉语教研室编的《现代汉语》（1993/2004：382）等，这是语法学界的主流观点。

第二种是先变后合说，即主张“喽”是由独立音节“了”与“啊”的变体“哟/呦”或者是由“了”的变音形式“啦”与独立音节“ou”拼读而成的，主要代表是吕叔湘（1944/1982：259、268—269）、孙锡信（1999：178—179）等。

第三种是先合后变说，即主张“喽”是“了”与“啊”合音而成的“啦”的变体形式，主要代表是北京大学中文系 1955/1957 级语言班编的《现代汉语虚词例释》（1982：307—308、313）等。

第四种是直接变韵说，即主张“喽”是“了”的变韵形式。最早关注“喽”的学者黎锦熙（1924/1992：229—230）认为“喽”源自“了”，马希文（1983：3）否认“lou”由“了”+“噢”合成的。郭小武（2000：356）则以合音前的四个必要条件（连续音节、快速发音、高频出现、语音易融）和合音后的两个标志（高频出现、原始形式）为标准，质疑合音说的立论依据，从而提出了变韵说，即“‘合音说’有欠周全，……‘啦、嘞、喽’都是‘了’的变韵形式”。

四种观点列可表如下：

表 8–1 “喽”字成因的四种观点对比表

四种观点	核心思想	代表人物
直接合音说	直接拼合	赵元任、胡明扬、朱德熙、北大中文系现代汉语教研室
先变后合说	变后合体	吕叔湘、孙锡信
先合后变说	合后变体	北大中文系 1955/1957 级语言班
直接变韵说	韵母变化	郭小武

从本质上，四种观点都是以语音形式为起点和终点，根据语音形式之间的语音关联来解读“喽”在语音上的成因，然而，正如胡明扬（1981：348）所言：“连读音变问题并不是一个简简单单的语音问题。”这种基于语音形式来解释语音形式的思路，并没有触及决定语音形式变化的内在原因——语法意义的变化，因为“语言之所以为语言，不在于其外在的语音和文字，而在于语音和文字所赖以存在的意义”（赵春利，2014：7）。语音形式和语法意义的关系可以表述为：语音形式的独立是语法意义独立的反映，语法意义的独立是语音形式的独立的语义基础和内在动力，表层的语音形式的变化与形成最终决定于深层的语法意义的变化与形成。就句末助词“喽”而言，句末助词“喽”之所以有自身独立的语音形式是因为其具有自身独立的语法意义。

本章并不纠缠于从语音形式角度甄别句末助词“喽”的成因，而是在“以语法意义为研究出发点和重点”的语义语法理论的指导下（邵敬敏，2004：102），根据“语法意义决定语法形式”的基本原则（赵春利，2014：5），通过揭示“喽”独有的语法意义来证明具有独立语音形式的“喽”存在的合理性。

要揭示句末助词“喽”的语法意义，首要的任务就是要发现“喽”的分布规律[①]。分布规律有显性和隐性之分，句末助词的显性分布规律就是位于句子末尾，而隐性分布规律需要从正反两个方面进行验证性描述：从

① 本章是从句法分布角度研究句末助词“喽”，从语域分布来看，句末助词“喽”的使用范围很广，除了粤语、闽语等南方方言较少使用“喽”而经常使用“啦”之外，由南向北呈逐渐递增之势。从语体分布来看，作为口语性句末助词，“喽”的书写形式有时会与“了、啦”有所混淆，但“喽”一旦作为文字形式稳定下来，其逐渐具有独特的功能、意向、态度和情感。

正面来看，句末助词选择什么句子功能的句子末尾；从反面来看，句末助词排斥什么句子功能的句子末尾。正如邢福义、谢晓明（2014：6）所言："在汉语事实的发掘过程中，我们既要注意发掘显性的语言事实，更要注意发掘隐性的语言事实。"只有从隐显、正反的辩证角度揭示出句末助词的隐性分布规律才能为准确地提取句末助词的语法意义铺设桥梁。

三、句末助词"喽"的句子功能分布

（一）前人关于"喽"的句子功能观点

根据功能，句子可以分成表述的陈述句、表疑的疑问句、表意的祈使句和表情的感叹句四种句子功能类型（赵春利，2003：21），那么，句末助词"喽"可以分布于哪些句子功能类型的末尾呢？大多数学者并没有直接明确地回答这一揭示"喽"语法意义的前提性问题，但基于前人例举的"喽"字句及其相关论述，并按照"喽"所能分布的句子类型的数量，前人的基本观点可以粗略地划分为四类——单功能说、双功能说、三功能说、四功能说，可以列表如下：

表 8–2　前人关于句末助词"喽"的句子功能表

四类观点	句子功能	代表人物
单功能说	陈述	郭小武（2000：356—357）
双功能说	陈述、感叹	黎锦熙（1924/1992：229—230）、吕叔湘（1944/1982：260、267—269）、朱德熙（1982：211—212）、孙锡信（1999：179—180）
三功能说	陈述、祈使、感叹	赵元任（1926：867、904、911）/（1968/1979 吕译本：362）/（1968/1980 丁译本：400）
	陈述、祈使、疑问	胡明扬（1981：418）
四功能说	陈述、祈使、感叹、疑问	北大中文系 1955/1957 级语言班（1982：307—308）、侯学超（1998：403）

总的说来，前人通过举例或论述等方式有意无意地触及了"喽"的句子功能分布问题，并对"喽"陈述功能的认识比较一致，但对"喽"是否具有其他功能的认识还存在着较大的分歧，主要原因是：一是缺乏认识论

的系统指导，即没有认识到句子功能分布规律的系统调查是提取“喽”语法意义的必要前提，多凭语感举例并释义；二是缺乏方法论的严密论证，即没有把语料库的调查与语感结合起来，既没有从正面分析描述“喽”具有的句子功能分布，也没有从反面论证“喽”缺乏的句子功能分布。

（二）“喽”与句子功能的选择关系

本章试图以北京大学中国语言学研究中心的 CCL 语料库为调查对象，基于语感和社会语言学的调查，在前人例举的“喽”字句及其相关论述的基础上，宏观地勾勒并论证句末助词“喽”的句子功能分布图。

1.“喽”与陈述句的选择关系

根据语料库的全面调查和前人的相关研究，可以看到，“喽”主要分布于陈述句的句尾，如：

（1）a. 看来他真的要履行他昨晚的话喽！

b. 这些金圆券在解放区当然是废纸一堆喽。

c. 贵府老爷高升喽！报喜来喽！

d. 开船喽！

从陈述功能类型上看，1a 是对主体行为的推理性推断，属于推断义陈述，1b 是对事物情况的认知性判定，属于判定义陈述，1c 是把自身行为告诉他人的招呼性通告，属于通告义陈述，而 1d 则是对客观情况的召唤性宣告，属于宣告义陈述（邵建新，2000：24）。

通过以上分析，可以发现，“喽”字陈述句主要是以说话者的认知为基础向听话者传达自己的推断、判定、通告、宣告等信息，具有较强的“传我所知”的告知功能。

首先，推断义和判定义两类陈述，表现出较强的标记性。一方面，二者都包含着判断动词“是”；另一方面，前者包含着大量推断性的代词（那）、副词（那么、恐怕、没准儿、大概、也许等）和话语标记（看来、这样看来、这样说来、看样子、我看、如此说来、这么说、那么说、你的意思是、也就是说），如（2）；后者则包含着大量判定性副词（当然、自然、一定、肯定、只能、只好、就），如（3）：

（2）a. 你知道了这一切之后，恐怕连想看她一眼都不敢想喽。

b. 家中一点积蓄也没有，看来只好喝西北风喽！

c. 我看你是同情我们喽，温德小姐。

d. 这么说你看了我好久喽，你是故意撞的我喽。

（3）a. 今天来登记当然是因为今天是情人节喽！

b. 我自然不能辜负它这一番美意喽。

c. 哦，你肯定不是女主人，那你一定是这家的女儿喽。

d. 她提起传闻哈哈大笑："就是指两鬓染霜的我喽！"

其次，通告义和宣告义两类陈述句都具有明确的话语功能，通告义陈述就是说话者向听话者打招呼式地通告自己的行为，如（4）；而宣告义陈述就是说话者向不特定的听话者宣传自己所知的情况或叫卖自己所售的物品，如（5）：

（4）a. 我回来喽！

b. 走喽！找妹妹去喽！

c. 哎哟！笑死喽！笑死喽！……啥"地上霜"、"地上霜"！

d. 我赢喽！我赢喽！

（5）a. 下雨喽！下雨喽！

b. 爸爸请客喽！爸爸请客喽！

c. 卖凉粉喽！

d. 卖水喽！大娘大婶大嫂子，干净的黄河水，快来买哟！

但关键的问题是：并非任何一个陈述句都可以无条件地在句末加上"喽"而变成"喽"字句。除了正面描写可以带"喽"的陈述句外，从反面来看哪些类型的陈述句不能在句末加上"喽"更具有方法论的论证意义。

从目前的调查来看，大致可以分成两类情况：第一是不可附加类，即一个没有句末助词的陈述句不可以附加"喽"；第二是不可兼容类，即一个包含句末助词的陈述句不可以再附加"喽"。

首先是不可附加类。根据语料库的调查，可以发现，不可附加句末助词"喽"陈述句主要包括两大类：不可预知类和不可告知类。不可预知类主要包括意外义陈述句如（6）和幸巧义陈述句如（7）：

（6）a. 她竟然卑鄙地把我的事抖了出来。——*她竟然卑鄙地把我的事抖了出来喽。

b. 领袖原来这样平易近人。——*领袖原来这样平易近人喽。

c. 天空突然阴云密布，狂风大作。——*天空突然阴云密布，狂风大作喽。

d. 奇怪的是，他没有跌倒。——*奇怪的是，他没有跌倒喽。

（7）a. 幸亏你找到了这家医院。——*幸亏你找到了这家医院喽。

b. 美宝刚巧没有出去。——*美宝刚巧没有出去喽。

c. 偏巧母亲走了进来。——*偏巧母亲走了进来喽。

d. 幸好她遇见了高渐飞。——*幸好她遇见了高渐飞喽。

意外义的陈述句中常见的意外词语有：竟、偏、竟然、居然、突然、忽然、偏偏、原来、不料、想不到、没想到、令人意外/奇怪/惊奇/惊讶/吃惊的是等。幸巧义的陈述句中常见的词语有：幸亏、亏、幸而、幸好、多亏、好在、刚刚、刚巧、刚好、恰巧、恰恰、偏巧、正好、正巧、碰巧、巧的是等。无论是意外义还是幸巧义，它们都具有不可预知性，都与“喽”字句“知而相告”的告知功能存在着语义冲突，所以都不能附加句末助词“喽”。而不可告知类主要包括明显义陈述句（8）和叮嘱义陈述句（9）：

（8）a. 你明明是撒谎。——*你明明是撒谎喽。

b. 他分明就是在勾引你。——*他分明就是在勾引你喽。

c. 这显然是一块礁石。——*这显然是一块礁石喽。

d. 这明摆着是一种暗示。——*这明摆着是一种暗示喽。

（9）a. 购物者千万要当心！——*购物者千万要当心喽！

b. 你万万不可打听一位姑娘的年龄。——*你万万不可打听一位姑娘的年龄喽。

c. 你务必守在帐台旁边等着。——*你务必守在帐台旁边等着喽。

d. 我们一定要小心谨慎。——*我们一定要小心谨慎喽。

明显义陈述句主要包含着“明明、分明、显然、明摆着、明显”等副词，对说话者来说，明显义陈述句表明说话者其所陈述的已然信息对说话者和听话者来说是“显而易见”而无需告知对方的，这与“喽”的告知功能是相左的。而叮嘱义陈述句常常包含“千万、万万、务必、必须、一定、切、万、决”等副词，其所传达的是说话者的一种未然的意愿信息而非“喽”字句所需要的认知信息。显然义已然信息缺乏告知的必要性，而叮嘱义的未然性意愿信息缺乏告知的可能性，都因与“喽”的告知功能不相符而取消“喽”的入句资格。

其次是不可兼容类。有些已带句末助词“吧、呀、啦、呗、呢、嘛、罢了”等的陈述句不能再带句末助词“喽”，也就是说，“喽”与其他某些陈述性句末助词因功能冲突或重叠而缺乏兼容性，如（10）：

（10）a. 大概这是劳动者聚居的地段吧。——* 大概这是劳动者聚居的地段吧喽。

b. 你们这是赶鸭子上架呀。——* 你们这是赶鸭子上架呀喽。

c. 我把他背回来啦。——* 我把他背回来啦喽。

d. 干部该做模范呗。——* 干部该做模范呗喽。

不可兼容性说明：一个陈述句一旦带了具有某种语法意义的句末助词，就不可以再加上告知义的句末助词“喽”。经调查，可以发现，只有表示确定信息的“的”字陈述句可以与“喽”同现，如（11）：

（11）a. 那就是超出法律明文规定的。——那就是超出法律明文规定的喽。

b. 我们当然是要去的。——我们当然是要去的喽。

c. 这些传说是真的。——这些传说是真的喽。

d. 上面当然是听林阿五的。——上面当然是听林阿五的喽。

这说明：“的”所确定的信息更接近陈述句的命题，而“喽”字陈述句则表达了把“的”所确定的信息获知并传达出去的态度。

总的说来，“喽”对陈述句的选择或排斥通过下表表示出来：

表 8–3 句末助词“喽”与陈述句的选择排斥表

选择与排斥 / 功能与标记	选择的陈述句		排斥的陈述句	
	语义功能	标记形式	语义功能	标记形式
告知功能的“喽”	推断义	那么、看来	意外义	竟然、居然
	判定义	当然、自然	幸巧义	幸亏、恰巧
	通告义	自身行为招呼语	明显义	明明、显然
	宣告义	客观情况呼唤语	叮嘱义	千万、万万

2. “喽”与疑问句的选择关系

根据语料库的调查和前人的研究（侯学超，1998：403），在是非问、特指问、选择问和正反问四种结构类型的疑问句中，句末助词“喽”只能分布于是非问疑问句句尾，如（12），而排斥特指问、选择问和正反问三种类型。

（12）a. 这么说，你是不介意喽？
b. 也就是说，他要出卖自己的祖国喽？
c. 那么，不用说您一定会装腔作势喽？
d. 那你是怕我们两个独处喽？

值得注意的是：一般来说，“喽”字是非问句都是对话中的应答句而非引发句，“喽”字应答句并非回答引发句所提出的问题，而是对引发句的情况信息进行归纳推演的确认句，因此，“喽”字应答性是非问的前面都或隐或现地包含着推知的标记词，如：那、那么、那就、那么说、那样一来、这样说来、这样的话、照这样说来、这么说、这么说来、这么说起来、照这么说、照你这么说、也就是说、那也就是说、听你的意思、那您的意思是说等，都具有根据对方言行来推知对方意图并要求对象证实或确认，形成了以下话语结构：

表 8–4　“喽”字是非问的话语结构表

	“喽”字是非问的话语结构			
话语形式	①那么 / 这样	②我认为	③你的意思是	④“喽”字是非问
语义功能	推知标记	说者推知	对方意图	求证信息
隐现规律	通常出现	通常隐含	隐现参半	必须出现

实际例子如（13）（14）：

（13）a. 乔致庸说：刘寨主，这才是真正的替天行道，怎么样？
b. 刘黑七说：乔东家，①这么说，③你是想④让我帮你出镖喽？

（14）a. 雄鹅说：我除了横渡过一个泥灰石坑，还没有游过更长的距离。
b. 领头雁说：①那么，②我估摸着④你准是个长跑冠军喽！

也正是因为“喽”字是非问的“有理据”的推知特征，因此，“‘喽’比‘啦’更加确定无疑，似乎不容对方辩白”（孙锡信，1999：180）。所以说，尽管在句子功能上，“喽”字是非问属于一般的是非疑问句，但在话语功能上，则受制于两个条件：一是必须做应答句而非引发句；二是必须受制于推知确认的语义约束。

胡明扬（1981：418）曾举过“喽”位于特殊疑问句句末的例子，如：你上哪儿去喽？（老舍:《龙须沟》）但根据语料库的调查并结合语感，可以发现，句末助词“喽”并不能进入到特指问句末，如（15），也不能进入到正反问（16）和选择问（17）的句末，如下：

（15）a. 你去哪儿买票？ ——* 你去哪儿买票喽？
b. 他什么时候回来呀？ ——* 他什么时候回来喽？
c. 你怎么不高兴啦？ ——* 你怎么不高兴喽？
d. 这是怎么回事呢？ ——* 这是怎么回事喽？
（16）a. 你到底去不去呀？ ——* 你到底去不去喽？
b. 他吃不吃宵夜？ ——* 他吃不吃宵夜喽？
c. 他们买没买车票？ ——* 他们买没买车票喽？
d. 书记回来了没有？ ——* 书记回来了没有喽？
（17）a. 舍利究竟是圣物还是结石？ ——* 舍利究竟是圣物还是结石喽？
b. 你是说教，还是控诉？ ——* 你是说教，还是控诉喽？
c. 那些草是救命的，还是要命的？ ——* 那些草是救命的，还是要命的喽？
d. 是你请客，还是我们请你？ ——* 是你请客，还是我们请你喽？

无论是疑惑程度最强的特指问，还是疑惑程度居中的正反问和选择问（邵敬敏，1996：71），都具有一定的疑惑度，都基于“疑惑”而发挥索取信息的功能，不过，这恰恰与基于“认知”而发挥给予信息的“有意告知”或“据情推知”的“喽”字句是矛盾的，因此，“喽”不可能位于非是非问句的末尾。从调查结果看，少量“喽”字句尽管包含疑问词，但都没有疑问功能，要么表示任指，如（18），要么是疑问小句作宾语，如（19）。

（18）a. 财税改革我已经琢磨透了，现在谁也别想“唬”住我喽！
b. 什么时候清闲喽，到我家住几天。
（19）a. 你完全忘掉我们都是些什么人喽！
b. 我想和你研究怎么哄那些臭男人喽。

其实，借助于疑问形式来“传我态度”而非“传我所知”的反诘疑问句也无法附加句末助词“喽”，如（20）：

（20）a. 难道我们都靠喝西北风过日子吗？——*难道我们都靠喝西北风过日子喽？

b. 这件事他能不知道？——*这件事他能不知道喽？

c. 你怎么才来呀？——*你怎么才来喽？

总的说来，只有受话语“应答性”和语义“推知性”约束的是非问才可以附加句末助词“喽”，而基于求知的疑惑性特指问、正反问、选择问和基于情感的“态度性”反问句都无法与“喽”同现，如下表所示：

表 8-5 句末助词“喽”与疑问句的选择排斥关系表

疑问类型 / 选择关系	是非问	特指问	正反问	选择问	反诘问
	推知性	疑惑性			态度性
“喽”	●	○	○	○	○

3.“喽”与祈使句的选择关系

根据前人的研究（赵元任，1926：911；胡明扬，1981：418；朱德熙，1982：212），结合语料库的调查，可以发现，句末助词“喽”主要选择两类祈使句[①]：其一是预偏义祈使句，如（21）；其二是劝阻义祈使句，如（22）。

（21）a. 站直喽，别趴下！

b. 拉紧纤绳，看着前方，坐稳喽！

c. 留神，可别把药熬坏喽！

d. 你去那儿拿一张毛边纸，再包包它，别弄坏喽！

（22）a. 不能都急死哟！钱太太！钱少奶奶！别哭喽！

b. 别吵喽！有人心的，给我弄点水，洗洗脚！

c. 林道静呵，不要逞英雄喽！那有什么好玩的呢。

d. 不要瞒着我喽，好什么，你们已经分手了。

预偏义祈使句一般采用“动词＋结果补语”结构形式，有的（21a/b）从肯定方面要求做到某种“预期”的结果；有的（21c/d）从否定方面要求避免某种“预知”的后果。而劝阻义祈使句一般采用“别、不、不要”等否定形式，表达说话者基于某种理据来劝阻听话者已做但不该做的某种行

① 齐沪扬、朱敏（2005）曾研究过现代汉语祈使句句末语气词选择性问题，没有提到句末助词“喽”与祈使句的选择关系。

为，比如：22a 要求“别哭喽”是因为“不能都急死哟”，22d 要求“不要瞒着我喽”是因为我已经知道“你们已经分手了”，可见，“喽”字劝阻祈使句并非单纯地劝阻某种动作行为，而是基于某种已知的理由。可以说，无论未然的预偏义祈使句，还是已然的劝阻义祈使句，它们都需要某种前提性的“预知”或“理据”。

但并非所有的祈使句都可以附加“喽”，特别是那些缺乏“预知、预期、理据”前提而单纯表达说话者出于主观“意愿”让听话者实施未然行动的祈使句，一般都不能附加“喽”，如命令义①、禁止义、请求义、关照义②，分别如（23）、（24）、（25）和（26）。

（23）a.“你给我滚开！”他吼了起来。 ——*“你给我滚开喽！”他吼了起来。

b. 突然，有人喊：“冲呀！冲呀！” ——*突然，有人喊：“冲喽！冲喽！”

c. 山姆大喊着：“喂！快回来！” ——*山姆大喊着：“喂！快回来喽！”

d. 你被俘叛变以后出卖了谁！快说！ ——*你被俘叛变以后出卖了谁！快说喽！

（24）a. 军事地带，禁止通行！ ——*军事地带，禁止通行喽！

b. 此公厕无水，严禁大便！ ——*此公厕无水，严禁大便喽！

c. 胡耀邦一声断喝：“不准开枪！” ——*胡耀邦一声断喝：“不准开枪喽！”

d. 住手！不得无礼！ ——*住手喽！不得无礼喽！

（25）a. 她连声说：“请进！请进！” ——*她连声说：“请进喽！请进喽！”

---

① 王维贤（1989：210）认为：“‘把饭吃喽’的主语可以是‘你’，这时是一个命令句；也可以是‘我’，这时是一个意态句。”根据我们的调查，“喽”很难位于缺乏预知前提的肯定性命令句的句尾，倒是“传我所知”性的陈述句“我把饭吃喽”是合法的。

② 预偏义祈使句表示说话者预警听话者应该达到的“预期”结果或者应该避免偏离“预知”结果，听话者的行为是否符合达到了预期结果可以得到证实；而关照义祈使句则说话者出于“礼貌”而对听话者的客气语，并无实质性的动作要求或结果验证。

b. 上帝呀！帮帮我吧！ ——*上帝呀！帮帮我喽！
c. 救命啊！我要淹死了！ ——*救命喽！我要淹死了！
d. 妈妈，快来呀！救救我！ ——*妈妈，快来呀！救救我喽！

（26）a. 你千万要保重呀！ ——*你千万要保重喽！
b. 你要当心啊！ ——*你要当心喽！”
c. 东家，你慢走！ ——*东家，你慢走喽！
d. 老板，你放心吧！ ——*老板，你放心喽！

可以说，句末助词“喽”对祈使句的选择与排斥反映了“认知”与“意愿”的对立性，基于“预期、预知、理据”等认知要素的预偏义和劝阻义祈使句可以附加“喽”，而单纯基于说话者意愿的命令义、禁止义、请求义和关照义祈使句则不能与“喽”同现，如下表所示：

表 8–6　句末助词“喽”与祈使句的选择排斥表

分布 / 功能	选择的祈使句		排斥的祈使句			
	基于预知		基于意愿			
“喽”	预偏义	劝阻义	命令义	禁止义	请求义	关照义
	●	●	○	○	○	○

4. “喽”与感叹句的选择关系

前人讨论“喽”字句与感叹的关系时，主要关注“喽”字句能否表达感叹。无论强调“兼带感叹的语气”的黎锦熙（1924/1992：230）、赵元任（1968/1980 丁译本：400）和侯学超（1998：403），还是强调“带有感情色彩”的吕叔湘（1944/1982：267）、朱德熙（1982：211）和孙锡信（1999：179—180）等，他们并不认为表达感叹 / 感情的“喽”字句就是感叹句。只有杜道流（2002：90、92）认为“喽”是“感叹句中常用的语气词”之一。

通过甄别杜道流（2003：92）所谓的“喽”字感叹句，并基于语料库的调查和语感，可以说，“喽”字句可以表达一定的感叹功能，但不是感叹句的感叹，而是陈述句的感叹。借用吕叔湘（1944：267）对“啊”的界定来说明“喽”，就是：“‘喽’字的作用是在普通的直陈语气上加上一层感情色彩，……这并不是说，用了‘喽’字就该算是感叹语气。”杜道流（2002：92）不仅把推断义“喽”字陈述句看作感叹句，如（27a/b），而且还把赵元任（1968/1980 丁译本：400）表达感叹的通告义“喽”字陈述句误解为感叹句，如（27c/d）：

（27）a. 这一下可坏喽！

b. 不过这鞋可就金贵喽！

c. 放学喽！

d. 咱们都回家喽！

无论从语料库的统计数据看，还是从个人语感看，“喽”无法进入到由副词“多么/多/好/真+形容词”为结构形式的典型感叹句末尾，如（28），也无法进入到由光杆形容词和名词组成的感叹句末尾，如（29）：

（28）a. 多么好的老人啊！　　——* 多么好的老人喽！

b. 这里呆着多冷呀！　　——* 这里呆着多冷喽！

c. 好险啊！　　——* 好险喽！

d. 真棒！　　——* 真棒喽！

（29）a. 好！　　——* 好喽！

b. 漂亮！　　——* 漂亮喽！

c. 我的天哪！　　——* 我的天喽！

d. 我的妈呀！　　——* 我的妈喽！

那么，为什么“喽”不能分布于感叹句末尾呢？原因就在于感叹句与“喽”字句的语义冲突。感叹句是说话者受外在事物或内在情感的驱动而不由自主地直接抒发自身情感的句子。其主要有三个特征：一是内容的非认知性，说话者所抒发的是自身直接体验的情感而非间接分析论证的认知；二是生成的非自主性，说话者对情感的抒发是不由自主、油然而生的，带有强烈的非自主性、非可控性和非推知性；三是目的的非对话性，说话者运用感叹句是着眼于自身情感的抒发性和宣泄性，而非与听话者的对话性和告知性。可以说，基于传情的感叹句的这三个特征恰好与基于传知的“喽”字句存在着语义冲突。

总的说来，句末助词“喽”在句子功能上的分布特征就是选择陈述句、疑问句和祈使句句末而排斥感叹句，但“喽”对陈述句、疑问句和祈使句的选择也不是无条件的、自由的，而是有条件的，即只能进入到一定语义类型的陈述句、疑问句和祈使句的末尾而排斥其他语义类型，这样，可以通过下表清楚地勾勒出“喽”的句子功能分布图及其语义类型选择图：

表 8-7　句末助词“喽”的句子功能分布图与语义类型选择图

分布 句类	选择的语义类型				排斥的语义类型			
陈述句	推断义	判定义	通告义	宣告义	意外义	幸巧义	明显义	叮嘱义
疑问句	推知义是非问				特指问	正反问	选择问	反诘问
祈使句	预偏义		劝阻义		命令义	禁止义	请求义	关照义
感叹句					所有类型			

可以说，句末助词“喽”对句子功能及其语义类型的选择性和排斥性既反映了也决定了“喽”的语法意义，那么，“喽”的语法意义是什么呢？

四、句末助词“喽”的语法意义

（一）句末助词“喽”的语法意义及其语义地图

“喽”对句子功能及其语义类型的选择和排斥从正反两个方面反映了“喽”深层次的语义基础，其所选择的句子功能及其语义类型的共同性验证了不同语义类型的“喽”在语法意义上的共同性，而其排斥的句子功能和语义类型的共同性进一步反证了不同语义类型的“喽”在语法意义上的一致性。根据“喽”的分布规律，并结合康德（Kant，1790/1952：15—16）的认知、情感、意志的人类心理活动分类系统，可以得出，“喽”的语法意义整体上倾向于选择“认知”而排斥“情感”和“意志”，在“认知”中则选择“已知”而非“未知”，而在“已知”中则表达“传我所知”的“传知性”语法意义。这样，就可以勾勒出句末助词“喽”的语义地图（semantic map）。

表 8–8 句末助词“喽”的语义地图

<table>
<tr><th>心理活动</th><th colspan="2">句子功能及其语义类型</th><th>“喽”选择排斥</th><th colspan="2">认知状态</th><th>“喽”语法意义</th></tr>
<tr><td rowspan="5">认知</td><td>陈述句</td><td>推断义 / 判定义 / 通告义 / 宣告义</td><td>●</td><td>告知</td><td rowspan="3">已知</td><td rowspan="3">传知性</td></tr>
<tr><td>疑问句</td><td>推知义是非问</td><td>●</td><td>推知</td></tr>
<tr><td>祈使句</td><td>预偏义 / 劝阻义</td><td>●</td><td>预知</td></tr>
<tr><td>陈述句</td><td>意外义 / 幸巧义 / 明显义 / 叮嘱义</td><td>○</td><td>无知</td><td rowspan="2">未知</td><td rowspan="2"></td></tr>
<tr><td>疑问句</td><td>特指问 / 正反问 / 选择问</td><td>○</td><td>求知</td></tr>
<tr><td>意志</td><td>祈使句</td><td>命令义 / 禁止义 / 请求义 / 关照义</td><td>○</td><td colspan="2" rowspan="3">非知</td><td rowspan="3"></td></tr>
<tr><td rowspan="2">情感</td><td>疑问句</td><td>态度性反诘问</td><td>○</td></tr>
<tr><td>感叹句</td><td>所有类型</td><td>○</td></tr>
</table>

（二）基于小句宾语和复句关系的“喽”传知功能证明

“喽”的语义地图不仅清晰地描绘了“喽”的句子功能分布及其语义类型选择与人类心理活动及其认知状态之间的关联性，而且也使“喽”的“传知性”语法意义得到了来自正反两方面的对比性验证和反证，从而具备了基于认知的语义基础。其实，“喽”的传知功能不仅可以通过“喽”对句子功能及其语义类型的选择性和排斥性归纳出来，而且也可以通过“喽”字句在宾语位置和复句关系中的分布得到验证。

首先，当“喽”字句作嵌套小句宾语时，主句的谓语动词一般都是传知义言语动词，如（30）：

（30）a. 我告诉你，东东再这样，我要发脾气喽。

b. 邓小平听了立即回答说：“现在这个位置颠倒过来喽！”

c. 他对自己说：“好喽！只要发给大家粮食，不管什么时候，就不至于挨饿喽！”

d. 我认为那家伙的本领还是相当大的喽。

从调查来看，常见的主句传知动词有：说、喊、叫、嚎叫、告诉、回答、答应、同意、相信、叫卖、吆喝、叮咛、欢呼、认为等，“喽”字句作为这些传知动词的宾语起到了承载传知信息的功能。当主句谓语为怀疑、打听、盘问、了解、讨论、争论、研究、调查等传疑动词时，其小句宾语都不能是“喽”字句，如（31）；而当动词为保证、决定、建议、发觉、说明、表明、显示等传意动词时（王华，2010：19—23；2011：62），其小句宾语也不能是“喽”字句，如（32）。

（31）a. 警方怀疑此人是塔利班组织成员。——* 警方怀疑此人是塔利班组织成员喽。
b. 大会讨论中国经济是否过热。——* 大会讨论中国经济是否过热喽。
c. 我向他打听当地有什么小吃。——* 我向他打听当地有什么小吃喽。
d. 法院调查他是否违反法律。——* 法院调查他是否违反法律喽。

（32）a. 我保证你不会后悔。——* 我保证你不会后悔喽。
b. 上级决定他当所长。——* 上级决定他当所长喽。
c. 我建议你穿长裤。——* 我建议你穿长裤喽。
d. 大家发现他有些神情恍惚。——* 大家发现他有些神情恍惚喽。

这从嵌套小句的层面说明，“喽”字句做宾语小句时，其主句动词也应该是传知性言语动词，当然，并不是说传知性言语动词必定带“喽”字句，而却是“有之不必然、无之必不然”（墨子《经说上》第四十二）的必要条件，由此，主句动词的传知性也可以验证“喽”字句宾语小句的传知信息性质。

其次，根据语料库的调查和胡明扬（1981：418）的启发①，可以发现：“喽”字句主要分布于因果复句和条件复句中，在因果复句中只能作推断义结果句，如（33）；而在条件复句中主要作推断义结果句，如（34），也可以作虚拟义前提句，如（35）：

（33）a. 因为小正的教育由你负责，所以我只好尊重你的意见喽！
b. 既然二位如此举荐，这位李小姐我是无论如何要见一见喽！
c. 我现在没事做，就先做黑社会喽。

① 胡明扬（1981：418）最早提到了“合成语气助词‘呗’‘咧’‘喽’不出现在分句末”的问题，这一点启发我们考察“喽”字句在复句关系上的选择性。

d. 不好玩，所以还给你喽。

（34）a. 只要发给大家粮食，不管什么粮食，就不至于挨饿喽！

b. 要是我来这儿不方便，我回去就是喽。

c. 您二位要肯帮忙，我可就有了主心骨儿喽！

d. 什么时候沂蒙山的石头能变成钱，沂蒙人的日子就好过喽！

（35）a. 真要下的太厚喽，也不好走回去。

b. 真要决裂喽，我们一起夺枪往外冲。

c. 只要打响喽，我们没法冲出去。

d. 什么时候清闲喽，到我家住几天。

从语义功能上看，（33）和（34）的"喽"字句可以在因果和条件中作推断义结果句都是基于某种原因或某个条件而推而告知某种结果，这本质上与推断义"喽"字陈述句是一脉相承的。而在条件关系中，"喽"字句还可以作虚拟义前提句，所谓的"虚拟义前提句"其实就是把某个前提虚拟为"已然条件"，而"已然条件"都含有一定的结果义，如（35）中的"太厚、决裂、打响、清闲"等，说话者把虚拟的"已然结果"作为前提条件告知对方，这一点与预偏义祈使句的"预知"是一致的。

可以说，从"喽"字句的广义分布角度看，无论是小句宾语还是复句关系，"传知"功能是"喽"的语义地图中根本的语法意义。就单句来说，"喽"会根据"传知"语义来选择或排斥一定的句子功能及其语义类型；就嵌套小句来说，"喽"也会根据"传知"功能来选择主句的谓语动词语义类型；就复句关系来说，"喽"还会根据"传知"关系来选择因果和条件复句。

五、句末助词"喽"的意向、态度和情感

言语行为作为一种有意识的交流活动，其言语形式一般可以反映说话者的四项内容：实项内容、意向内容、态度内容和情感内容（胡塞尔，1900/1998：434）。我们通过对"喽"句子功能分布的描写、分析和验证，已经揭示出"喽"的实项内容就是"传我所知"功能，因为"只有通过这种描述的分析才能知道行为的实项内容"（胡塞尔，1900/1998：435）。而意向内容反映着说话者借助"喽"字句对听话者心理和行为的指向性和目的性，换句话说，就是说话者运用"喽"字句期待听话者做出什么样的变化和反应。态度内容是说话者在传我所知中的话语基调，而情感内容则指说话者运用

“喽”字句传递信息时因利弊关系、喜好差异而透露出的情感倾向。

（一）“喽”的意向类型

前人已经注意到了“喽”的意向内容问题，早在1926年，赵元任（1926：904）就提出：“喽”字句的“特点在有一点警告的口气，但又没有用‘阿’字那么正经，所以叫它‘戏警’”，其中“警告”是意向内容，而“正经”程度则属情态内容。后来，赵元任（1968/1980丁译本：400）又提出“比较侧重要引起别人的注意”。1982年，朱德熙（1982：212）提出“提醒的语气”。从“警告”到“引人注意”再到“提醒”，这对我们解读“喽”字句的意向内容颇有启发。

由于前人的研究主要基于个人语感，还存在着几点不足：一是缺乏区别性，“引人注意”与“提醒”在内涵上很难区分[①]，从意向内容的主动性来看，“提醒”更适合描述“喽”的意向；二是缺乏全面性，因没有全面调查“喽”字句的句子功能分布，无法概括出所有的“喽”字句意向类型；三是缺乏操作性，没有点明如何判定一个“喽”字句的意向类型，更无法根据“喽”字句的句子功能类型来操作意向类型的判定。

根据语料库的调查，并结合“喽”字句的句子功能分布，可以发现：说话者运用“喽”字句“传我所知”的同时，在不同句子功能的“喽”字句中赋予听话者不同的“意向内容”，即意向类型。“喽”字陈述句主要是提醒听话者注意说话者所告知的信息，如（36a/b）；“喽”字疑问句则是向听话者求证说话者所推知信息的真假性和确切度，如（36c/d）[②]；而“喽”字祈使句则是警告听话者执行说话者所预知的行为，如（36e/f）[③]。从陈述、

---

① “引人注意”存在着有意与无意之别，而“提醒”却一定是有意的，因此更符合“喽”字句的主动性“意向”特征。

② （36c/d）凸显了说话者向听话者求证所推知的信息。如果去掉“喽”，则凸显了说话者对听话者观点的质疑，即使带着推知标记词，没有“喽”的疑问句还是表达质疑或怀疑，如：这么说，你是老师？而推知标记词与“喽”的高同现率说明推知标记词与句末助词“喽”在“推知义”上是语义一致的，即使去掉推知标记词，“喽”字疑问句仍能表达基于推知的求证性而非基于判定的质疑性。

③ （36e/f）凸显了说话者向听话者警示所预知的行为。如果去掉“喽”，要么意向类型不同，要么意向强度不同，甚至情感态度也有差异。如：a. 放平了！ b. 放平啦！ c. 放平！ d. 放平喽！首先，在意向类型上，a/b属于告知性的陈述句，而c/d则属于警示性的祈使句。而在意向强度上，c表达了命令性的，而d则表达了警告性的，在警示强度上，c高于d。在情感态度上，b的惊奇态与d的轻松态也形成明显差异。

疑问到祈使，其意向强度从提醒、求证到警告依次递增。

（36）a. 看样子他们要你坐牢喽。

b. 上课喽！

c. 这么说起来，爱因斯坦本来是对的喽？

d. 那么，你是肯定他有罪的喽？

e. 放平喽！

f. 别说冒喽！

综合起来，可以大致勾勒出“喽”的意向内容，下表所示：

表 8-9　句末助词“喽”的语义、功能、认知与意向关联表

“喽”的语法意义	句子功能	认知状态	意向类型	
传我所知的传知功能	陈述句	告知	我告你知	提醒
	疑问句	推知	我推你证	求证
	祈使句	预知	我劝你动	警告

（二）“喽”的态度取向

赵元任（1926：904）认为“喽”没有“阿”那么正经，后来，吕叔湘（1944/1982：268—269）用“带有轻松，不郑重，也可以说游戏的口吻”来诠释“喽”中所隐含的“啊”的变体“哟”或“呦”，而朱德熙（1982：211）点明了组成“喽”的“呕”表示“说话的人的态度”。可以说，说话者用“喽”字句向听话者传知表意时表现出一定程度的轻松态度，不仅提高了幽默感而降低了严肃性，而且也淡化“喽”字句传知功能的郑重程度和意向表达的强烈程度。所以，赵元任（1926：904）把这种游戏性的警告称为“戏警”很有道理。

由于受陈述、疑问、祈使三类句子功能的影响，“喽”的态度轻松度会随着其提醒、求证和警告三类意向强度的增加而降低，或者说，“喽”的态度轻松度和意向强度成反比关系，但无论如何，整体上“喽”字句或多或少地都是以态度的轻松度为底蕴和基调的。但要证明“喽”的态度轻松度，办法有两个。

一是典型案例法，分析权位高者，特别是严肃语境中权位高者的“喽”字句态度效果，如（37）：

（37）a. 毛主席叹口气说：“帝国主义气息奄奄喽。”我们女团员们都为毛主席的幽默笑了。

b.（刘少奇、贺龙、李井泉）彼此沉默，心情沉重。还是刘少奇打破了沉默。他说：“这么说，咱们大家事先都不知道喽！”

在权位关系中，毛泽东和刘少奇都属于权位高者。在37a中，毛泽东用蕴含幽默心态的“喽”字句化解了由自己的权位高而导致的民众拘谨；在37b中，刘少奇则用蕴含轻松态度的“喽”字句打破了沉重语境中的紧张气氛。可以说，“喽”字句的轻松心态可以拉近对话者之间的心理距离，消除紧张气氛。

二是对比分析法，就是对比分析同一场合中“喽”字句与“了”字句的态度差异，如（38）：

（38）a. 邓小平参观京都旧皇宫御所时，东道主对他说：“这里的文化，全是我们的祖先向中国学来，而后又以独特的方式培育起来的。”邓小平马上答道：“现在，这个位置颠倒过来喽。”（《邓小平时代》）

b. 二条城事务所所长高桥告诉邓小平说：“这里的一切文化，全是我们的祖先向中国学来，而后又以独自的方式培育起来的。说起来，中国是我们的先生。”邓小平听了立即回答说：“现在，这个位置颠倒过来了！”一句话说得大家笑了起来。（《红墙里的领袖们——邓小平实录》）

同样描述邓小平1978年对日本的国事访问，38a用“喽”字句凸显了邓小平在外交场合幽默轻松的态度，而38b用“了”字句，因无法表现邓小平的态度倾向，必须借助“一句话说得大家笑了起来”来弥补“喽”所营造的轻松氛围。通过对比，可以发现“喽”所蕴含的轻松态度。

（三）“喽”的情感倾向

尽管“喽”不能通过感叹句的形式单纯地表达情感，但其在发挥传知功能时确实“兼带感叹”（黎锦熙，1924/1992：230；赵元任，1968/1980丁译本：400；侯学超，1998：403）或“带有感情色彩”（吕叔湘，1944/1982：267；朱德熙，1982：211；孙锡信，1999：179—180），那么，究竟“喽”能表达哪些感情色彩呢？

根据调查，“喽”所蕴含的情感并不像其轻松心态那样具有普遍性，而是在基调性的轻松心态与某些利害攸关的传知信息博弈权衡中，通过“喽”字陈述句，表现出鲜明的倾向性。当传知信息对说话者和他人都无害的时候，“喽”往往透露出一种兴奋欣喜之情，如（39）：

（39）a. 开学喽！

b. 拿到喽！

c. 爸爸请客喽！

d. 这回可就剩了咱俩喽！

该类句子前后常常伴随着以“笑”为主的行为，如：笑呵呵、大笑不止、开心地笑着、哈哈的笑起来、嘻嘻地笑着说、唱歌、高兴、欢呼、欢呼了起来等积极性词语。当传知信息对所有人都不利或与说话者无关而对他人不利时，“喽”则显示出一种幸灾乐祸之情，如（40）：

（40）a. 地震喽！地震喽！

b. 他惹了祸喽！

c. 他要坐牢喽！

d. 你麻烦喽！

当传知信息对说话者不利时，则“喽”表现出一种无可奈何之情，如（41）：

（41）a. 唉，老喽！不中用喽！

b. 全坏喽！全坏喽！

c. 哼，老四正闹脾气，不管咱们的臭事儿喽！

d. 孟小樵，我不行喽！

总的说来，在“喽”字陈述句中，因所传信息与说话者及其他人的利害关系，会基于轻松心态而表现出三种情感倾向。如下表所示：

表 8-10 “喽”字陈述句的主观态度和命题信息对倾向倾向的制约

“喽”字句功能	“喽”的态度	利害关系	说话者的情感倾向
陈述句	轻松心态	对说话者和他人有利	兴奋欣喜
		对所有人或他人不利	幸灾乐祸
		对说话者不利	无可奈何

六、结语

句末助词“喽”的语法意义就是传我所知的传知功能，它不仅决定了“喽”与不同句子功能及其语义类型之间的选择或排斥关系，而且也是“喽”之所以能成为独立的句末助词的语义基础。可以说，要揭示句末助词的语法意义，就必须弄清句末助词的分布规律，而与其他词类不同，句末助词所组合和选择的对象不是实词而是句子，因此，基于语义语法理论和方法的句末助词研究，从分布规律到形式验证，从语法意义提取到意向、态度和情感的分类、验证和解释，充分印证了语义语法的理论解释能力和方法解决能力。

第九章　句末助词“哟”的分布规律与语义地图

在现代汉语口语中，“哟”是使用频次较高的句末助词，如何准确定位其分布规律，并据此提取验证其心态、态度和功能，是语法研究的难点。我们以语义语法的理论和方法为指导，借鉴语义地图的研究思路，细致描写并严格验证句末助词“哟”的句子功能分布规律，提取并勾勒出包含轻松心态、亲和态度、已有语义和提醒功能的“哟”语法意义及其语义地图。首先，综述前人对“哟”的形成原因与语法意义的研究，并指明：语法意义的独立性及其所制约的语法形式的规律性是句末助词“哟”的字形规范及其语音稳固的语法基础。其次，通过全面描写并验证句末助词“哟”与陈述句、祈使句、感叹句和疑问句及其语义类型的选择或排斥关系，揭示“哟”的分布规律；第三，把句末助词“哟”的语法意义概括为说话者基于轻松心态、以亲和的人际态度把已有的事物、行为和情感等语义信息提供给听话者以唤醒其注意，据此勾勒出“哟”的语义地图，并通过同现词语、复句分布和语用焦点来验证轻松心态及其提醒功能。

一、引言

根据语义语法理论，“形式和意义是双向的”（邵敬敏，2004：102），却不是平等的，而是“语法意义决定语法形式，语法形式制约语法意义”（赵春利，2014：7），意义与形式之间的决定与制约关系同样适用于句末助词。不过，值得注意的是，作为虚词，句末助词的语法意义并不像实词的语法意义那样是指称性、概念性的，而是关联性、功能性的，隐含着一定的心态、态度、语义、功能等主客观因素；而句末助词的语法形式也不像实词的语法形式那样存在于词语的组合关系或句子的句法功能中，而是存在于句末助词与某语义类型的语气副词能否同现中，或存在于句末助词与句子功能类型、复句关系类型的选择或排斥关系中。可以说，一个句末助词的语法意义决定了该句末助词在语法形式上能与哪些语义类型的语气副词同现，也决定了其能选择哪些句子功能类型或复句类型，反过来说，一个句末助词与一定类型语气副词的同现关系及其与一定类型的句子功能或复句的选择关系制约并反映着该句末助词的语法意义，从分布规律上为提取并验证句末助词的语法意义奠定了形式基础。

本章试图以语义语法为理论基础，以北京大学中国语言学研究中心的网络版 CCL 语料库为主要语料来源，根据前人的相关研究成果，着力探讨句末助词“哟”的分布规律及其语法意义。首先，综述前人对“哟”的语音成因分析及其语法意义的认识，并指出存在的问题。其次，全面细致地描写并正反验证句末助词“哟”与不同句子功能类型之间的选择关系，从而大致了解“哟”的分布规律，提取出“哟”的心态、态度、语义及其功能。第三，根据分布规律，构建包含心态、态度、语义和话语的“哟”语义地图，并从不同角度证明“哟”的心态与功能。

二、前人有关句末助词“哟”的研究

（一）句末助词“哟”成因的语音分析

前人主要从语音角度解释句末助词“哟”的成因，大致可以分成两种观点：声韵直合说和先变后合说。

首先是声韵直合说。声韵直合说是指“哟”是由前一音节的声母与元音句末助词连读直接合成的。黎锦熙（1924/1992：251）主张合成“哟”的元音句末助词是“啊”，他提出“助惊叹语气的助词，只有一个‘啊！’；其余各字，都是随上词而转声的”，如“哟、呀、啦、哇”等；而胡明扬（1981：348—349）则主张合成“哟”的元音句末助词是“呕”，他认为“元音语气助词往往和前一音节连读，……元音语气助词连读变音后，有的有公认的汉字形式，如‘呀’‘哇’‘哟’”，而“哟”就是前一音节的“-i、-y”与“呕 ou”连读后合成的“iou”的汉字形式。

其次是先变后合说。先变后合说是指“哟”是由前一音节的声母与发生变型的元音句末助词连读而成的。吕叔湘（1944/1982：259）认为：“a

音略略收敛就成为 o 或 ou，功用和 a（几种用法，不是全部）相同。因为在声音和功能两方面都只是 a 的变型。……因上字收阴而有 io（u）……等变化，io 写成‘哟’，iou 写成‘呦’。”而孙锡信（1999：179）虽没有具体讨论“哟”，但他认为“呦”是由发生音变的“呀”“加上‘ou’音，拼读出 iou”而成的。

其实，无论“哟”是声韵直合而成的还是先变后合而成的，正如胡明扬（1981：348）根据“总理啊总理”还是“总理呀总理”的调查所得出的结论：“连读音变问题并不是一个简简单单的语音问题”，而是有一定的语义功能的推动，特别是那些得到公认且有固定的汉字形式的句末助词，如“哟、呀、哇”等，其文字形式不但使语音形式得到固定，而且也逐渐使语法意义及其语法形式逐渐凝聚而明晰化。反过来说可能更准确，即“哟”等句末助词的语法意义的独立性及其语法形式分布的规律性是字形规范和语音固定的基础。因此，揭示一个句末助词的语法意义及其语法形式就能为该句末助词的独立存在和规范使用奠定语法基础。

那么，句末助词“哟”能表达什么样的语法意义呢？

（二）句末助词“哟”的语法意义研究

前人对句末助词“哟”语法意义的解释莫衷一是，所用概念纠缠混杂，经过梳理和分类，按照核心思想和时间先后大致可以分成四种观点：惊讶咏叹说、轻松俏皮说、亲近提醒说、祈使劝听说。不同观点的代表人物或著作可通过下表清晰地看出来：

表 9–1　前人关于句末助词“哟”语法意义的四种观点

四种观点	主要代表人物或著作
惊讶咏叹说	黎锦熙（1924/1992：251、247）;《虚词例释》（1982：498）
轻松俏皮说	吕叔湘（1944/1982：268—269）;《现代汉语》（1993/2004：383—384）
亲近提醒说	胡明扬（1981：418）；胡明扬（1987：93）；杜道流（2003：91）
祈使劝听说	《现代汉语词典》（1983：1390）；胡明扬（1987：93）；侯学超（1998：677）；王启龙（2004：260）

前人的观点对探讨“哟”的语法意义很有启发性，但也存在着三点不足。其一，缺乏描写性。前人对“句末助词能出现在什么句子功能句末或

不能出现在什么句子功能句末”这一分布规律缺乏宏观的调查和描写，从而缺乏立论的基础数据。其二，缺乏验证性。前人既没有对句末助词的分布规律进行正反验证，也没有对句末助词的语法意义进行对比验证。可以说，缺乏验证的意识、思路和方法。其三，缺乏系统性。前人主要根据传统语法惯用的个人语感依句释义或随文诠释，得出的结论往往比较零散，有些观点注重句末助词的某个功能，有的强调说话者的内心状态，有的则偏重说话者的人际态度，没有把这几个方面综合起来给出系统的解释。

本章就试图借助于语料库的调查，在描写分布规律并验证语法意义的基础上，综合知情意等各个方面给出系统的解释。

三、句末助词“哟”的分布规律

就句末助词而言，所谓的分布规律就是句末助词与陈述句、疑问句、祈使句、感叹句四类句子功能或其小类之间的选择与排斥关系，因此，句末助词的分布规律描写可以分成两步：第一，选择或排斥哪种句子功能类型？第二，选择或排斥哪种句子功能类型的小类？这是提取句末助词语法意义的前提和基础。那么，句末助词“哟”与四种句子功能类型及其小类间的选择或排斥关系如何呢？

（一）句末助词“哟”与陈述句的选择和排斥关系

根据CCL语料库的调查，句末助词“哟”可以选择陈述句，但并不是任何一个陈述句末尾都可以加上“哟”，而是选择一定类型的陈述句。那么，句末助词“哟”主要位于什么样的陈述句末尾呢？“哟”字陈述句表达的是说话者基于亲密化的人际态度把自己已经获知的事物信息提供给需要知道的听话者。因此，从说话者角度看，就是“已知义”，而就听话者来说，就是“需知义”，“需知”与否的判定标准主要取决于说话者的主观认知，如果说话者主观上认为听话者需要知道有关事物的信息，就会以亲密的态度一厢情愿地使用“哟”字陈述句。根据“哟”字陈述句所陈述有关事物信息，可以分成三类：评判类、能愿类和事态类。

首先是评判类。评判类需知义陈述句主要表达了说话者认为需要向听话者提供的有关事物的评价信息（1）和判断信息（2），如下：

（1）a. 哥们儿，要不要碟片？看了很过瘾的哟。
b. 这烹调重要性可大哟！
c. 工资奖金都没着落喽，我这个厂长不好当哟。
d. 这次你们家装修，我姐夫比在自家干活还卖力哟！
（2）a. 你可别忘了。我可是你的老板哟。
b. 女人底殷勤，就是使男子变坏的砒石哟！
c. 生活在自己的世界里，不知其它生活方式为何物者，可不是聪明人生存之道哟！
d. 这并不是恨与爱的问题哟。

评价信息无论是肯定的（1a/b）还是否定的（1c/d），主要是形容词作谓语，谓语前极少出现语气副词，表达了说话者对事物属性的评价信息；而判断信息也包括肯定（2a/b）和否定（2c/d），属于“哟”字句的核心类型，“是”是判断类的主要动词，“是”前经常出现表示态度诚恳且确信的“可、就、真、才、准、总、都、确实、实在、简直、并不、绝不”等语气副词（杨惠芬，1993：174），特别是“可”在判断类“哟”字句中高频出现，并与部分确定义语气副词组合，如“可是、可就是、可真是、可实在是、可不是”等，降低了因确定义语气副词的直率、突兀而引发的语气强度，使整个判断类“哟”字句的语气更加委婉、轻微（罗晓英、邵敬敏，2006：103），那么，“可”的这一软化功能与句末助词“哟”的心态内涵也是息息相关的。

其次是能愿类。能愿类需知义陈述句主要表达了说话者认为需要向听话者提供的能力信息（3）和意愿信息（4），如下：

（3）a. 司令官是跟我开玩笑，我可经受不起哟！
b. 说说而已吧，我们可盖不起哟！
c. 哟，功臣回来啦？我们家庙小，装不下你哟！
d. 我放心不下哟！
（4）a. 小伙子要学小罗成哟！
b. 武汉大学可是一所名校哦！我们当学生时，就很想报考哟！
c. 我这个人，在饭桌上可从不愿意吃亏的哟！
d. 我可不想失信于长老哟。

能力信息基本上都是可能补语的否定形式（3），表达的是说话者的一种无能为力，常见的还有：当不起、讲不出、舍不得、改不成、淋不透、丢不起、养不活、动弹不了等；而意愿信息则指说话者的意图和愿望，主要通过能愿动词或心理动词“要、想、想念、忌妒、同情、满意、期盼”的肯定或否定形式。

第三是事态类。事态类需知义陈述句则表达了说话者认为需要告知听话者的事件信息（5）和状态信息（6），如下：

（5）a. 爸爸，跟我回家吧，妈妈做了好多好吃的等你哟。

b. 我给你带回来了特别棒的礼物哟！

c. 你们帮了政府的忙，首都人民的菜篮子里也有你们的功劳哟！

d. 陕北有数不清的米粮川哟！

（6）a. 茶快冷了哟！

b. 身上披着军大衣哟！

c. 好多同学围着我批我哟！

d. 疾病在折磨人哟！

无论是事件还是状态，都是说话者认为听话者需要了解、知道或注意的信息，从统计学角度看，事态类在“哟”字陈述句中占比并不多。

听话者的“需知义”与说话者的“已知义”本质上是一个硬币的两面。一旦陈述句出现与说话者的“已知义”相矛盾的语义成分，就取消了向听话者提供信息的可能性；而一旦陈述句出现与听话者的“需知义”相矛盾的语义成分，就取消了向听话者提供信息的必要性；那么，该陈述句都不能在句尾加“哟”。

其次，哪些语义成分会取消向听话者提供信息的可能性呢？如果有关事物的信息无法预先知道、准确知道，或者还存在着争辩，那么，说话者就无法把这些非知、或知、辩知的事物信息提供给听话者，说话者对事物信息的未知性恰恰与“哟”字陈述句所要求的说话者的“已知义”相矛盾，因此，“哟”无法进入到该类陈述句句尾。而事物信息的非知（7a/b）、或知（7c/d）、辩知（7e/f）也是由相关的语气副词来表达，如下：

（7）a. 他们竟然全错了。 ——* 他们竟然全错了哟。

b. 我恰巧遇见了和尚。 ——* 我恰巧遇见了和尚哟。

c. 想必大家不会忘记。 ——* 想必大家不会忘记哟。

d. 他大概是一个英国人。 ——* 他大概是一个英国人哟。

e. 本来就没有人知道！ ——* 本来就没有人知道哟！

f. 他压根儿就没有钱。 ——* 他压根儿就没有钱哟。

表示非知的语气副词有：竟然、居然、果然、果真、偏偏、反倒、幸亏、幸好、多亏、恰巧、恰恰、恰好、正巧、刚巧、碰巧等；表示或知的语气副词有：大概、想必、也许、或许、兴许、不定、不会等；表示辩知的语气副词有：本来、根本、压根儿、毕竟、反正、好歹等。一旦陈述句包含这三类语气副词，就表明说话者无法确知有关事物的信息，说话者的“未知性”取消了向听话者提供信息的可能性，从而，取消了句末助词“哟”进入陈述句句尾的语义条件。

其次，哪些语义成分会取消向听话者提供信息的必要性呢？如果说话者认为有关事物的信息是容易知道、必然知道、常常知道的，说话者就会认为听话者已经知道了这些事物信息，那么，说话者就认为没有必要向听话者提供相关信息，这时，陈述句句末就不能加句末助词“哟”。而事物信息的易知（8a/b）、必知（8c/d）、常知（8e/f）主要由相关的语气副词来表达，如：

（8）a. 这明明是猪食嘛！——*这明明是猪食哟！

b. 你这明摆着是说我呀。——*你这明摆着是说我哟。

c. 资本主义社会必然存在着失业。——*资本主义社会必然存在着失业哟。

d. 重力势必把物质引向中心。——*重力势必把物质引向中心哟。

e. 我们当然知道这意味着什么啦！——*我们当然知道这意味着什么哟！

f. 杀人就应该偿命。——*杀人就应该偿命哟。

表示易知的语气副词主要有：明明、分明、明摆着、明显、显然等；表示必知的语气副词主要有：必然、必定、必得、势必、定然等；而表示常知的语气副词主要有：应该、应当、当然、理当、本该等。这些语气副词一旦进入到陈述句中，就表明说话者认为听话者应该知道了陈述句所述的命题信息，说话者就认为没有再向听话者提供相关信息，听话者的“应知”就取消了听话者“需知”的必要性，也就取消了句末助词“哟”进入陈述句句尾的语义条件。

通过正反验证，可以说，“哟”字陈述句就是说话者基于亲密态度把自己已知并认为听话者需知的事物信息提供给听话者，以便引起听话者的注意，这就是“哟”字陈述句的功能：提醒。说话者的已知是前提，而听话者的需知则是说话者的意向，一旦陈述句中出现与已知相左的语义成分，就取消了提供信息的可能性；而一旦出现与需知相左的语义成分，就取消了提供信息的必要性。由此，下表可以清晰地看出“哟”字陈述句的态度、功能、语义及其事物信息与反“哟”陈述句的不同，如：

表 9–2　句末助词“哟”与陈述句的选择排斥关系

<table>
<tr><td colspan="4">“哟”选择的陈述句</td><td colspan="2">“哟”排斥的陈述句</td></tr>
<tr><td rowspan="2">态度</td><td rowspan="2">功能</td><td>说话者</td><td>听话者</td><td>说话者</td><td>听话者</td></tr>
<tr><td>已知义</td><td>需知义</td><td>未知义</td><td>应知义</td></tr>
<tr><td rowspan="3">亲密</td><td rowspan="3">提醒</td><td colspan="2">评判类</td><td>非知</td><td>易知</td></tr>
<tr><td colspan="2">能愿类</td><td>或知</td><td>必知</td></tr>
<tr><td colspan="2">事态类</td><td>辩知</td><td>常知</td></tr>
</table>

（二）句末助词“哟”与祈使句的选择和排斥关系

齐沪扬、朱敏（2005：65、68、67）曾讨论过包括“哟”在内的句末助词与祈使句的选择关系，他们认为“哟”可以位于零主语肯定式、零主语否定式、主语强调式三类祈使句的句尾，强调“哟”的“增强命题强度，兼表舒缓语气”的功能，但没有分析和验证“哟”字祈使句的语义问题。根据 CCL 语料库的调查，句末助词“哟”所选择的祈使句语义类型相对来说较为清晰简洁，“哟”字祈使句主要表达的是说话者基于亲切化的态度用来叮嘱或召唤听话者注意需行、慎行或可行的某种行为信息。因此，从说话者角度来说，“哟”字祈使句可以分成两个语义类型：叮嘱义和呼唤义；而从听话者角度来说，叮嘱义“哟”字祈使句可分为需行义和慎行义，其中需行义“哟”字祈使句一般采用肯定形式（9），而慎行义“哟”字祈使句则采用否定形式（10），而呼唤义“哟”字祈使句主要用来求助听话者做出一定行为的，所以就听话者来说可称之为求行义，一般采用肯定形式（11），如下：

（9）a. 大家一定要记住我哟。

b. 你们可要团结一致，共同对敌哟。

c. 我那劲松花园，你可得注意质量哟，这可不是闹着玩的。

d. 小心中计哟！

（10）a. 千万不要让你的偶像成为“呕吐的对象”哟。

b. 不过，你们可不要真使劲打哟！

c. 你可千万别忽略了照顾好身体哟！

d. 你不能耍小孩子脾气哟！

（11）a. 不时听到生意人的叫卖声：“又甜又爽的葡萄，快来买哟。”

b. 可爱的雨果先生，过来，过来瞧瞧哟！

c. “吃粉蒸肥肠哟，开饭了！”三姑今天高兴，扯着嗓子喊。

d. 哎哟！救命哟！

在叮嘱义“哟”字祈使句中，标记需行义的词语以“要、得”为核心，常见的有：要、可要、一定要、可一定要、得、可得、就得等；标记慎行义的词语则以“不要、别”为核心，常见的有：不要、可不要、千万不要、别、可别、千万别、可千万别、不能、不可、莫等。而呼唤义“哟”字祈使句主要表示说话者召唤催促听话者由远及近地实施某种行为，因此，标记催行义的词语主要以“来”为核心。无论是叮嘱义还是呼唤义，说话者都是以引起听话者关注并需要做出反应为意向的，因此，“哟”字祈使句具有明显的“提醒”功能。

但是，并非所有的祈使句都能以“哟”为句末助词。一旦祈使句出现与叮嘱义和呼唤义相矛盾的语义成分，那么该祈使句就不能在句尾加上句末助词“哟”。根据调查，从说话者角度来说，主要有两类：命令义和商讨义；命令义“哟”字祈使句从听话者角度来看包括肯定形式的必行义（12）和否定形式的限行义（13），而说话者的商讨义就是听话者的可行义（14）。如下：

（12）a. 你给我放老实点儿，听见了没有！——*你给我放老实点儿哟，听见了没有！

b. 滚！快滚！——*滚哟！快滚哟！

c. 放下武器，举起手来！——*放下武器哟！举起手来哟！

d. 起立！——*起立哟！

（13）a. 不必细问！——*不必细问哟！

b. 不要你管！——*不要你管哟！

c. 别跟我来这一套！——*别跟我来这一套哟！

d. 你们别傻了，还是赶快回去。——*你们别傻了哟，还是赶快回去。

（14）a. 那怎么行，你还是去吧。——*那怎么行，你还是去哟。

b. 咱们最好赶快下去！——*咱们最好赶快下去哟！

c. 让他们也去玩玩吧！——*让他们也去玩玩哟！

d. 长官，请这边坐。——*长官，请这边坐哟。

可以说，通过正反两个方面的对比，验证了“哟”对祈使句的选择和排斥。说话者在命令义祈使句中融入“对听话者的关心和关爱”，与之相反，叮嘱义的“哟”字祈使句恰恰表达了说话者是出于对听话者的关心爱护而提醒听话者应该需行和慎行的行为信息。而说话者在商讨义祈使句中在尊重听话者的基础上给予对方倾向性行为信息，而呼唤义“哟”字祈使句则表达了说话者通过呼唤引起听话者关注行为信息并求得其实施相关行为。可以说，“哟”字祈使句旨在关心或呼唤的亲切态度和提醒功能使“哟”无法置于命令义和商讨义的祈使句句末。句末助词“哟”对祈使句的选择和排斥可通过下表清晰地看出来：

表 9–3　句末助词“哟”与祈使句的选择排斥关系

“哟”选择的祈使句				“哟”排斥的祈使句	
态度	功能	说话者	听话者	说话者	听话者
亲切	提醒	叮嘱义	需行义	命令义	必行义
			慎行义		限行义
		呼唤义	求行义	商讨义	可行义

其实，在祈使句上，商讨义的“吧”就不能与叮嘱义的“哟”存在对立性，这可以通过典型的“哟”字祈使句标记词来证明，从而说明“哟”和“吧”都具有各自独特的语法意义，如（15）：

（15）a. 你可要明白哟！——*你可要明白吧！

b. 你可得预备好了哟。——*你可得预备好了吧。

c. 千万不要对别人说哟。——*千万不要对别人说吧。

d. 你可别忘了哟！——*你可别忘了吧！

（三）句末助词“哟”与感叹句的选择和排斥关系

朱晓亚（1994：125）是较早例举“哟”字感叹句的学者，而李广明（1994：73）则明确提出“某些语气词如‘啊’‘哟’……是感叹句的结构成分”；杜道流根据胡明扬（1981：418）的观点，通过对比和依句释义简单地分析了感叹句中“哟”的功能。一方面，他（2003：91）认为“‘哟’的主要作用是表示一种亲近或亲昵的口气”；另一方面，他（2003：90）也认为“‘何苦’后面用语气词‘哟’带有劝解的口吻”。这些观点对揭示“哟”在感叹句中的作用很有启发性，但没有揭示出“哟”与感叹句之间的选择与排斥关系，并验证“哟”在感叹句中的语法意义。

根据CCL语料库的调查，可以发现，句末助词“哟”可以选择大多数典型的感叹句。从说话者角度看，说话者通过“哟”字感叹句基于亲昵化的人际态度把已经感知或应该感知的外在事物情状及其所激活的内在情感夸张地描绘给听话者，所以，在语义上可以分为“已感义”和“应感义”两类，而在情感信息上包含外感类和内情类[①]；从听话者角度看，说话者把已感或应感的情感亲昵化而提供给听话者是为了唤醒听话者的共鸣[②]，以获取同感或博得同情（朱晓亚，1994：114），因此，在语义上可称为“共鸣义”，而在信息上则相应地称为同感类和同情类两类。先看“已感义”的外感类（16）和内情类（17），如下：

（16）a. 啊，西湖，多美的山水哟！

b. 上次先进没评上，这次又来个副校长偷树，真是斯文扫地哟！

c. 老头儿老太太这个骂哟！

d. 那是什么样的哭声哟！

---

① 吕明臣（1998：12—13）曾提出了自我指向、对方指向和内容指向三种感叹句的情感指向，其实，自我、对方和内容并非情感所指而是情感所因，因此，感叹句的情感类型应该从外感与内情两个层次分类更为合理。前者如：多么英俊啊！后者如：好伤心哟！

② 朱德熙（1982：24）认为“感叹句的作用是表达情感，但同时也报道信息”，而“报道信息”就已经蕴含着说话者对听话者的一定意向性。后来，朱晓亚（1994：126—127）把感叹句的功能界定为“自然发出惊喜或恐惧的感叹，同时提醒别人注意。……期望听话人受到影响，产生共鸣，甚至产生符合其期望的行为”（1994：114），即“抒发自己的感情；期待听话人协调自己的感情、做出相应的反应，这是感叹句的两个基本的语用功能”。这一说话者与听话者的视角对“哟”字感叹句的研究启发很大。本质上说，听话者视角就是说话者的意向表达视角，即说话者把情感信息提供给听话者时，希望听话者产生共鸣。

（17）a. 现在给闷在肚子里，多么难受哟！
b. 那些天我好怕哟！
c. 我心里那个焦急哟，就盼着你们叫我呢。
d. 我是何等地欢欣鼓舞哟！

再看“应感类”的外感类（18）和内情类（19），如下：

（18）a. 对一个诚实的男人来说，她将会是个多么贤惠的妻子哟！
b. 要是真能开所动物医院，那会多有意思哟！
c. 怪不得孙悦叫我坐下来谈，她会怎么想哟！
d. 如果我们能互相等待，而不糊里糊涂地结婚，我们会免去多少这样的悲剧哟！

（19）a. 要是没有个很好的书房，那会多遗憾哟。
b. 同志们，回去大伙看见我们，该多高兴哟！
c. 该有多么的无聊哟！那个心情不言而喻。
d. 此时此刻，他们的心情该有多么激动哟！

从使用频率来看，已感义“哟”字感叹句远远地多于应感义；从标记词来看，已感义“哟”字感叹句既有“多么、好、真、真是”等感叹副词，也有“什么、什么样、如何、何等、怎么、怎样、哪”等疑问词，但是应感义的标记词以能愿动词“该、会”、感叹副词“多、多么”、疑问词“多少、怎么”等为主；从功能上看，已感义和应感义两类“哟”字感叹句都是说话者通过把已感或应感的情感亲昵化来唤醒听话者的共鸣，正如朱晓亚（1994：126）所言：具有“提醒别人注意”的“唤醒”式提醒功能。

众所周知，感叹句是以表达情感为主的句子功能类型（吕叔湘，1944/1982：312；杨才英，2010：48），既然“哟”字感叹句表达的是说话者已经感知或应该感知的情感，因此，“哟”字感叹句所表达的情感就是通过“哟”亲昵化并唤醒共鸣的“已感义”或“应感义”情感。一旦感叹句所表达的情感难以亲昵化时，该感叹句句末就不能加句末助词“哟”，主要有两类：一类是说话者宣泄自己极其不满的情感，即“不满义”；一类是说话者因受意外刺激而发出惊呼感叹的“惊感义”情感。这两类情感有时纠缠难辨，但都是以惊醒听话者为意向。根据调查，以“太”为标记词的感叹句既可以表达“不满义”，也可以表达“惊感义”（高永奇，1999：107—108）。“不满义”可包括外感类（20a/b）和内情类（20c/d），“惊感义”也分为外感类（21a/b）和内情类（21c/d）。如：

（20）a. 菜太贵了！ ——* 菜太贵哟！

b. 太不要脸了！太无耻了！ ——* 太不要脸哟！太无耻哟！

c. 这位同学，你太激动啦！ ——* 这位同学，你太激动哟！

d. 你太让我失望啦！ ——* 你太让我失望哟！

（21）a. 她惊叫道："天哪，太漂亮啦！" ——* 她惊叫道："天哪，太漂亮哟！"

b. 这场面太壮观啦！ ——* 这场面太壮观哟！

c. 你这话太叫人伤心了！ ——* 你这话太叫人伤心哟！

d. 这片也太恐怖啦！ ——* 这片也太恐怖哟！

可以说，只有感叹句所表达的情感可以亲昵化才可以在其句末加上句末助词"哟"，"哟"所选择或排斥的感叹句语义类型可以通过下表看出来。

表 9–4 句末助词"哟"与感叹句的选择排斥关系

<table>
<tr><th colspan="4">"哟"选择的感叹句</th><th colspan="2">"哟"排斥的感叹句</th></tr>
<tr><td>态度</td><td>功能</td><td>说话者</td><td>听话者</td><td>说话者</td><td>听话者</td></tr>
<tr><td rowspan="4">亲昵</td><td rowspan="4">提醒</td><td>已感义</td><td rowspan="2">共鸣义</td><td>不满义</td><td rowspan="2">惊醒义</td></tr>
<tr><td>应感义</td><td>惊感义</td></tr>
<tr><td colspan="2">外感类</td><td colspan="2">外感类</td></tr>
<tr><td colspan="2">内情类</td><td colspan="2">内情类</td></tr>
</table>

（四）句末助词"哟"与疑问句的选择和排斥关系

根据语料库的调查，句末助词"哟"极少位于任何形式的疑问句句末，也就是说二者之间没有选择关系，而只有排斥关系。原因就在于："哟"字句本质上是以亲和的态度向对方提供事物、行为或情感信息，从而发挥提醒功能的句子，而疑问句的基本功能却是索取信息，二者在功能上是矛盾的。不过，部分"哟"字句在形式上与疑问句有关，但在功能上却具有陈述句、祈使句或感叹句的提供信息。

首先，正反问形式的"哟"字陈述句。

有些"哟"字句采用了正反问的形式，但不具有索取信息的疑问功能，而是提供信息的陈述句。从语义上看，都是说话者出于担心而需要听话者知道的提示信息，因此，从说话者角度说是“担心义”陈述句，而从听话者来说仍是“需知义”陈述句，因此“哟”字陈述句中应该加入这一类。如（22）：

（22）a. 北京人眼尖得很，你们演不演得好哟。

b. 你是不是疯了哟。

c. 你有没有搞错哟，我等你救我一把，你倒是怎么还要我救你？

d. 同事担心自己的钱借给她会不会有去无回哟。

其次，疑问词形式的“哟”字陈述句。

有些“哟”字句形式上包含疑问词，却表达了说话者对事物及其属性的已知信息，因此，属于已知义“哟”字陈述句，反问式如（23a/b），特指问式如（23c/d）：

（23）a. 一年到头打仗，哪里知道什么进行曲哟。

b. 那些居民连电话机都没见过，哪里有什么电话号码哟。

c. 有什么用哟！你已经老了。

d. 哦，上帝，人跟野兽一样，哪儿有活路哟！

第三，疑问词形式的“哟”字祈使句。

有些“哟”字句包含疑问词，但表达了说话者提供给听话者的行为信息，可归入叮嘱义“哟”字祈使句，如（24）：

（24）a. 他咬住牙，定定神，又说：“你发什么急哟！”

b. 写我做什么哟！

c. 走啥子哟，跟着他们干！

d. 连草都不长一棵的地方，还当什么兵哟！

总的说来，句末助词“哟”在句子功能上排斥索取信息的疑问句，而选择提供信息的陈述句、祈使句和感叹句，这是功能限制；但在选择提供信息的句子时也绝非自由的、任意的，而是受到一定的语义限制。

四、句末助词“哟”的语法意义

（一）句末助词的语义地图

在人际态度上，可以把“哟”在陈述句的亲密、祈使句的亲切和感叹句的亲昵态度概括为亲和态度；在语义倾向上，可以把“哟”对陈述句中说话者的已知和担心、祈使句中说话者的叮嘱和呼唤、感叹句中说话者的已感和应感的选择倾向概括为“已有信息”；在话语功能上，可以把“哟”对陈述句中听话者的需知、祈使句中听话者的需行、慎行和求行、感叹句中听话者的共鸣义的选择倾向概括为提醒功能。对“哟”字句来说，无论是亲和态度、已有语义，还是提醒功能都是以说话者轻松的内心状态为心理基础的。说话者基于轻松的心态、以亲和的人际态度把已有的事物、行为和情感等语义信息提供给听话者以唤醒其注意，这就是“哟”的语法意义。因此，可以通过下表列出“哟”的语义地图：

表 9–5　句末助词“哟”的语义地图

<table>
<tr><td rowspan="2">分布
意义</td><td colspan="9">句末助词“哟”语义地图</td></tr>
<tr><td>特征</td><td colspan="2">陈述句</td><td colspan="4">祈使句</td><td colspan="2">感叹句</td></tr>
<tr><td>内心状态</td><td>轻松</td><td colspan="2">轻松</td><td colspan="4">轻松</td><td colspan="2">轻松</td></tr>
<tr><td>人际态度</td><td>亲和</td><td colspan="2">亲密</td><td colspan="4">亲切</td><td colspan="2">亲昵</td></tr>
<tr><td rowspan="2">语义倾向</td><td rowspan="2">已有</td><td>已知</td><td>担心</td><td colspan="2">叮嘱</td><td colspan="2">呼唤</td><td>已感</td><td>应感</td></tr>
<tr><td colspan="2">事物信息</td><td colspan="4">行为信息</td><td colspan="2">情感信息</td></tr>
<tr><td>话语功能</td><td>提醒</td><td colspan="2">需知</td><td>需行</td><td colspan="2">慎行</td><td>求行</td><td colspan="2">共鸣</td></tr>
</table>

（二）句末助词“哟”的轻松心态

如何验证句末助词“哟”内心状态的轻松性呢？可以采用主句状语和句内状语的同现词语法。

首先是主句状语。根据语料库的调查，可以发现，在主句的状语位置，与“哟”字句同现率极高的词语都表达了一种轻松、调侃的内心状态，常见的词语有：“轻松、幽默、调侃、惊喜、高兴、平静、随便、诙谐、风趣、打趣、关切、关心、得意、笑着、热情、开玩笑、乐呵呵、笑嘻嘻、满面笑容、满面春风、得意洋洋、不紧不慢、慢条斯理、柔声细语、轻声轻气”等，这一点可以为“哟”的轻松心态提供佐证，如（25）：

（25）a. “你的眼力很不错，”他轻松地说，“可你，小姐，也不是上等女人哟！”

b. 四川口音尖声笑起来，“我要的这道菜，在我们四川可是家常菜哟。”

c. 贺龙摸了摸胡子，风趣地说：“我们都是无产阶级，还要准备什么哟！”

d. 毛泽东笑了，顺手拉过一条凳子坐下来，开着玩笑，“老蔡，你好福气哟！”

其次是句内状语。“可”是“哟”字句出现频率最高的语气副词状语，常常与其他副词、判断动词、能愿动词、行为动词等组合形成“可是、可就是、可真是、可实在是、可得、可要、可会、可需要、可一定要、可千万别、可别、可不要、可不是、可不敢、可不能、可不该、可不像、可当不起、可盖不起”等，从而把“直率、突兀”的句子变得“委婉、轻微”（罗晓英、邵敬敏，2006：103），从而也使“哟”在情态表达上变得恳切、真诚，使心态更加轻松化，如（26）：

（26）a. 车我可真是一窍不通哟。

b. 他可不是天生就是公爵或宰相哟！

c. 老胡，可要请客谢谢我哟！

d. 可千万别信以为真哟！

可以说，主句的轻松义状语与句内的诚恳义状语“可”，都从侧面验证了“哟”心态表达的轻松性和诚恳性。说话者的轻松心态不仅为亲和态度奠定了心理基础，而且与亲和态度一起为“哟”的语义选择及其话语功能染上了一层轻松亲和的主观色调，从而促进人际关系的亲密度，提高提醒功能的可接受度。

（三）句末助词“哟”的提醒功能

如何验证句末助词“哟”的提醒功能呢？“哟”的提醒功能属于话语层面的，可以从词语同现、复句分布、语用焦点三个角度给予佐证。

首先，从词语同现看，与“哟”同现的提醒义动词及其动词短语很多，如提醒、注意、叮嘱、叮咛、恐怕、小心、当心、记得、不要、不能、不该、不可、别忘了等，如（27）：

（27）a. 你要不早点抽身，当心别人下不了台的时候，把你抛出来当替罪羊哟。

b. 吧台小姐笑眯眯地提醒：“先生，请格兰特喝酒，别忘记付钱哟。”

c. 外婆总做一碗炒米糖开水给我们喝，并叮嘱我们："娃儿，要好好读书哟！"

d. 别忘了，这可是你的注意哟！

其次，从复句分布看，"哟"字句在条件（28a）、因果（28b）、转折（28c）、让步（28d）中主要做复句的语义重心——后分句，以引起对方对结论、原因、结果的关注。如：

（28）a. 如果你用眼的方式不对头，可是很容易就变斜眼哟。

b. 就是为此，所以要请教你哟。

c. 我虽然是做了母亲的人，可我还不过是二十四的青年哟！

d. 即使别人救了你的命，他也难治你的腿哟！

第三，从语用焦点看，"哟"字陈述句和祈使句都包含着"话题焦点敏感算子'可'"（刘丹青、唐正大，2001：29）以及与"可"有关的"可就、可得、可千万"等组合，而"哟"字感叹句则包含着"多么、真、好"等作为焦点信息的感叹副词（徐杰、李英哲，1993：84）。关键的问题是：这些词不只是标记"哟"字句中的焦点信息，也使"哟"字句本身成为与背景句相对应的焦点句（刘丹青、唐正大，2001：29），使"哟"字句的提醒功能更加凸显。

（29）a. 通风搞不好，谷子可是要捂烂的哟。

b. 祝你们热爱自由，热爱生活，热爱生命吧！这些都不是容易得到的哟！

c. 你是在咱们眼皮底下长大的，今天我找你来谈话，你可不要说假话哟！

d. 金环作为地下工作的交通员，见人说人话，见鬼说鬼话，她是多么不容易哟！

总的说来，"哟"不仅蕴含着说话者在主观情态上的一种轻松心态和亲和态度，而且发挥着说话者在客观命题上通过提供已有信息来提醒听话者的提醒功能，主观态度与客观命题的融合就形成了"哟""亲和提醒"的语法意义。

第十章　句末助词“嘛”的认知与情感的关联性研究

“嘛”的认知与情感的关系问题一直是语法研究的难点，而语义语法理论、双向选择方法和语义地图的研究方法，可以全面系统地揭示句末助词“嘛”的认知、情感及其关联性。首先，前人对“嘛”的研究可以分成四种观点：传统语法的显而易见说、描写语法的应知未知说、功能语法的预设坚持说和生成语法的标句标度说，在理论解释、方法验证和分析描写上各有优点和不足；其次，对句末助词“嘛”的句子功能分布图及其语义类型选择图进行全面分析并验证，并据此提取出“嘛”的认知意义——主观认知的执意应然性；第三，根据“嘛”认知意义和认知矛盾，逐一分析“嘛”的四种情感类型——气愤不满意型、急躁不耐烦型、撒娇不遵从型、无谓不在乎型，并基于因果性和分类性，构建句末助词“嘛”的认知与情感的语义关联图。

一、引言

句末助词的语法意义必须在说话者对句子命题和对话者的认知、情感及其相互关联性中揭示出来。作为稳定的个体主观心理结构，说话者对句子命题和对话者的认知和情感在心理和逻辑上并非割裂离散的而是存在着系统的关联性，这种关联性不仅体现在二者之间在横向上存在着类似刺激与反应的连锁性因果关系，而且也体现在二者各自内部在纵向上存在着类似整体与部分的倾向性分类关系。由此，基于因果关系和分类关系的认知与情感就形成了句末助词语法意义的语义关联图。

本章试图以语义语法为本体论（邵敬敏，2004；赵春利，2014），以双向选择为方法论，借鉴语义地图的思路，在前人研究的基础上（赵元任，

1926；吕叔湘，1944、1980；陆俭明，1982；邢福义，1984；Chappell，1991；Chu Chauncey C，1998；Li Boya，2006；强星娜，2008），根据CCL语料库的调查，在追索、分析和验证句末助词“嘛”的句子功能分布规律的过程中，提取句末助词“嘛”的认知意义与情感类型及其关联性，基于因果性和分类性勾勒出句末助词“嘛”的认知与情感的语义关联图。

二、前人对句末助词“嘛”的相关研究

自黎锦熙（1924：245）开始，学者们就非常重视对“嘛”的语法意义的研究[①]，取得了丰硕的成果，根据理论方法的不同和历史发展的顺序，大致可以分成四种观点：传统语法的显而易见说、描写语法的应知未知说、功能语法的预设坚持说和生成语法的标句标度说。

（一）传统语法的显而易见说

传统语法主要基于直觉语感和对比分析对“嘛”语法意义的概括经历了一个从抽象到具体的认识过程。黎锦熙（1924/1992：245）最早使用一个语义模糊的心理概念“警脆”来解释“吗/嘪”的意义，王力（1943/1985：173）则着重分析了“么”的不平语气及其所表示的“不平、怨望、感慨、不耐烦”等情绪内涵。而吕叔湘（1944/1982：269—270）首次通过对比分析全面揭示了“么”所含有的态度反问性、感情含蓄性和功能释因性，并指出“用来指点一件事情的原因或理由”是“说话人认为很明显的原因或理由”，奠定了“显而易见说”的基础，到了1980年，吕叔湘（1980：375）就明确提出了“显而易见说”，即“嘛”的语法意义就是“表示事情本应如此或理由显而易见”。后来，胡明扬（1981：417）的“事理显然、不言而喻”、北京大学中文系1955/1957级语言班（1982：329）的“道理显而易见”、孙德宣（1983：44）的“道理很明显”、邢福义（1984：23）的“情况明显”、查普尔（Chappell，1991：47）的“显而自明”（obviousness or self-evident）、侯学超（1998：411）的“确认事实就是如此，或道理显而易见”、刘月华等（2001：428）的“理应如此、显

---

① “ma”在历史上曾使用过不同文字形式，比如“吗、嘪、么、末、嘛”等，为了便于叙述，本章统一采用“嘛”。

而易见”以及李成团（2008：155）的“不言而喻、显而易见、理所当然”等观点基本都延续了吕叔湘的“显而易见说”，从而成为语法学界的主流观点。可以说，传统语法的“显而易见说”不仅为深入揭示“嘛”的认知、情感及其关联性奠定了认知基础，也得到其他语法理论的认可和吸纳（Chu Chauncey，1998：153；屈承熹，2008：5）。

（二）描写语法的应知未知说

描写语法力求从说话者的认知视角借助话语分析来揭示“嘛”的语法意义。赵元任（1926：890—891）是第一个运用描写语法提出“应知未知说”的学者，即“末”表示的是“你应当知道、记得、或懂，但我想或我怕你实在不知道，不记得或不懂”，后来，赵元任（1968/1979：357，吕叔湘译）进一步从“固执味道的肯定”中揭示出“你应该知道、你怎么不明白”的内涵。而朱德熙（1982：213）强调指出“对方本来不知道”的“未知性”，强星娜（2008：61）则根据前人的观点借鉴帕尔默（Palmer，1986：51）知情状态（knowledge status）概念把“嘛”的语法意义概括为“说话人总认为听话人不知道自己应该知道的”“理应为旧信息的新信息”，并据此解释了强确定性和不满情绪。可以说，描写语法的应知未知说为系统地揭示“嘛”认知、情感及其关联性铺设了桥梁。

（三）功能语法的预设坚持说

功能语法着重从语用功能和命题意义的交互作用角度分析“嘛”的各类语法意义，主要代表人物是屈承熹（Chu Chauncey C）。屈承熹（Chu，1998：153）认为：“嘛”有两个基本的功能：一是语义层面的预设功能（presupposition function），是指表达的命题是确凿的；一是话语层面的坚持功能（insistence function），是指说话者/作者坚持认为听话者/读者应该相信并接受其所说信息的真实性。而“嘛”所表示的“显而易见、不言而喻、意见不合、不耐烦、愤慨”等意义都是“预设”与“坚持”这两个语用功能与表达的命题意义交互作用的结果。功能语法力求在语用功能与命题意义的交互作用中为“嘛”各类意义的缘起提供一个统一而关联的解释，很有启发意义。

（四）生成语法的标句标度说

生成语法主要从句末助词与句子的句法关系角度界定句末助词的功能，逐渐形成了一个从标句词（complementizer）到程度标记（degree marker）再到句类标记（force phrase）的认识过程。

李行德（Lee，1986）已意识到了句末助词的标句功能，而汤廷池（1989：294）则从包孕小句不能带句末助词角度明确了这一说法，而郑礼珊（Cheng，1991：17）则从语言类型学角度认为汉语句末助词只能出现在根句（root clause），而不能出现在嵌套小句（embedded clause）的句法位置，后来，李艳惠（Li Yen–hui Andrey，1992）、邓思颖（2000）、徐杰（2005）、石定栩、胡建华（2006）等基本上都秉持了句末助词的标句功能。

李博雅（Li Boya，2006：3、65）非常重视不同句末助词在标句功能中的同现分层问题，其参照朱德熙（1982：208）的句末助词分类与排序，借鉴瑞兹（Rizz，1997、2004）的 CP 分裂假说（Split CP Hypothesis）、辛珂（Cinque，1999：32）的副词短语层阶结构和贝莱蒂（Belletti，2004：4—5）的制图理论（cartographic approach），通过对比“吧、嘛、啊、呢”等分布建立了以句末助词为核心的功能投射层级：话语（Discourse）［啊］＞程度（Degree）［吧、嘛］＞句类（Force）＞评价（Evaluative）［呢］＞语气（Mood）＞限定（Fin）。其中，与“吧”相比，“嘛”标记着说话者对断言承诺的高程度（Li Boya，2006：36），故称为程度标记词。

无论是标句功能还是标度功能，生成语法对句末助词句法地位的关注为句末助词的系统性解释提供了思考方向和研究维度。

总的说来，不同的语法理论从不同的角度揭示了组成“嘛”语法意义的认知和情感，使其语法意义逐渐清晰、立体和丰满起来，然而也存在着三点不足。第一，理论多元化但解释不顺。不同的理论关注不同的侧面，但对其认知、情感及其关联性解释得并不到位，陷入“公说公有理，婆说婆有理”的相对论境地，因此需要整合协调不同理论的观点，使认知、情感成为一个具有因果性和分类性的逻辑整体。第二，方法多样化但验证不够。不同理论凭借直觉语感、对比分析、认知解释、后续成分（强星娜，2008：57）等方法说明或验证自己的观点，但每个方法只能解决部分问题，缺乏基于语料库的系统验证和正反验证。第三，分析碎片化而描写不足。不同理论根据研究视域和关注焦点分析某类“嘛”字句或其认知、情感的某个侧面，使得研究对象、分析过程和提取观点都呈现碎片化现象，研究对象缺乏语料库的全面性调查，分析过程缺乏跨理论的系统性阐释，提取观点缺乏跨学科的关联性分析。

本章试图根据语义语法理论，吸收不同理论的精华，克服前人研究中理论、方法和分析上的不足，根据 CCL 语料库的全面调查，一方面充分描写并严格验证“嘛”的分布规律；另一方面充分解释并系统建构“嘛”语法意义中的认知、情感及其关联性，从而绘制出“嘛”的认知和情感的语义关联图。

三、句末助词“嘛”与句子功能的双向选择关系

揭示“嘛”与陈述句、疑问句、祈使句和感叹句的选择关系是描述“嘛”分布规律的一条捷径。但语法学界对“嘛”所能选择的句子功能类型存在着一定的争议，可列表如下：

表 10–1　前人关于句末助词“嘛”的句子功能选择表

“嘛”所选择的句子类型	代表人物
陈述句	胡明扬（1981：417）、刘月华等（2001：428）
陈述句、祈使句	吕叔湘（1980/1999：375）、孙德宣（1983：44）、侯学超（1998：411—412）、张斌（2001：807）、齐沪扬（2002：299）、徐益民（2006：33）、易查方（2007：40）
陈述句、感叹句	王金华（1983：25）
陈述句、祈使句、疑问句	强星娜（2007：34），金智妍（2011：199），杜建鑫、张卫国（2011：147—148），徐晶凝（2008：182）
陈述句、祈使句、感叹句	齐沪扬（2011：300）

总的看来，一般学者都认为“嘛”可分布于陈述句末尾，多数学者认为可分布于祈使句末尾，而少数学者认为“嘛”可以选择疑问句，极少数认为可选择感叹句。观点持有率从高到低可排序如下：陈述句＞祈使句＞疑问句＞感叹句，如图所示：

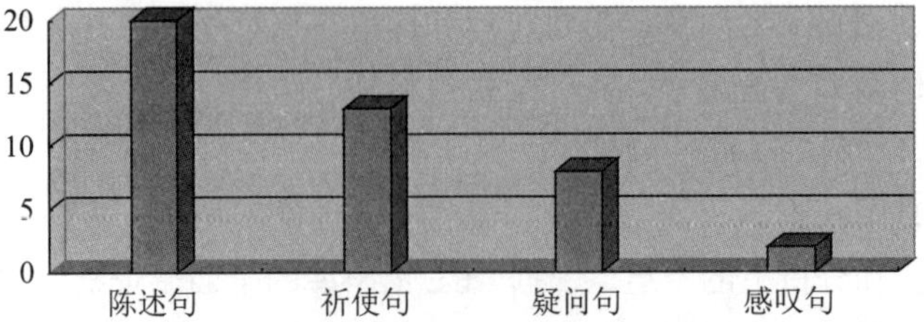

图 10-1 前人关于句末助词“嘛”句子功能分布的整体趋势图

但事实如何呢？为了揭示“嘛”与陈述句、祈使句、疑问句和感叹句四种句子功能类型及其次类的同现规律，本章将以语料库的调查为依据，运用语义语法的理论和方法，逐一甄别、验证“嘛”与不同语义类型句子功能之间的选择与排斥规律。

（一）“嘛”与陈述句的选择关系

首先，“嘛”字陈述句。

尽管前人认为“嘛”可以分布于陈述句，但语料库的调查发现，并非所有陈述句都可以在句末加上“嘛”，也就是说，“嘛”与陈述句之间的选择关系是有条件的、受限制的，“嘛”会选择某些类型的陈述句而排斥其他类型的陈述句（金智妍，2011：200—209）[①]，举例如下：

（1）a. 那怎么能认为是误伤人命呢？那明明是行凶嘛！

b. 这哪里是草鞋，分明是一件艺术品嘛！

c. 那你还不明白，明摆着是一种吃不着葡萄就说酸的心理嘛。

d. 这哪像个镇呀，简直就是个城市嘛！

（2）a. 你要有事，可以让别的同志来嘛。

b. 刚才的凶劲儿到哪儿去了？有理应该理直气壮嘛。

c. 一不小心得罪了您老人家他又害怕，他当然要跑嘛！

d. 借了人家钱就该还，俗话说“好借好还，再借不难”嘛！

（3）a. 那本来都是你自己的钱嘛。

b. 我根本就还没做好准备嘛！

c. 文化人毕竟还是受人尊敬的嘛。

---

① 金智妍（2011：200—209）曾把“嘛”字陈述句分成说明性、评价性和应答语三类，有一定的启发性，但说明性、评价性和应答语三个类型的分类依据不在一个层面，各自的内涵难以界定，缺乏操作性、验证性和解释性。

d. 这有什么关系！反正是英雄难过美人关嘛！

如果说陈述句表达了说话者对命题的认知信息以及对对话者的人际信息，那么“嘛”字陈述句则表达了说话者从认知上对命题信息的主观确信以及在人际上对对话者的主观应知，而无论主观确信还是主观应知，二者都属于主观认知。其中例（1）表达了说话者主观上认为：命题信息是显而易见的易知信息，因此，对话者应该知道，可称为“显知”，典型的词语有明明、分明、明摆着、明显、显然、简直等。例（2）表达了说话者主观上认为：命题信息是理所当然的常识信息，因此，对话者应该明白，可称为“常知”，典型的词语有可以、应该、应当、理当、本该、当然、自然等。例（3）则表达了说话者主观上认为：命题信息是不容置疑的事实信息，因此，对话者应该相信，可称为“实知”，典型的词语有本来、根本、压根儿、毕竟、到底、反正、好歹、其实、确实等。可以说，“嘛”字陈述句都具有两个语义特征：命题确信性和对方应知性（赵元任，1926：890—891）[①]，其中，命题确信性是指说话者在认知上确信命题的真实性（赵元任，1968/1979：357，吕叔湘译本）[②]；对方应知性是指说话者在人际上认为对方应知却不知的命题信息。

如果说陈述句的功能是提供信息，那么，根据调查，“嘛”字陈述句的功能就是提供解释性信息，主要用来应答性地向对方解释原因、结果、目的。这可以通过“嘛”字陈述句的分布规律来证明，即主要分布于包括因果关系、条件关系和目的关系的广义因果关系的后续句中（吕叔湘，1944/1982：270；邢福义，1984：23；强星娜，2010：60），主要作原因句（4a）、因果关系的结果句（4b）、条件关系的结果句（4c）和目的句（4d），如：

（4）a. 我们对于张牧之，却不能不再颠倒一下，因为要实事求是嘛。

b. 听到你的声音，很感动，所以就忍不住哭嘛！

c. 他要是不想喝，自然也就用不着喝嘛。

d. 我们流血牺牲，不就是为了革命后代嘛！

其实，无论有无表示广义因果关系的关联词，“嘛”字陈述句的话语功能都是用来解释，如：原因句（5a）、因果关系的结果句（5b）、条件关系

---

① 赵元任（1926：890—891）揭示了“末”字陈述句在人际交流层面所隐含的“应知”义。

② 正如赵元任（1968/1979，吕叔湘译本：357）所言：“嘛”对命题“有固执味道的肯定”。

的结果句（5c）和目的句（5d）：

（5）a. 贫困也能使人性产生恶劣的扭曲，俗话说“穷山恶水出刁民”嘛！

b. 我没有骑马，又有大雪，自然赶不上它嘛。

c. 你把这个遗产，一定要给老二，你就结怨嘛。

d. 还是要问一问，了解情况嘛。

可以说，“嘛”字陈述句不仅表达了说话者在主观认知上对命题信息的确信性和对方的应知性，而且也表达了说话者在话语功能上向对方做出的应答性解释。

其次，反“嘛”陈述句。

某些陈述句一旦包含着与主观认知性相矛盾的心理特征或者与命题确信性、对方应知性相矛盾的语义特征，那么，这些陈述句就不能在句末加上句末助词“嘛”，例如：

（6）a. 这大概是恶作剧吧。——* 这大概是恶作剧嘛。

b. 别人也许想象不到。——* 别人也许想象不到嘛。

c. 他可能是个老兵。——* 他可能是个老兵嘛。

d. 阁下想必也已知道。——* 阁下想必也已知道嘛。

（7）a. 不受监督的权力必然导致腐败。——* 不受监督的权力必然导致腐败嘛。

b. 政出多门势必导致混乱。——* 政出多门势必导致混乱嘛。

c. 量变必定会带来质变。——* 量变必定会带来质变嘛。

d. 中国政府绝对不会拿原则作交易。——* 中国政府绝对不会拿原则作交易嘛。

（8）a. 他竟然哭了起来。——* 他竟然哭了起来嘛。

b. 绳子居然断了。——* 绳子居然断了嘛。

c. 幸亏我没有娶那样的女人。——* 幸亏我没有娶那样的女人嘛。

d. 傅红雪恰巧也到了那里。——* 傅红雪恰巧也到了那里嘛。

例（6）表达了说话者客观上描述命题的或然性认知信息，可称为“或知”，典型的词语有：也许、大概、大约、或许、兴许、可能、想来、想必、不定、不必、未必等；例（7）表达了说话者客观上推知命题的必然性认知信息，可称为“必知”，典型的词语有：必然、必定、必得、势必、准、一准、定然、不可能等；例（8）表达了说话者客观上描述并非预知的意外性或幸巧性的命题认知信息，可称为“非知”，典型词语有：竟、竟然、居然、固然、果然、果真、偏偏、反倒、难怪、原来、幸亏、幸好、幸而、多亏、恰恰、恰巧、恰好、碰巧、正巧、刚巧等。可以说，“或知、必知、非知”三类陈述句都是说话者基于客观认知描述视角告知对方的推知性或后知性信息，而非主观认知视角确信命题信息的真实性并要求对方应知的人际信息，因此，反“嘛”陈述句的心理基础就是客观认知，因此，会形成两个语义特征：命题描述性和对方告知性。“嘛”字陈述句与反“嘛”陈述句在认知特征、语义特征、语义类型及其典型词语（张谊生，2000：21—22、56—61；齐春红，2008：93、133—135；史金生，2011：65—68、153—154）① 上的差异通过下表可看出来：

表 10-2　句末助词“嘛”与陈述句的选择排斥关系

命题内容	句子功能	认知特征	语义特征	语义类型	典型词语
认知信息	“嘛”字陈述句	主观	命题确信性对方应知性	显知	明明、分明、明显、显然
				常知	可以、应该、当然、自然
				实知	本来、根本、毕竟、反正
	反“嘛”陈述句	客观	命题描述性对方告知性	或知	大概、大约、或许、可能
				必知	必然、必定、势必、绝对
				非知	竟然、居然、幸亏、恰巧

并非所有的陈述句都表达认知信息，有些陈述句表达了说话者对意志、心愿等意愿信息的描述，由于“嘛”字陈述句都表达认知信息，故此，表达意愿信息的陈述句在末尾都不能加入句末助词“嘛”，如（9）所示：

（9）a. 我们必须继续举行会谈。　　——* 我们必须继续举行会谈嘛。

b. 中国一定要统一。　　——* 中国一定要统一嘛。

c. 我万万不敢妄自称大。　　——* 我万万不敢妄自称大嘛。

d. 他宁愿暗地里做好事。　　——* 他宁愿暗地里做好事嘛。

根据调查，意愿陈述句的典型标记词语有：必须、一定、非得、坚决、执意、决意、万、万万、千万、务必、切、切切、绝不、决不、宁可、宁愿、

① 史金生（2011：68）曾把语气副词分成知识和义务，而知识又分成肯定和推断，而他（2011：153—154）还统计过能否与“嘛”同现的语气副词。

宁肯、索性、干脆等。

总的说来，并非所有的陈述句都可以加入句末助词“嘛”，“嘛”字陈述句一般表达说话者主观上认为属于显知、常知、实知的认知信息，从而在主观上确信命题信息的真实性以及在人际态度上认定对方对命题信息的应知性。

（二）“嘛”与疑问句的选择关系

关于“嘛”与疑问句的选择关系，强星娜（2007：35）认为“嘛”可以出现在特指问、正反问和选择问的句末，而金智妍（2011：210—212）认为“嘛”只能出现在是非问和特指问的句末。根据语料库的调查，可以发现，“嘛”主要出现在是非问、特指问和正反问三种疑问句的句末，但不能出现在选择问疑问句的句末，分别如下：

（10）a. 你做的饭那叫饭嘛？连我们家贝贝都不吃。
b. 这是我们应尽的义务嘛？
c. 你怎么也不注意影响啊？那种地方是你去的嘛？
d. 你这不是打你侄子的脸嘛？

（11）a. 那胡老头比我大了四十岁，怎么能嫁嘛？
b. 哟！你今天吃了枪药是不是？凶个什么劲嘛？
c. 宁二子倒抽了一口冷气，问：“为什么？为什么嘛？哥，说呀！”
d. 你究竟要干什么嘛？转来转去的，烦不烦！

（12）a. 你快点去睡，好不好嘛？
b. 哎呀！你真笨！你到底来不来嘛？
c.“姐姐，可不可以嘛？”明宇拖长语气半撒娇地说。
d. 他说：“你比爸爸个子小，大姑比姑父个子小，是不是嘛？”

从结构形式上看，例10、例11和例12分别是“嘛”字是非问、“嘛”字特指问和“嘛”字正反问，但从话语功能上看，“嘛”字是非问毫无例外都具有反问义，“嘛”字特指问则一部分具有反问义（11a/b），一部分具有追问义（11c/d），而“嘛”字正反问都表示追问义。反问义不仅表达了说话者对命题信息的认知性确信，而且也表达了说话者对对方应知的人际性态度，这恰恰与“嘛”字陈述句是一致的，正如吕叔湘（1944/1982：269）所言：“么”字不仅包含着反问确信性的“不是吗”，而且包含着人际应知性的“你怎么连这个也不知道”。根据语料库的调查，73%的“嘛”字是非问（13）和58%的“嘛”字特指问（14）都没有用问号而是叹号、句号或逗号，如：

（13）a. 你怎么搞的，小陈不是告诉你少放盐了嘛！

b. 我不是怕您忙嘛。

c. 我们找地方聊聊天，这不是最好的休息嘛。

d. 不是规定了嘛，私人一律不借款。

（14）a. 你们这是干的什么事嘛！

b. 你们怎么搞的嘛，给客人盛得那么少，给我却盛那么多，叫我怎么吃得下嘛！

c. 谁惹他生气嘛，人家不过是说了点大实话。

d. 你跟我乱骂有什么用嘛。

可以说，在命题确信性和人际应知性上，反问义的“嘛”字是非问和特指问与“嘛”字陈述句是相通的也是相同的，都主观上认为应该确信命题的真实性并要求对方的应知性，而追问义的“嘛”字特指问与正反问则表达了说话者主观上对问题求解的执着性以及要求对方应该回答疑问的应答性人际态度。追问所具有的“追根究底”内涵既可以通过重复问题来表示（强星娜，2007：36），如9c，也可以通过副词“究竟、到底”来表达，如9d和10b。可以说，无论是反问义的应知性还是追问义的应答性，二者都反映了说话者在主观认知上对对方的应然性人际态度。整体上看，“嘛”字疑问句的类型、功能及其说话者的认知视角可以通过下表表示出来：

表10–3　句末助词“嘛”与疑问句的选择排斥关系

<table>
<tr><td colspan="2">“嘛”字疑问句的类型</td><td>是非问</td><td colspan="2">特指问</td><td>正反问</td></tr>
<tr><td colspan="2">“嘛”字疑问句的语义</td><td>反问义</td><td>反问义</td><td>追问义</td><td>追问义</td></tr>
<tr><td rowspan="3">说话者心理</td><td>命题信息</td><td colspan="2">确信</td><td colspan="2">求解</td></tr>
<tr><td>人际态度</td><td colspan="2">应知</td><td colspan="2">应答</td></tr>
<tr><td>主观认知</td><td colspan="4">应然性</td></tr>
</table>

究竟为什么“嘛”不能位于选择问的末尾呢？可能存在三个原因：其一，从人称上看，“嘛”字疑问句都是针对第二人称的反问或追问，而选择问通常是左右为难的自问；其二，即使是针对第二人称的选择问，一般表达了说话者基于礼貌的商讨义而非基于不满的追问义或反问义；其三，标

记选择问的连词“还是”与“嘛”字陈述句中表“依然义”的副词“还是”极易混淆。

（三）“嘛”与祈使句的选择关系

“嘛”与祈使句之间存在着选择关系，但并非所有的祈使句都可以在末尾加“嘛”，能够加“嘛”的祈使句主要有如下两类：

（15）a. 江丽急急地说：“等等，等等嘛！”

b. 孩子用沾满土豆泥的小手指着我：“吃，你吃，你吃嘛！”

c. 你说嘛，说嘛！你是属狮子的，狮子怎么变得这样畏缩起来？你说嘛！

d. 雪瑛“噗嗤”一笑，撒娇道：“快说嘛，我都等不及了！”

（16）a. 她啜泣着说：“不要说了！青青，不要说了嘛！”

b. 若儒，若儒，我来了，别吵，别吵嘛！

c. 不要客气嘛！

d. 表哥，你别哭嘛！你哭，我就想哭了。

例（15）中的“嘛”字祈使句表达了说话者主观认知上催促对方应该实施某种行为，可以称为施为义“嘛”字祈使句，而例（16）中的“嘛”字祈使句则表达了说话者主观认知上劝阻对方应该马上中止正在进行的某种行为，可称为劝阻义“嘛”字祈使句。两类“嘛”字祈使句的共同心理基础就是主观认知性，二者的共同的语义特征就是命题的催促性和对方的应从性，前者是指说话者从主观上认识到催促对方执行命题所指行为的紧迫感和必要性，即命题执行的催促性；后者是指说话者从人际上认识到对方应该遵从指令的应然性，即对方听从的应从性。

但并非所有祈使句都可以用“嘛”，根据调查可以发现，禁止义祈使句（17）和关照义祈使句（18）一般不能加入句末助词“嘛”，如：

（17）a. 严禁吸烟！——* 严禁吸烟嘛！

b. 禁止通行！——* 禁止通行嘛！

c. 不得喧哗！——* 不得喧哗嘛！

d. 不准开枪！——* 不准开枪嘛！

（18）a. 你千万要小心啊！——* 你千万要小心嘛！

b. 请注意安全！——* 请注意安全嘛！

c. 你可得留神啊！——* 你可得留神嘛！

d. 可别忘了！　　　　　　　　　——* 可别忘了嘛！

禁止义祈使句表达了说话者要求对方禁止实施某种行为的强烈意志，而关照义祈使句则表达了说话者出于关心而希望对方注意的愿望，二者都是出于意愿而非认知，缺乏“嘛”字祈使句的催促性和应从性。“嘛”与祈使句的选择关系可以通过下表表现出来：

表 10-4　句末助词“嘛”与祈使句的选择排斥关系

<table>
<tr><td rowspan="3">分布 / 语义</td><td colspan="2">选择的祈使句</td><td colspan="2">排斥的祈使句</td></tr>
<tr><td colspan="2">出于认知</td><td colspan="2">出于意愿</td></tr>
<tr><td colspan="2">［+催促性］［+应从性］</td><td colspan="2">［–催促性］［–应从性］</td></tr>
<tr><td rowspan="2">句末助词“嘛”</td><td>施为义</td><td>劝阻义</td><td>关照义</td><td>禁止义</td></tr>
<tr><td>●</td><td>●</td><td>○</td><td>○</td></tr>
</table>

（四）“嘛”与感叹句的选择关系

语法学界认为“嘛”可以选择感叹句的学者不多，主要有王金华和齐沪扬，但是根据语料库的调查可以发现：“嘛”并不能进入到感叹句的句尾。王金华和齐沪扬之所以认为“嘛”可以选择感叹句，是因为他们对感叹句的理解有误。王金华（1983：25）把带感叹号的陈述句看作感叹句，如（19a），而齐沪扬（2011：300）则把评价性的陈述句当作了感叹句，如（19a/b），或把判断句当作感叹句，如（19d）：

（19）a. 正因为柳岚文化差，才更应该让她上大学深造嘛！

b. 时代如此嘛！

c. 上回你办得很利索嘛！

d. 团结就是力量嘛！

上述句子本质上都是陈述句，只不过因带“嘛”而表现出一定的情感倾向，但不等于说，表达了某种情感倾向的句子都是感叹句。“表达情感与否”并不能在感叹句与陈述句、疑问句、祈使句之间划出一条界线，也并非区分四种句子功能类型的标准，因为四种句子类型或多或少都可以表现一定的情感倾向。

感叹句是说话者因有感于外在事物或内在情感而迸发出表达情感的句子。感叹句的特征不在于认知事物而在于情感体验、不在于提供信息而在于宣泄情感、不在于交流对话而在于情感释放。而“嘛”字句表达的主要是说话者在认知上对命题信息的确信性及其在人际上对对方交流的应知、应答、应从的应然性。所以，句末助词“嘛”既无法进入到由副词“多么/多/真/太”为标记词的典型感叹句的句末，如（20），也无法进入到由光杆形容词和名词组成的感叹句末尾，如（21）：

（20）a. 多么不容易啊！　——*多么不容易嘛！
b. 太棒了！　——*太棒了嘛！
c. 真让人心动啊！　——*真让人心动嘛！
d. 好极了！　——*好极了嘛！

（21）a. 我的娘！　——*我的娘嘛！
b. 天哪！糟了。　——*天嘛！糟了。
c. 好！　——*好嘛！
d. 坏啦！咱忘了重要的一条。　——*坏嘛！咱忘了重要的一条。

总的看来，“嘛”与不同语义类型的陈述句、疑问句、祈使句和感叹句的选择或排斥关系完整地反映了句末助词“嘛”在句子功能上的分布规律。而“嘛”的句子功能分布图及其语义类型选择图可以通过下表表现出来：

表 10–5　句末助词“嘛”的句子功能分布图与语义类型选择图

分布＼选择	“嘛”选择的语义类型			“嘛”排斥的语义类型		
陈述句	显知义	常知义	实知义	或知义	必知义	非知义
疑问句	反问义	追问义		商讨义		
祈使句	施为义	劝阻义		关照义	禁止义	
感叹句				所有类型		

从“嘛”所选择的陈述句、疑问句、祈使句的语义类型来看，可以归纳出句末助词“嘛”的认知意义。第一，从心理类型看，句末助词的选择反映了说话者的心理活动，而心理活动可以分成认知、意愿和情感，而句末助词“嘛”属于认知范畴；第二，从认知性质看，认知可以分成主观与客观，而“嘛”倾向于主观认知；第三，从认知信息看，“嘛”的主观认知性主要反映在命题和人际两个方面：命题的执意性和人际的应然性。命题的执意性是从说话者在认知上对陈述命题信息的确信、疑问命题信息的追

问、祈使命题信息的催促中概括出来的；而人际的应然性是从说话者在人际上认为对方对陈述信息的应知性、疑问信息的应答性和祈使信息的应从性中抽象出来的。因此，可以把“嘛”的认知意义概括为主观认知的执意应然性。下表展示出提取句末助词“嘛”认知意义的整个流程：

表 10-6　句末助词“嘛”的语义地图

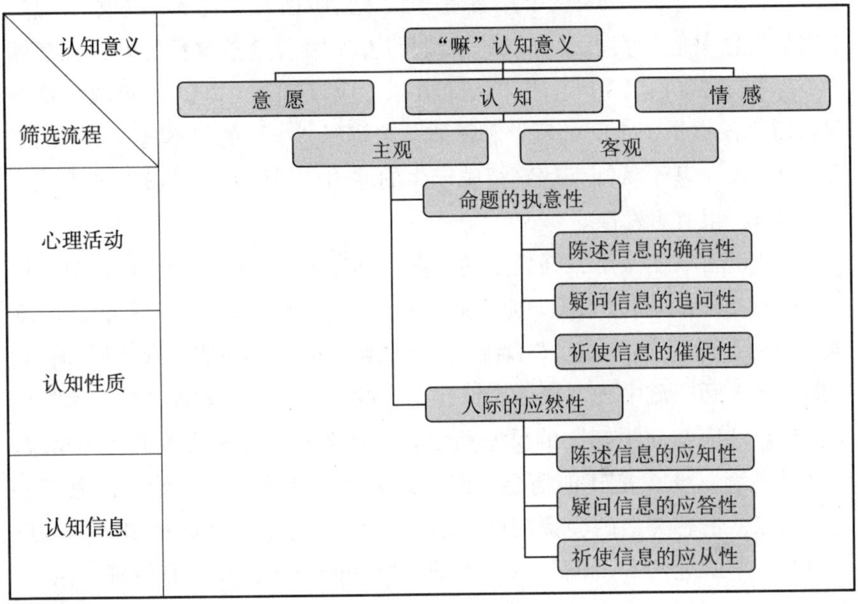

四、句末助词“嘛”的情感类型及其与认知的关联性

（一）前人对“嘛”所表情感的认识与解释

最早注意“么”能表示情感的是王力，他（1943/1985：173）认为“么”可以表示“不平、怨望、感慨、不耐烦等等情绪”，接着，吕叔湘（1944/1982：269）也提出“‘么’字也有感情作用，……‘么’字含蓄，闷在里头。用‘么’的句子，上下文常用反问句，语气最合”，可以说，吕叔湘是第一个把“么”的感情作用、特征及其与反问句的语气一致性联系起来的学者。后来，查普尔（Chappell，1991：41）和屈承熹（Chu，1998：145—151）也认为“嘛”反映了说话人对听话人观点的愤怒、不

满。此外，傅由（1997：93）、易查方（2008：40）和杨才英（2009：31）还提出“嘛”可以表示任性、撒娇的语气。可惜的是，这些学者都没有解释“嘛”的情感来源问题，尽管吕叔湘试图将“嘛”的情感与反问句联系起来。

刘丹青（强星娜，2007：37）认为：“陈述句和疑问句句末的‘嘛’在表达‘不满’上是高度统一的，都是说话人对听话人‘应该（提供某信息、知道某信息）但事实上没有’的情绪反应。”沿着这条解释思路，强星娜（2007：37；2008：58）运用“认知情态（应该知道/提供）和现实情况（不知道/没提供）之间的反差和矛盾”来解释“嘛”的“不满”情绪的来源，可以说，基于认知来解释情感产生的原因已经触及了“嘛”的情感来源的本质，很有启发性。

但从语言事实来看，强星娜的研究还存在着三点值得商榷的地方：第一，情感功能的地位问题。强星娜（2008：58）延续屈承熹（Chu，1998：145—151）的观点而认为“不满”并非“嘛”的基本功能。众所周知，句末助词是人际交流中表现说话者情感态度的主要形式，如果“嘛”字句确实存在着“应知而不知”的反差和矛盾，就必然引发说话者的情感反应，要么是不满，要么是其他情感。但无论如何，情感都是“嘛”的基本功能。第二，情感类型的验证问题。强星娜（2007：37；2008：58）主要解释“嘛”字陈述句和疑问句的“不满”情感的来源，并没有解释“撒娇、任性、不耐烦”等情感的来源，也没有揭示“嘛”字祈使句的情感取向，更没有验证不同句子功能分布中“嘛”的情感类型。第三，情感解释的系统问题。人类情感的产生必然基于人类对事物的认知，如何根据认知、情感的关联性来构建“嘛”的语义地图，如何将说话者对命题的认知态度与对对方的人际态度结合起来解释“嘛”的情感根源，也是一个值得深思的问题。

（二）“嘛”的情感类型及其与认知的关联性

句末助词“嘛”表达了说话者主观认知的命题执意性和人际应然性，命题执意性是人际应然性的基本前提，而人际应然性则是命题执意性的必然结果。说话者认为所执意确信、追问或催促的命题信息是对方不该怀疑而应确信、不该沉默而应回答、不该犹豫而应执行的信息。说话者针对对方言行所做出的“未然而应然”的主观认知，就会推动说话者在内心产生一定的情感反应。

那么，句末助词“嘛”所具有的“未然而应然”的主观认知，会导致说话者产生哪些类型的情感反应呢？根据说话者做出命题执意性和人际应然性的认知标准，可以发现，“嘛”主要表达四种情感类型：性质上的气愤不满意型、数量上的急躁不耐烦型、关系上的撒娇不遵从型、模态上的无谓不在乎型。

第一，气愤不满意型。

从性质上来说，说话者根据自己认定的“公理”认为：对方对说话者所确信、追问、催促的命题信息在说话者使用“嘛”字句之前就应该确信、回答或执行，但没有确信、回答或执行，这一“未然而应然”的“嘛”认知条件本身就构筑了句末助词“嘛”的不满意情感色彩，成为句末助词“嘛”的情感底蕴。当说话者认为“嘛”字句的陈述信息是理所当然或千真万确或不容置疑的、疑问信息是天经地义必须回答的、祈使信息则是毫无疑问应该执行的时候，说话者对这种理所当然、天经地义或毫无疑问的执意性，就会因对方的质疑、不答、违拒而驱动内心不满的情绪、甚至生气或愤怒。简单地说，以“理所当然而未然”为认知矛盾，以“当然性”为逻辑特征，会激活说话者强弱不同的不满意情感，如（22）：

（22）a1. 李铁：你看，我不是还挺年轻吗？

a2. 萧金：当然啦，你本来就不老嘛。

b1. 张琼华：现在日子过不下去了，找你八爸要点生活费可以么？

b2. 侄儿：早该写信去要嘛！

c1. 青青：不要到我身上来找安慰，我和你大哥一样，在生你的气！

c2. 小草：你们为什么这么凶嘛？为什么要生我的气嘛？

在对话 a 中，李铁以前认为自己已经老了，现在发现还挺年轻。而萧金通过“嘛”字陈述句（a2）认为李铁以前就不该认为自己老了而该知道自己年轻，从而表现出轻微的不满情绪。在对话 b 中，侄儿通过“嘛”字祈使句（b2）表达了张琼华应该写信要钱而没有实施的行为信息，并带有较强的不满。在对话 c 中，小草通过“嘛”字疑问句（c2）表达了青青应该回答而没有回答的疑问信息，气愤之情溢于言表。

除了直接解释不满情绪的来源之外，鉴于情感表达的一致性，“嘛”字句前后的“责怪义”构式（李一平，1996；郑娟曼、邵敬敏，2008；郑娟曼、张先亮，2009；李小军，2011）有助于验证“嘛”所蕴含的不满情绪。

如（23）：

（23）a. 你见过……这么堂皇的红包吗？我跟你说我是神仙嘛！真是的！

b. 你看你这个人，我不过是开个玩笑嘛。

c. 你以为你是谁？你凶什么嘛？

d. 怎么回事？快说嘛！

可以说，表达不满情感的“责怪义”构式与“嘛”字句的同现，说明“嘛”蕴含着对对方的不满情绪。根据语料库的调查，与“嘛”字句同现的常见“责怪义”构式有：真是（的）、你怎么 VP、你看你、哪儿的话、那有什么、这有什么、有什么用、有什么关系、有什么办法、有什么不好、好你们哪、别这样说话、这是干什么，等等。

第二，急躁不耐烦型。

从数量来说，说话者根据自己认定的“明理”认为“嘛”字句的陈述信息是显而易见或不言自明或众所周知的道理、疑问信息是无需思考而易于回答的问题、祈使信息是无需费力而易于执行的行为。说话者对这种显而易见或易于回答或易于执行的执意性，会因对方的易知而不知还需解释、易答而不答还需追问、易做而不做还需催促，而产生急躁的不耐烦情绪。可以说，以“显而易见而未见”为认知矛盾，以“显然性”为逻辑特征，容易激活说话者不耐烦的急躁情绪。如（24）：

（24）a. 你啥话不说拉马套犁就圈地，这明显是给我脸上撒尿嘛！

b. 客气点，客气点，俗话说，英雄敬英雄嘛。

c. 马叔举起手挡着嘴，连声道：“干什么你，你干什么嘛！”

d. 来吧！来呀！你来嘛！快来嘛！我洪七能够死在你这个高手之下，我死而无憾！

一般来说，“嘛”字陈述句因命题信息的显著度高（24a）或周知性强（24b）而“不该解释”而显示解释的多余性，“嘛”字疑问句（24c）和祈使句（24d）则通过重复句子而显示追问和催促的多次性，而解释的多余性、追问与催促的多次性就会激发不耐烦情感。

而与“嘛”字句经常同现的“多余义”和“重复义”构式可以印证“嘛”的不耐烦情感，如（25）：

（25）a. 还用问吗？这不是秃子头上的虱子——明摆着的事儿嘛。

b. 你怎么又来了？说了多少遍叫你不要来的嘛！

c. 你们晓不晓得？一天就是来收钱、钱、钱，要不要命嘛？

d. 那还不好办，看它们张嘴大叫就给它们吃嘛！

根据调查，表示“多余义”和“重复义”的构式包括：那还用说、那还用问、这还用说、那还不容易、这还不简单、这还不会、那还不好办、那还不好说、怎么又来了、怎么又说这种话、怎么又不知道了，等等。

第三，撒娇不遵从型。

正如傅由（1997：93）所言“究竟是什么使得某些带有‘嘛’的句子有任性、撒娇的语气，值得进一步研究”，而易查方（2007：40）认为“至于到底是表示哪一种感情，则要看说话人的主观意愿，并依靠具体的语境而定”。其实，任何一种情感的产生都有一定的认知基础，撒娇也不例外。

在关系上，当说话者根据自己认定的“情理”认为自己与对方关系亲密、情深义厚时，就会不遵从一般的“公理、明理”而基于“情理”向对方提出自己的要求或否决对方的要求，基于“情所当然而无理”的认知矛盾，以“情然性”为逻辑特征，就会激活说话者“恃宠而骄、恃爱作态、任性而为”的撒娇情绪。“撒娇”类的“嘛”字句以说话者为视角，一般可分成“提出要求类”（26a/b）和“否决要求类”（26c/d），如：

（26）a. 她用手绢拍了梅局长一下，娇气气地说：“梅局长，你不要动不动就板脸嘛。人家也是一片好意……”

b. 小强撒娇说：“人家还是一个五岁的小孩，不要要求得这么苛刻嘛。”

c. 儿子仍然不肯摆休：“不嘛，不嘛，阿爸可是答应过我的，一定要去看赛马，非看赛马不行！”

d. 雪瑛“噗嗤”一笑，撒娇道：“快说嘛，我都等不及了！”

根据调查，撒娇者与对方在权位上以权位低者向权位高者（26a/b/c）或者权位同位者之间（26d）为主；在性别上，以女性为主（26a/d）；在年龄上，以孩子为主（26b/c）；但在人际关系上，撒娇者必须认为与对方存在着密切的关系。

第四，无谓不在乎型。

在模态上，说话者根据自己认定的“事理”认为：命题信息是微不足道的，不值得放在心上，听话者不该也不必把命题所指信息看得看那么重。基于“不以为意而不必”的认知矛盾，以“不必性”为逻辑特征，“不以为然、不该看重也不必”就会激发说话者“不在乎”的无谓情绪。如（27）：

（27）a. 我只是闻到香味，过来看看而已嘛。

b. 只要有机会，我还要讲！大不了丢掉乌纱帽嘛！

c. 我不过就是说你几句嘛，你爱听不听可你偏要跟我顶嘴。

d. 魏国即使有阴谋，我们也不怕，他们不就是一百辆兵车嘛。

说话者认为命题信息所指价值是微乎其微的，取消了对方看重命题信息的必要性，微不足道而不该看重就会产生“不在乎”的无谓情感。标记“不在乎”情绪的常见词语有：只不过、也不过、不过是、大不了、不过就是、不就是、没有什么、犯不着、无非是、这有什么，等等。

总的说来，句末助词“嘛”以主观认知的认知应然性为认知意义，在横向上，以认知基础和认知矛盾作为刺激因素，就会激发说话者产生不同的情感，从而使认知与情感之间形成一种刺激与反应的因果致使性；在纵向上，不同的认定依据和认知矛盾会以相应的逻辑范畴、逻辑特征为分类标准，形成不用的情感类型，从而使认定依据和认知矛盾的分类与逻辑范畴、逻辑特征和情感类型的分析形成对应性。而横向的因果致使性与纵向的分类对应性就编织成了句末助词“嘛”在认知与情感上的语义关联图。下表就是基于因果性和分类性的句末助词“嘛”的认知与情感的语义关联图：

表 10-7　句末助词“嘛”的认知与情感的语义关联图

刺激（原因）——————→反应（结果）					
认知			情感		
认知意义	认定依据	认知矛盾	逻辑范畴	逻辑特征	情感类型
主观认知的执意应然性	公理	理所当然而未然	性质	当然性	气愤不满意型
	明理	显而易见而未见	数量	显然性	急躁不耐烦型
	情理	情所当然而无理	关系	情然性	撒娇不遵从型
	事理	不以为意而不必	模态	不必性	无谓不在乎型

五、结语

任何一个句末助词的句子功能分布都是有规律的，这一规律性可以通过句末助词与句子功能或者某一句子功能的不同语义类型的双向选择或排斥关系反映出来，从而构建句末助词的句子功能分布图和语义类型选择图，并据此提取出该句末助词的认知意义。

句末助词不仅具有一定的认知意义，还能表达一定的情感，而一个句末助词的情感成因并非无源之水、无本之木，而是受制于该句末助词的认知意义。根据句末助词认知意义，说话者就会做出一定的情感取向，其中，认知是原因，而情感是结果，二者构成类似刺激与反应的因果关系，就句末助词“嘛”来说，主观认知的执意应然性就是各类情感产生的根本原因；而当一定的认知意义以及该认知意义与句子功能和语义类型相结合以后，形成不同类型的认知矛盾，就会激活不同类型的情感。可以说，以认知意义为底蕴的不同类型认知矛盾与不同类型情感取向之间存在着分类学意义上的对应关系。每一种情感都是较为抽象的认知意义与较为具体的句子功能及其语义类型相结合的产物。就“嘛”来说，当其认知意义“主观认知的执意应然性”与说话者遵从“情理”而提出超出“公理、明理、事理”的要求相结合时，就会产生“情所当然而无理”的认知矛盾，从而导致“恃宠而骄”的撒娇情绪。

无论是认知意义还是情感类型，都应该能够得到同现副词、能愿动词、话语标记或嵌套小句等各类语法语用手段的验证，特别是正反两个方面的论证更能说明形式背后意义的决定作用（赵春利，2007：132；杨才英、赵春利，2014：179），从而印证语义语法理论的解释力。

第十一章　句末助词“算了”的分布验证与心理取向

在现代汉语“算了、行了、好了、得了、罢了”等“X了”类的句末助词中，句末助词“算了”的分布规律及其认知、情态和意向等心理取向具有典型性。语义语法理论可以按照从大到小的逻辑顺序逐层定位“算了”句的话语功能、复句关系、句子分布及其时体态特征，并据此提取句末助词“算了”的建议性语法意义及其所蕴含的认知的选择性、情感的无奈性和意向的暴弃性。首先，本章在综述前人研究成果的基础上，准确廓清作为研究对象的句末助词“算了”；其次，从话语功能、复句关系和句子功能角度准确定位“算了”的分布规律；第三，揭示表达建议的句末助词“算了”不仅受制于一定类型的时体态语法范畴，而且还受制于一定类型的知情意心理取向，并提取其“择次了难”的语法意义。

一、有关“算了”的研究状况

“算了”是现代汉语口语中使用频率较高的词。近几年来，“算了”逐渐成了语法学界关注的热点，主要集中在两个方面：一是历时演变，主要解释“算了”的词汇化语法化历程；二是共时比较，主要描写分析话语标记“算了”的基本功能。

首先，在历时演变上，学者们主要运用词汇化、语法化理论和行知言三域理论按照单向式和分化式两种方式解释“算了”历时的词汇化语法化历程。单向式是指跨层的非句法结构“算了”沿着单一方向进行词汇化语法化，多数学者认为从动词到句末助词再到话语标记，如刘红妮（2007：19）、李慧敏（2012：72）、王巍（2013：43—48）和刘丽涛（2013：47）；但冯盼（2013：124）和刘晓晴（2014：113）则根据历史材料的先后认为是从动词到话语标记（叹词）再到句末助词。分化说则是指跨层非句法结构“算了”词汇化为动词后分别向句末助词和话语标记两个方向语法化，代表人物有汤晓玲（2008：16）、王晓燕（2009：56）、刘顺和殷相印（2010：91）、罗宇（2014：79）等。可以说，总体的演化路径存在着一定的争议。

其次，在共时比较上，学者们主要运用话语分析理论从言语行为和情态表达两个角度通过对比“算了、行了、好了、得了、罢了”等“X了”类话语标记讨论话语标记“算了”的基本功能。在言语行为上，学者们对话语标记“算了”的“制止（温锁林，2008：14）、结束（李慧敏，2012：68）、劝阻（孙晨阳，2012：39）、劝止（刘丽涛，2013：25）和中止（解亚娜，2013：26）”等基本功能的认知是一致的，尽管用词不尽相同。但在情态表达上，学者们对话语标记“算了”的情态内涵分歧较大，有“随便、不计较”的感情（刘红妮，2007：17），有“厌烦、急躁”的情绪（温锁林，2008：14），有“不计较、不介意、让步”的态度（李慧敏，2012：70），有“容忍不予计较或无可奈何”的语气（孙晨阳，2012：42），也有“不再计较、就此罢休、不再纠缠”的情感（刘丽涛，2013：37），还有“不再追究、原谅”的意义（解亚娜，2013：27）和“满不在乎、消极让步、求简避繁”的决断语气（刘晓晴，2014：101）。既有认知（不计较、不介意、不追究等），也有情感（急躁、满不在乎、无可奈何等），还有意向（消极让步、求简避繁），多种概念纠缠在一起，其间的逻辑关系混乱。

整体来看，语法学界对“算了”的历时演变和共时比较讨论得较为全面细致，历史演变轮廓和基本功能也逐渐清晰起来。无论是语法化的历时演变还是话语标记的共时比较，作为句末助词的“算了”不仅是联接动词用法与标记功能的桥梁和纽带，而且也是回溯其演变路径和功能差异的支点和前提。然而，遗憾的是，学者们却对句末助词“算了”的分布规律缺乏准确定位，对其语法意义缺乏正反验证；对其认知情态缺乏系统解释（赵春利、孙丽，2015），因此，才导致了不少的争议、分歧和混乱。

本章试图以语义语法为理论基础，以语义地图为方法论，以北京大学中国语言学研究中心的CCL语料库为主要语料来源，首先从研究对象角度界定清楚句末位置助词“算了”与动词“算了”的区别；然后从共时角度全面考察并正反验证句末助词“算了”的分布规律，并根据分布规律提取其语法意义，揭示并解释其认知、情感和意向，从而为验证历时的语法化历程提供理论基础和逻辑支点，也为揭示共时的话语标记功能提供基本框架和情态解释。

二、句末助词“算了”与句末动词“算了”的差异

只有从研究对象的角度把句末助词“算了”与句末动词“算了”区别开来，才能为精准定位句末助词“算了”的分布规律并验证其语法意义奠定基础。那么，如何鉴别句末位置的“算了”究竟是动词还是助词呢？

根据CCL语料库的调查，可以从句法性质、语义功能和话语结构三个角度把句末位置的动词“算了”与“助词”区别开来。

首先，从句法性质上看，如果句末位置的“算了”是动词，那么，其句法功能是作谓语，其前面的主要成分主要有四种：连词类、兼语类、名代类、小句类，其中前三类都无法与句末助词“算了”组合，因为句末助词“算了”所组合的对象是小句。连词类是指动词“算了”独立作由连词关联的复句子句，常见连词有不过、还是、不如、如果、所以等，如（1a/b/c），复句后件可带标记动词的副词“就”，如（1d）；兼语类是指动词“算了”作“劝、叫、让”使动动词宾语的谓语，如（2）；名代类是指动词“算了”直接作名词或代词的谓语，如（3a/b），主谓之间常带标记动词的副词“就、也、也就、倒也、倒还、只好、这么、便、不”等，如（3c/d）。

（1）a. 你根本没邀我到你家去，不过算了，你似乎觉得我在不在都无所谓。

b. 你每次出去都吃不了什么，还是算了，做顿饭也不费什么事。

c. 如果吵架了，便什么心情也没有，那么，不如算了。

d. 虽然这对军用马来说是一种侮辱，但反正马不会抱怨，所以就算了。

（2）a. 许多人都劝他算了，别把钱往水里扔。

b. 静秋叫妈妈算了，事情已经过去了，说也没用了。

c. 我还是觉得，让你姐算了吧，为这点小事麻烦人家，何必呢？

d. 晚上天气冷，思成和朋友劝她算了，可他坚持一定要去。

（3）a. 我给你打保票，你这事算了，人民内部矛盾，不予追究。

b. 夏红你算了，当事人自己都不上心，你就别操那份心了。

c. 你只要让那头小狗跑过山，别让我看到，这件事也就算了。

d. 王后若不同意寡人去见佳女，那就算了，寡人就在王后住处安歇。

小句类是指动词“算了”作以动词为核心的小句的谓语，是使用频次最高的类型，可分为否定式和肯定式两类。值得注意的是，否定式小句可以分成三类：第一类是情状不存义，采用的形式是“没钱、没空、没事、没信心、没买、没要、没兴趣、没听说”等“没＋名词或动词”的否定形式，小句与谓语“算了”间必带标记副词，如（4）；第二类是无能为力义，采用“听不见、听不清、找不着、辨不出、修不好、抓不到、碰不上、去不掉、来不了、记不住、打不通、信不着”等可能补语否定式，小句与谓语“算了”间常带标记副词（5a/b），偶尔采用零标记（5c/d）；第三类是无意为之义，采用“不能、不愿、不想、不肯、不要、不坐、不走、不说、不搬、不承认”等“不＋动词”的否定形式，常带标记副词（6a/b），偶尔采用零标记（6c/d）。而肯定式小句与动词谓语“算了”之间常带标记副词“就、也”等，如（7a/b/c），但也有不带标记副词的，如（7d）：

（4）a. 你没买就算了，我也没跟你要礼物。

b. 原想给你提供点线索的，你没兴趣就算了！

c. 倘若他有空就去买，没空便算了。

d. 他一生没有累事倒也算了，不过就是有这个无依靠的蒙儿。

（5）a. 你连洋文都看不懂，修不好就算了。

b. 去不掉就算了，反正肉身是假的，法身是不坏的，随他去好了。

c. 你讨厌，好话不说二遍，听不清算了。

d. 后来一想，联系不上算了，我自己去吧。

（6）a. 你不愿意就算了，哭什么呀？

b. 不行就算了，哪那么多话，还嫌我不够累是不是！

c. 父亲在一边催促：“不愿教书算了，免得老子在家没个帮手。”

d. 你们不搬算了！咱就是搬上走的老主意。今天就给地主退地去，三两天就起身！

可以将句末“算了”的动词和助词在句法上的异同对比如下：

（7）a. 不要紧，事体说清楚了就算了。

b. 一家子骨肉，闹过了就算了，别记仇儿！

c. 遇上法国人倒也算了，麻烦的是遇到同班的中国同学。

d. 我们听过算了，也就没放在心上。

在句法上，与句末动词“算了”的组合对象不同，句末助词“算了”主要与肯定形式的小句组合，如（8），与无意为之的否定性小句组合的几率较低，如（9）。

（8）a. 重温旧梦其实是一个错误。过去的就把它存在心里算了。

b. 李永波立刻回答说：“那好啊，我就顶张尉算了”。

c. 这个女孩子硬是不愿意，那就干脆另换一个算了。

d. 咱不必以牙还牙，杀他们也无益，不如放他们回去算了。

（9）a. 如果要“三进宫”的话，建议您不用再搞自考算了。

b. 依你这么说，咱不杀他们算了！

可以说，句末位置的动词“算了”与助词“算了”在句法组合上存在着比较明显的差异，其一，助词“算了”前只能是小句，而动词“算了”前可以是小句，也可以是连词、兼语和名代类；其二，当组合对象为小句时，动词“算了”前一般都有标记副词，而助词“算了”前没有标记。如下表所示：

表 11–1　句末动词“算了”和助词“算了”句法搭配对比表

组合对象 / 句末位置	连词类	兼语类	名代类	小句类			
				否定形式			肯定形式
				情状不存义	无能为力义	无意为之义	
动词“算了”	●	●	●	●需标副词	●多标副词	●多标副词	●多标副词
助词“算了”	○	○	○	○	○	●毗邻同现	●毗邻同现

但是，当句末位置的“算了”前是没有标记副词的小句时，就无法在句法标记上判断“算了”究竟是动词还是助词，而需要从语义功能上进行甄别。

其次，从语义功能上看，一般来说，动词“算了”前的小句是被“算了”所中止的已然事实，如（10a），而助词“算了”前的小句则是被“算了”所接受的未然提议，如（10b）：

（10）a. 联系不上算了，我自己去吧。

b. 既然查过了，没有大问题，就结案算了。

从语义上看，10a 的“联系不上”是被动词“算了”中止而不再追究的已然信息，即“不联系了”，整个句子可以通过插入副词标记“就”显示出来，即“联系不上就算了，我自己去吧”。而10b的“就结案”则是助词“算了”所认可的未然提议，是对“查过了，没有大问题”的处置手段，因此，可以通过把表提议的助词“吧”替换助词“算了”而句子命题意义不变来验证，如“既然查过了，没有大问题，就结案吧”。其实，除了副词插入和助词替换两种测试方法以外，要判定句末“算了”前的小句表达的是已然事实还是未然提议，还必须根据不同的话语结构。

第三，从话语结构上看，根据整体决定部分的原则，不同的话语结构决定了小句的不同功能。动词“算了”的主要话语结构是基于广义因果关系的“既然 / 因为 / 假如 / 如果 C1，那就算了”，动词“算了”前的小句 C1 是被动词“算了”中止追究的“已然事实”，有的有连词标记（11a/b），有的是零形标记（11c/d）：

（11）a. 既然我们双方都不想尽义务，那就算了吧。

b. 你要是因为工作没办法也就算了。

c. 你跟他婉转商量一下，不行就算了。

d. 你不肯教，也就算了。

助词“算了”的基本话语结构也是基于广义因果关系的“既然 / 因为 / 假如 / 如果 / 要是 C1，与其 C2，不如 C3 算了”，不过，C3 却是说话者为了应对 C1 而被动权衡后选择的未然提议或手段，句末“算了”已虚化为具有助词性质的类似于“吧”的标记，有的有连词标记（12），有的是零形标记（13）：

（12）a. 不安定的局面随时都可能出现（C1），与其这样下去（C2），不如你就挺身而出，将这些祸国殃民的家伙都赶走算了（C3）。

b. 既然好心拿衣服给你，还遭骂（C1），干脆我拿回来，让你冻死算了（C3）。

c. 如果这一仗再打输了（C1），我们不如干脆退役回家算了（C3）！

d. 与其让红卫兵来剪（C2），不如自己剪了算了（C3）。

（13）a. 王心肠太软（C1），你进去给他们敬酒，瞧个方便，把刘邦杀了算了（C3）。

b. 小姑娘卖点钱不容易（C1），你们多少给点算了（C3）。

c. 这阵他们害死这么多人，早该办死罪了（C1），枪崩了算了（C3）！

d. 我看干脆把这老东西干掉算了（C3），反正也难挤出油水（C1）。

从语法化角度看，助词“算了”就是从动词“算了”逐渐演变而来的，并且依然在演变中，因此，还可以看到动词“算了”前面出现“未然提议”的小句，尽管出现频次不高，如（14），但显示着动词“算了”与助词“算了”在语义功能和话语结构上的密切关联。如果去掉（14）中的副词标记“就、也就”，动词“算了”就成了典型的助词“算了”。

（14）a. 只要他不疯不癫，欢欢喜喜，花几个钱也就算了。

b. 你们既然会杀，干脆把我杀了就算了。

c. 那他何必写这封信呢？索性放下不管就算了。

d. 既然做了，不如一次做完就算了。

通过对比，可以发现，句末位置的动词“算了”和助词“算了”在句法、语义和话语三个方面存在着差异，从而初步勾勒了助词“算了”的基本特征。然而，要想廓清并验证“算了”句的话语功能、复句关系以及句末助词“算了”的句子分布、语法意义、知情意心理取向，就需要遵循整体制约部分的原则，按照从话语功能、复句关系到单句分布的由大到小的描写顺序，逐渐提取并验证句末助词“算了”由认知、情感和意向构成的语法意义。

三、“算了”句的话语提议功能和复句语义关系

首先，在话语功能上，句末助词“算了”的句子都具有提议功能，正如王晓燕（2009：51）所言“算了”“更多表示一种提议，‘建议’义比较突出”，为什么呢？这是由带助词“算了”的句子所属的话语关系决定的。根据 CCL 语料库的调查，可以发现，在话语关系中，“算了”句的主句动词常常是基于说话者视角的提议义动词，如提议、建议、提出、主张、认为、觉得、决定、劝、想、看、说、道等；而从句法地位上，可以把“算了”句看作是提议义动词的宾语，如（15）：

（15）a. 刘秀芹称“装汽油的塑料袋渗漏”，刘葆荣提议：“干脆用雪碧瓶装算了。”

b. 倘若哪位说对方挂的，我现在建议你把手放在肉厚的地方掐自己一下算了。

c. 生活实在没有意义，我觉得还不如死了算了。

d. 你村尽出些人命案，我看司法科不要设到县里，设到你村算了。

而当主句谓语为“相信、确信、深信、坚信、宣誓、发誓、起誓、保证、承诺、承认”等信誓义动词时，“算了”句就不能作宾语，否则不合法，如（16）：

（16）a. *“你不来”，我相信：“我索性绝食算了”。

b. *“既然无话可说”，他保证：“不如敷衍几句算了。”

c. *找不到合适的发展机会，张小龙承认干脆去美国算了。

d. *如果你不愿意去，我承诺我一个人去算了。

可以说，从话语功能上看，“算了”句表达了说话者提出建议的提议功能，如果主句谓语不是提议义动词，就不可以带“算了”句宾语。但是，“算了”句的提议性话语功能不是无条件的，因为任何一个旨在解决问题的提议都是基于一定的事实条件或虚拟条件，因此，一个“算了”句之所以表达了提议，还受制于句子之间的复句关系，那么，究竟“算了”句与前面的句子具有什么语义关系呢？

其次，在复句关系上，根据CCL语料的调查和统计，可以发现：“算了”句所处的复句关系属于二重复句，第一层次是广义的因果关系（邢福义，2001：7—8），第二层次则是选择关系。第一层因果关系主要通过“如果、要是、假如、倘若、因为、由于、既然、反正”引出一个虚拟或已然的原因前件，第二层选择关系则是与之对应的结果后件，是说话者针对原因前件而提议应该舍前取后的应对手段，被舍前件与选取后件构成选择关系，其中，“算了”句所表达的就是说话者提议应该选取的应对手段，其标记词就是“不如、还是”，如（17）：

（17）a. 不安定的局面随时都可能出现，|（因果）与其这样下去，||（选择）不如你就挺身而出，将这些祸国殃民的家伙都赶走算了。

b. 我就想，两万块钱，作家怎么会这样有钱呢？|（因果）我还是别当画家了，也不当医生，||（选择）干脆学着写文章算了。

c. 既是鱼与熊掌不可兼得，|（因果）必会左右为难，||（选择）倒不如不要陷自己于如此困恼地步算了。

d. 她实在忧虑重重，负荷不了啦，|（因果）觉得与其重新开始，||（选择）还不如自杀算了。

从引出“算了”句的因果关系和选择关系来看，“算了”句作为语义重心既是针对第一层次原因性前件的应对性手段，也是针对第二层次舍前取后的选择性手段，再加上整个话语的提议功能，“算了”句所关联的逻辑关系就可以通过下表完整地表现出来：

表 11-2 “算了”句的逻辑关联表

话语谓语	二重复句关系		
	原因前件	结果后件	
		被舍前件	选取后件
我觉得，	不安定的局面随时都可能出现，	与其这样下去，	不如你就挺身而出，将这些祸国殃民的家伙都赶走算了。
我就想，	两万块钱，作家怎么会这样有钱呢？	我还是别当画家了，也不当医生，	干脆学着写文章算了。

当然，从实际例子来看，并不是所有的“算了”句的二重复句关系都很齐全，而是隐含在语境中。根据调查，多数情况是出现因果关系而隐含选择关系，如（18）；少数则是出现选择关系而省略因果关系，如（19）；但无论如何，都可以将隐含或省略的部分还原出来，如（20）：

（18）a. 如果上天只给我一个打电话的机会，我还是打给我爹算了。

b. 假如分期付款还要借钱，倒不如多借点儿一次付清算了。

c. 因为她没有开口问罚了多少，我就知情识趣地不提算了。

d. 既然找到个白马王子，不如嫁掉算了。

（19）a. 与其让别人打死，还不如让你打死算了。

b. 与其让红卫兵来剪，不如自己剪了算了。

c. 你带着负疚去结婚，不如痛快跟他分了算了。

d. 为我胡乱去嫁人？那不如胡乱嫁给我算了。

（20）a. 如果上天只给我一个打电话的机会，与打给 110 相比，我还是打给我爹算了。

b. 既然都是死，与其让别人打死，还不如让你打死算了。

可以把“算了”句的整个话语结构归结为：“我提议：既然 A，与其 B1，不如 B2 算了”。在因果关系上，B1 与 B2 都是解决原因的建议，但在选择关系上，舍弃 B1 而选取“算了”句所表达的建议 B2。因此，“算了”句的认知结构就是：针对某种困难情况通过舍前取后的比较而提出建议，可以概括为“择次了难”[①]。值得注意的是：这一认知结构是“算了”

① “择次了难”是唐娜（2017）与本人讨论“算了”的语法意义时提出的高度概括的术语，参看其暨南大学硕士学位论文。

句的必要条件而不是充分条件，即“算了”句一定存在于这一认知结构中，但不是说该认知结构一定会导致使用“算了”句。因为除了受话语提议功能和复句因果关系及其选择关系的制约外，“算了”句还受到句子功能的制约，那么，哪些句子能够带上句末助词“算了”而表达选取的建议呢？

四、句末助词“算了”的句子功能分布

前人对句末助词“算了”在句子功能上的分布有所涉及，刘顺、殷相印（2010：87）认为助词“算了”表达一种“建议或劝说的祈使语气”，也就是说，可置于祈使句句末，而刘晓晴（2014：101—102）则明确提出助词“算了”可位于祈使句和陈述句的句末。根据 CCL 语料库的调查，可以发现：句末助词“算了”对句子功能类型的选择具有较强的规律性。

首先，句末助词“算了”与陈述句的选择关系。

句末助词“算了”主要分布于陈述句句末，但不是任何一个陈述句都能自由地带上句末助词“算了”，而是受到一定的限制。从语气副词来看，陈述性“算了”句作为选择关系的后件，一般带有选取义副词“干脆、索性、不如、还是、只好、只有、最好”等，如（21）：

（21）a. 我以为这么大的床，你总不会再掉下来了，干脆我以后把你绑在床上算了。

b. 我的个妈呀，那不如我和科长买下这地皮，索性盖了房子住在这里算了。

c. 她本来想当女演员，但家长不赞成，她只好结婚算了。

d. 你不准去当兵，所以你最好是把这个想法打消算了。

从功能上看，陈述性“算了”句表达一种为解决问题而无奈决定选取的建议，可称之为决定义陈述句。由于受舍前取后的复句选择关系的制约，陈述性“算了”句一般包含选取义副词，即使没有的话，也可以通过插入选取义副词而不改命题意义以验证其选择特征，如（22）：

（22）a. 如果要解决也是劝女方离婚算了。

——如果要解决也是劝女方（干脆）离婚算了。

b. 有人因此把国有经济看成是包袱，认为丢掉算了。

——有人因此把国有经济看成是包袱，认为（不如）丢掉算了。

从认知分析角度看，“干脆、索性、只好”等选取义副词都是以犹豫

不决、瞻前顾后、有所顾忌为心理基础而最终下决心不情愿地选择一种不得已的手段，具有一种基于选取义的无奈感。根据调查，选取义副词与句末助词“算了”具有非常高的同现率，其他的非选取义语气副词几乎不能与助词“算了”同现，比如：“只不过、充其量、顶多、最多、至多、仅仅”等范围副词（23a），“大概、大约、大抵、不见得、恐怕、想必、似乎、好像、该不是”等揣测副词（23b），“幸亏、幸好、多亏、恰好、恰恰、恰巧、正巧、刚好、刚巧、偏巧、偏偏”等幸巧副词（23c），“明明、分明、明摆着、明显、显然、公然、当然、难怪、居然、竟然、果然、怪不得”等明知副词（23d）。

（23）a. 这只不过是逢场作戏罢了。 ——*这只不过是逢场作戏算了。

b. 我想他大概是个老头儿吧。 ——*我想他大概是个老头儿算了。

c. 他刚好从后门闯进来。 ——*他刚好从后门闯进来算了。

d. 你明明知道不可能碰到他嘛。——*你明明知道不可能碰到他算了。

可以说，选取义副词既是陈述性“算了”句的典型标记，也是其验证手段。句末助词“算了”只选择选取义副词而排斥其他类副词的分布规律说明：句末助词“算了”的语法意义包含着认知的选取性和情感的无奈性。

其次，句末助词“算了”与祈使句的选择关系。

袁毓林（1993：14）根据意义把祈使句分为“命令句和禁止句、建议句和劝阻句、请求句和乞免句”。从结构形式看，“命令句、建议句和请求句”都属于肯定式，而“禁止句、劝阻句和乞免句”都是否定式（袁毓林，1993：16）。根据语料库的调查和统计，句末助词“算了”一般不出现在否定式的句末，否则不合法，如（24）：

（24）a. 不许去！ ——*不许去算了！

b. 甭管！ ——*甭管算了！

c. 别说我吧。 ——*别说我算了！

即使是肯定式，命令句、请求句和一般的建议句也不可以带句末助词“算了”，如（25）：

（25）a. 举起手来！ ——*举起手来算了！

b. 请您让一下！ ——*请您让一下算了！

c. 该走了！ ——*该走了算了！

只有表示劝谏义的建议句才可以带上句末助词“算了”，如（26）：

（26）a. 把盘子拿回来吧！——把盘子拿回来算了！
b. 让他快点转业吧！——让他快点转业算了！
c. 干脆成亲吧！——干脆成亲算了！
d. 你一个人去吧！——你一个人去算了！

第三，句末助词“算了”与疑问句的选择关系。

疑问句在结构上可以分成是非问、选择问、正反问和特指问。根据CCL的调查，句末助词“算了”不能置于是非问和选择问的句末，否则，要么造成句法不合法（27）；要么改变句子功能，使原来是非问的疑问功能变成了陈述功能（28a/b）或祈使功能（28c/d）。

（27）a. 你真的知道人生的秘密吗？——* 你真的知道人生的秘密算了？
b. 他们能治好病吗？——* 他们能治好病算了？
c. 你吃大米还是吃煎饼？——* 你吃大米还是吃煎饼算了？
d. 你是医生还是我是医生？——* 你是医生还是我是医生算了？

（28）a. 他死了吗？——他死了算了。
b. 你让他们回来吗？——你让他们回来算了。
c. 烧掉吗？——烧掉算了。
d. 回家吗？——回家算了。

句末助词“算了”可以置于正反问和特指问的句末，不过，不能置于一般类型的正反问和特指问的句末，而是对正反问和特指问的表达功能和询问方式提出了要求。其一，只有表达商讨功能且以“是不是、要不要、能不能、可不可以”等能愿助词为询问方式的正反问才可以带助词“算了”，插入选取义副词“干脆”并不影响命题意义，如（29）；其二，只有表达寻因功能且以“为什么不、为何不、干嘛不、怎么不”为反问方式的特指问才可以带助词“算了”，如（30）：

（29）a. 你是不是去顶一下算了？——你是不是（干脆）去顶一下算了？
b. 我要不要嫁了算了？——我要不要（干脆）嫁了算了？

c. 你看能不能从轻处理一下算了？　　——你看能不能（干脆）从轻处理一下算了？

d. 你可不可以直接把我看扁算了？　　——你可不可以（干脆）直接把我看扁算了？

（30）a. 你为什么不放弃魔法算了？

b. 如果决定留在美国，何不干脆与美国人结婚算了？

c. 你干嘛不穿太空装算了？

d. 你们怎么不关门算了？

其实，正反问“算了”句是说话者通过疑问形式把自己选取的建议转变为与听话者的商讨，可称为商讨义正反问，实际上是商讨提出的建议，而不是商讨提不提建议。而特指问“算了”在功能上与陈述性“算了”句是一样的，都是说话者无奈提出一种不得已的决定，只不过采用了疑问形式而已。

第四，句末助词“算了”与感叹句的选择关系。

“算了”句在功能上表达的是针对某种情况无奈提出一种应该选取的建议，而感叹句是说话者“以表达感情为基本作用的语句”（吕叔湘，1944/1982：312），感情既无法作为决定向他人告知，也不能作为劝谏向他人提出，更无需作为商讨向他人征询，因此，句末助词“算了”无法分布于感叹句句末，典型的感叹句都无法加上句末助词“算了”，如（31）：

（31）a. 这是多么严酷的现实啊！　　——* 这是多么严酷的现实算了！

b. 好漂亮哇！　　——* 好漂亮算了！

c. 真不简单呀！　　——* 真不简单算了！

d. 何其壮观啊！　　——* 何其壮观算了！

总的说来，以“建议性择次了难”为核心语法意义的句末助词“算了”排斥感叹句而选择决定义陈述句、劝谏义祈使句和商讨义疑问句。换句话说，助词“算了”具有跨句类的特征，其功能因分布于不同的小句功能类型而表现出不同的功能倾向，即“建议性择次了难”的“算了”句分布于陈述句、祈使句和疑问句时分别表现出决定义、劝谏义和商讨义的具体功能，其语义分布图如下所示：

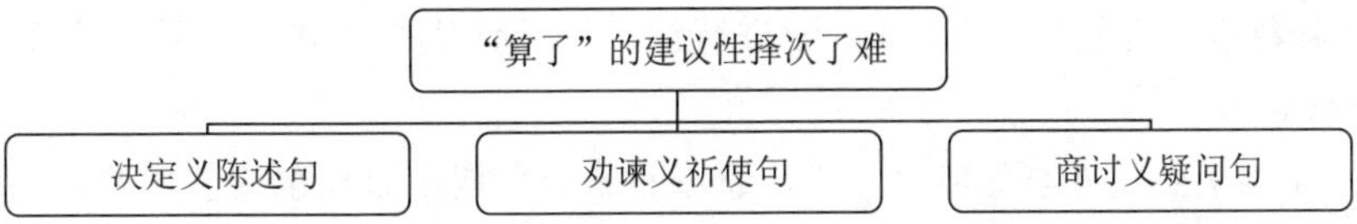

图 11–1　句末助词“算了”的语义分布图

其实，无论是话语结构、复句关系还是小句功能，都是准确定位助词“算了”分布规律的必要手段，从实际语料来看，尽管助词“算了”多数分布于小句句末，也可以分布于由小句组成的句群的句末，如（32）：

（32）a. 与其这样下去，不如你就挺身而出，将这些祸国殃民的家伙都赶走算了。

b. 托秦妈妈另外给她找一个厂，就住在厂里，什么熟人也见不到，永远也不回家去，一个人在这个厂里孤独地过一辈子算了。

c. 书你念不念的也没关系，想在美国呆下，就随便再去念点什么实用的专业，或干脆找工作算了。

d. 你要回答我后，我才会放你去睡，要不然我们就在这里大眼瞪小眼，一直等乃亭他们回来算了。

可以说，表达“建议性择次了难”的句末助词“算了”在分布规律上受话语提议功能、复句因果关系和单句建议功能的制约，另外，“算了”句所表达的建议还受时体态特征的制约。

五、“算了”句的时体态特征

首先，“建议性择次了难”都是为了解决某种情况而需要将来或现在采取的措施，因此，从时间上看，表达建议的“算了”句一般都是将来时（33a）和现在时（33b），多数都没有时间标记（33c），但不能是过去时（33d）：

（33）a. 你们马家军天下无敌，我们以后都改行算了。

b. 想到改天还要来，不如现在打发一下算了。

c. 如果你不想说话，还不如回到家里看电视、读小说算了。

d. *咱不必以牙还牙，杀他们也无益，不如以前放他们回去算了。

其次，“建议性择次了难”主要是指为解决问题而提出的有效手段，在句法结构上，倾向于选择具有完成体意义的“V 了”、述补结构或述宾结构来表达“有效”（34a/b），而进行体、经历体则很难进入“算了”句中（34c/d）。

（34）a. 这件事做不成，回去也一样是死，倒不如现在死了算了。

b. 饥饿和劳累折磨得他只想死掉算了。

c. * 让几个民兵把他抬到后岗，挖个坑埋着算了！

d. * 有人认为既然无话可说，不如敷衍过几句算了。

第三，“建议性择次了难”是说话者为解决问题为不得不主动提出的策略，因此，“算了”句的谓语绝大多数以自主动词的主动态为主，特别是在“把”字句、“让”字句中（35a/b/c），偶尔采用被动态（35d）：

（35）a. 这养猪、养鸡，一年才能赚几个钱，干脆把猪场、鸡场卖了算了。

b. 我可再也受不了啦！让他拎着他的提包走算了。

c. 只要有班车，我就不调了，睁只眼闭只眼混算了。

d. 比起要让你救我的命，我还不如选择被烈火焚身算了。

可以说，“算了”句的“建议性择次了难”功能决定了其与时、体、态的倾向性选择关系，如下表所示：

表 11-3　句末助词“算了”与时体态选择图

时体态特征 / 选择关系	时			体			态	
	过去	现在	将来	经历	进行	完成	被动	主动
助词“算了”	○	●	●	○	○	●	○	●

六、句末助词“算了”的心理取向

从语法形式上看，“算了”句不仅受制于话语提议功能、复句语义关系以及单句建议功能，而且还受制于时、体、态语法范畴的制约，但从语法意义上看，决定“算了”句的话语结构、复句选择、单句分布及其时体态特征的内在因素却是构成助词“算了”建议性“择次了难”这一核心语法意义的认知、情感和意向。

首先，从认知上说，“算了”句的“择次了难”功能是建立在为了解决问题而舍 B1 取 B2 的“选取”关系上的，这一认知上“择次了难”的选取性可以通过“算了”句与标记舍前取后选择关系的选取义副词“干脆、索性、不如、还是、只好”等的高同现率得到验证（36）：

（36）a. 天天提心吊胆的提防那夜袭队，干脆大干它一家伙算了！

b. 与其羞辱的活着，倒不如跟他们打一场战死了算了。

c. 现在大家都知道了，我哪还有脸见人啊我？我还是死了算了！

d. 再去学唱歌剧，中气又不足，看样子只好提前退休算了。

但是，值得注意的是：以“择次了难”为核心意义的“算了”在认知上的选取性并非说话者无所顾忌、直截了当的客观性弃劣选优，而是有所顾忌、迫不得已的主观性劣中选优，通过权衡利弊，在所有的不如意的选项中选择则一个尚可接受的行为来了却此前的困难，因此带有较强的无奈感。

其次，从情感上说，由于“算了”句的认知选择具有劣中选优的二难性，说话者是迫不得已才选出不情愿的建议，带有较强的无奈感。这一情感的无奈性可以通过“干脆、索性、只好”等高同现副词所蕴含的心理变化过程得以验证，即都有一个从“无所适从、顾虑重重、犹豫不决、牵肠挂肚”心理犹豫的起点到“无可奈何、下定决心、义无反顾、放弃计较”的我意已决的终点心路变化历程，如（37）：

（37）a. 如果实在不能原谅，还是离婚算了。

b. 如果你们真的为我选定了贝茜，那我宁愿像二哥，去做和尚算了！

c. 怎样才能断绝关系呢？我常常想，干脆做些越轨的事算了。

d. 雨翔躲在一个角落里吃饭，却不得已看见了钱荣和姚书琴正一起用餐，眼红得想一口饭把自己噎死算了。

可以看出，与其“不能原谅地维持婚姻、与贝茜在一起、维持关系、看见钱荣与姚书琴在一起吃饭”，说话者却宁愿选择“离婚、做和尚、做些越轨的事、把自己噎死”这些不情愿的建议，不仅显示出说话者情感的无奈性，更反衬出对前者的强烈不满。

第三，从意向上说，说话者基于认知选择的二难性不仅引发情感的无奈感，而且还显露出糟蹋损坏或敷衍了事等“自暴自弃、得过且过”的消极意向，这一意向的暴弃性主要通过“算了”句的谓词结构或其修饰语的语义倾向得到验证。通过调查，可以发现，绝大多数“算了”句的谓词结构（VP）或其修饰语带有暴弃义倾向，如死了、离了、卖了、丢了、扔了、撤了、拼了、剪了、噎死、吓死、冻死、淹死、饿死、勒死、打死、处死、自杀、投降、干掉、吃掉、扔掉、杀掉、死掉、烧掉、打断、摔断、拿走、撤走、赶走、逃走、带下去、混下去、跳下去、捏下来、砍下来、退下来、搬出来、甩出来、迁就、将就、对付、凑合、随便、随意、胡乱、草草、混完、睁一眼闭一只眼、听其自然等，如（38）：

（38）a. 有一个人提议：干脆把狗打死算了，还能白吃上一顿狗肉。

b. 有鉴于此，不如趁早把这个祸害除掉算了。

c. 我一个人呆在家里干什么？随便到哪里混顿饭吃算了。

d. 如果是一般职工违犯了纪律，咱们罚罚款算了。

其实，构成“算了”建议性的认知、情感和意向不是各自孤立的，而是互相关联的，存在着一定的逻辑顺序，即认知上劣中选优的选取二难性决定了情感的无奈性，而情感的无奈性又决定了说话者在行为意向上的暴弃性倾向，这一点从选取义的“不如”到无奈义的“干脆”、再到暴弃义“VP”的逻辑排序就可以看出来（39），而从认知的选取性到情感的无奈性再到意向的暴弃性构筑了句末助词“算了”建议性语法意义的心理底线。

（39）a. 这样活着还有什么意思，还不如 现在咱们 干脆 一下都死了算了。

b. 你贪生怕死，出卖朋友，做的本来就是些不要鼻子的事，我不如 索性 把你这鼻子捏下来 算了。

总的说来，“算了”的语法意义就是说话者提议“由某种情况作为原因引发说话者在二难抉择中建议应该舍弃这种不利手段而无奈地选取采取倾向于自暴自弃的行为”，可以概括为“择次了难”。

七、结语

通过对句末助词“算了”分布规律及其语法意义的甄别、定位、验证和解释，可以进一步印证语义语法理论所秉持的基本理念：语法形式制约语法意义，语法意义决定语法形式。就句末助词而言，形式对意义的制约性主要体现在形式分布的规律制约着语法意义的提取和验证，而意义对形式的决定性主要体现在意义提取的准确决定着语法形式的分布和描写。句末助词“算了”的分布是有规律的，分布的规律性取决于其核心的语法意义，而无形的核心语法意义的提取和解释不能仅凭语感，而必须借助于有形的分布规律来描写、定位和验证。提取句末助词语法意义的关键就是找到句末助词处于什么样的话语结构、复句关系和句子功能中，按照从大到小的描写顺序定位其分布，按照整体决定局部的解释原则提取其意义。可以说，句末助词“算了”的分布规律及其语法意义可以通过下表表现出来：

表 11-4　句末助词“算了”的话语分布图与语义分布图

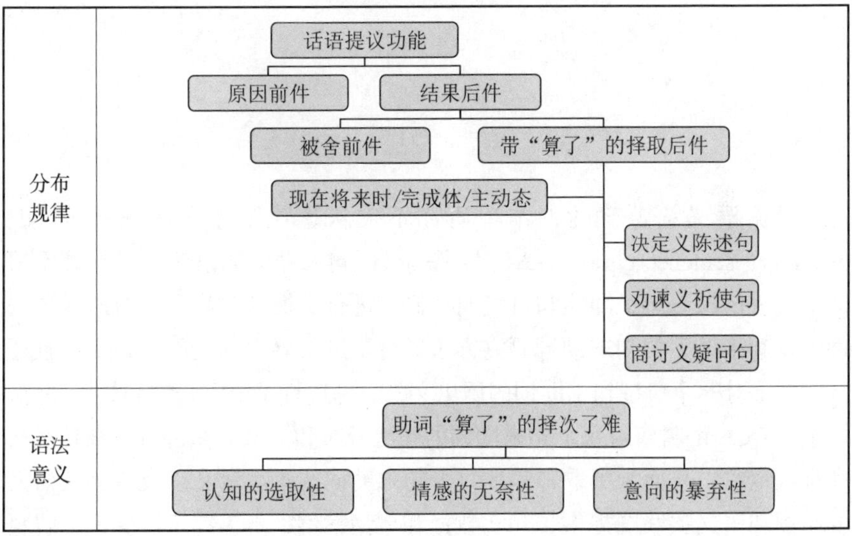

第十二章　结语

一、引言

根据语义语法理论，本项研究不仅从理论上基于英语的mood、modality、sentence type、tone对与现代汉语句末助词的语法意义纠缠不清的语气、情态、句子功能和口气四个概念进行了梳理和辨析，对语义语法理论及其指导下的句末助词研究方法进行了逻辑界定和全面分析，而且还从实践上对七个典型句末助词的历史文献分别进行了全面归纳和具体评述，并基于CCL语料库对每个句末助词的句法分布和语义分布进行了细致考察和准确定位，从而为提取和验证每个句末助词的语法意义以及勾勒其语义分布图和语义关联图提供了翔实数据和典型案例，更为揭示、验证、解释隐含在句末助词语法意义中的认知、情感、意向、态度等心理因素奠定了逻辑基础。

本项研究没有对七个典型句末助词进行两两比较，众所周知，事物之间的比较必须有共同的基础，尽管七个句末助词在形式分布上具有位于句末的共同点而在语义上具有表达说话者的认知、情感、态度或意向等心理状态的共同点，但值得注意的是，旨在比较的研究极易使单个句末助词的研究浮于形式而难以准确定位其分布规律并提取其语法意义。

本项研究对七个句末助词的逐一深入全面的考察表明：无论是从话语结构、复句关系来看，还是从句子功能、副词同现、话语标记来看，七个典型句末助词都具有各自独特的分布规律和语法意义，表现出不同的认知、情感、态度或意向等心理特征；可以说，单个句末助词的描写是两两句末助词对比的句法语义基础和逻辑前提，只有准确定位单个句末助词的分布规律并准确提取其语法意义，才能对不同句末助词进行句法语义的比较；况且，比较的目的本质上也是为了揭示单个句末助词的句法和语义，从而使其与其他句末助词区别开来；另外，通过对单个句末助词的研究可以寻找比较的基点，比如不同句末助词对不同语气副词的选择和排斥，对不同句子功能的选择排斥，在复句关系和话语结构上的不同分布规律等等，从而深入揭示不同句末助词的句法语义。总的说来，七个典型句末助词的语法意义如下所示：

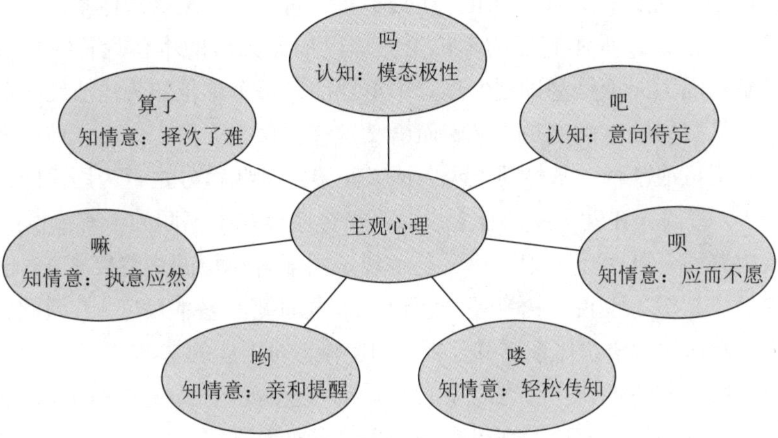

图 12–1　句末助词语法意义图

二、本项研究在理论、方法和观点上的创新

本项句末助词研究的创新点主要有以下三点：

首先，理论创新。现代汉语句末助词研究的理论创新就是语义语法理论的界定，语义语法的产生既是语法理论历史发展的必然，也是本体思想逻辑发展的必然。（1）语义语法理论的历史必然性。为了从理论体系、概念内涵和思维方式上摆脱现代汉语句末助词的语法意义与“语气、情态、句子功能类型以及口气”的纠缠，本项研究不仅基于英语的 mood、modality、sentence type、tone 等对汉语语法学界的语气、情态、句子功能类型和口气等概念进行了系统梳理和性质界定，而且还从传统语法、描写语法、功能语法、认知语法到生成语法的语法理论发展历史及其演变逻辑的角度，创新性地从认识论、本体论、目的论和方法论四个角度梳理历史并逻辑严密地界定了语义语法的理论框架、基础概念以及概念与概念之间的逻辑关系，为调查、描写、提取、验证句末助词的语法意义奠定了理论基础和方法论指导。（2）语义语法理论的逻辑必然性。自1898年以来，为了构建语法体系，语法学界先后提出了词本位（马建忠，1898/1983：15）、句本位（黎锦熙，1924/1992：1）、词组本位（朱德熙，1985：76）、字本位（徐通锵，1994：1—2）到小句中枢说（邢福义，1995：421）等五种本位论，无论是字、词、词组，还是小句、句子，都是语法体系的有形单位之一。但是，具体有形的本位论应该以抽象无形的本体论（Ontology）为基础，因为无论是基础性的还是中枢性的，每个单位作为语法结构的一部分，其共同的基础就是语义，而语义具有哲学意义作为语法本体的四个特征：不可或缺性（从性质上说，语义是鉴定某些符号是否为语言的根本标准）、普遍存在性（从数量上说，语义普遍存在于不同的语言单位中）、终极解释性（从关系上说，语义是解释不同语言单位的最终要素）、演变可能性（从模态上说，语义是分析语言单位演变的基本尺度），因此，以语义为本体构建语法体系更符合哲学和逻辑学对本体的基本界定。

其次，方法创新。研究对象的性质和特点决定了研究方法的性质和特点，根据语义语法理论，现代汉语句末助词作为研究对象在性质上是聚合功能性语法意义，表现出意会易而言传难、感知易而界定难、使用易而辨析难、体悟易而验证难的特点。根据句末助词的性质和特点，结合语义语法理论的方法论，在批判继承传统语法、描写语法、认知语法和生成语法对句末助词研究方法的基础上，本项研究创新性地提出了四条原则：精确定位、意义提取、正反验证、系统解释。（1）定位方法创新。精确定位就是基于语料库调查清楚句末助词在句子功能、复句关系和话语结构上的选择与限制关系，并搞清楚句末助词与某类句子中的语气副词、时体态、主谓类型、话语标记等句法成分的选择与限制关系，从正反两个方面精确定位句末助词的句法分布规律，既要定位句末助词本身与句子中某类成分的选择限制关系，也定位带句末助词的句子与句子功能、复句关系和话语结构的选择限制关系。（2）提取方法创新。意义提取就是要根据句末助词的句法分布规律提取出语义分布规律，然后根据函数中自变量（小句 clause，简称 c）与因变量（句末助词语法意义因不同小句的填充和变化而发生的实体化 materialization，简称 m）概括出作为常量的句末助词的功能性语法意义（function，简称 f），即 $m = f(c)$。这种基于函数关系“以变求常”的常量提取法在人文科学的研究中也很有意义。（3）验证创新。语法学界通常借助于不同句末助词的替换对比来验证某个句末助词的语法意义，但值得注意的是：句末助词的语法意义是功能性的，较为空灵，仅仅依靠不同句末助词间的点对点比较，既难看到句末助词功能全貌，也难提取句末助词的核心语法意义，而本项研究在充分调查句末助词句法分布的可能性和不可能性的基础上采取组合层面的正反验证和聚合层面的类类比较，可以较为精细地剔除不可具有的语法意义而提纯句末助词的语法意义。（4）解释创新。在语义语法定量与定性相结合原则的指导下，根据句末助词的句法分布规律及其所反映的语义分布规律，寻找客观命题信息与主观情态信息之间的因果关系，从而系统解释说话者对命题信息的认知、情感、态度和意向等主观心理信息之间的关联性。

第三，观念创新。无论是理论创新，还是方法创新，都是以观念创新为前提和动力。而观念创新的核心内涵就是既不唯理论，也不唯方法，而是"实事求是"，针对现代汉语句末助词的实际，具体问题具体分析，既可以"旧瓶装新酒"，赋予已有的概念术语新的内涵，也可以"新瓶装新酒"，结合句末助词的研究实际提出新的概念术语。观念创新主要体现在以下四个方面：（1）扩大分布的内涵。在"分布"的互补性、相对性、对应性、非对应性等基础上，从正反和表里两个维度进一步丰富"分布"的内涵，正反分布是指句末助词可以与什么语法成分同现以及不可以与什么句法成分同现；表里分布是指句末助词的句法正反分布反映了句末助词的语义正反分布，反过来就是语义正反分布决定了句法正反分布。（2）扩大验证的方式。句末助词的分布规律及其功能性语法意义决定了句末助词语法意义的验证方式，不能仅仅采用这个句末助词与那个句末助词互相替换对比或删减对比，还必须采用可否或者有无与表达概念性语法意义的句法成分同现，这样的同现成分包括有无来验证表达功能性语法意义的句末助词。（3）扩大语义地图的范围。当表达功能性语法意义的句末助词与不同的小句组合或处于不同的复句语义关系中时往往表现出多功能性，可以借用最初用于跨语言功能类型学和语法化比较的语义地图概念来表达单语言中的多功能现象，从而把多功能句末助词的语义分化图和语义关联图清晰地表现出来。（4）功能术语的创新。基于精确定位和正反验证而提取出的句末助词语法意义不是某个概念可以指称的，而必须基于跨学科的知识用一个陈述性术语来表达句末助词的功能性意义，比如"吧"的"意向待定"、"呗"的"应而不愿"、"喽"的"传我所知"、"嘛"的"执意应然"等。

三、本项研究存在的三点不足

当然，本项句末助词研究的不足之处至少有以下三点：

首先，缺乏句末助词对比分析。本项研究着力基于语义语法理论并结合语义地图方法对七个典型句末助词的分布规律及其语法意义进行了较为深入系统的考察、提取和验证，但对不同句末助词的分布规律及其语法意义缺乏较为全面细致的比较，对不同句末助词在句末位置的排序机制缺乏系统的认识。

其次，缺乏语音学的数据验证。本项研究主要从语法学角度对现代汉语句末助词的分布规律及其语法意义进行了调查研究，但对句末助词语法意义的提取和验证缺乏语音学的实验数据支撑，对同一个句末助词在发音、语调及其写法上的不同缺乏语音学的数据分析、说明和佐证。

第三，缺乏类型学的功能比较。本项研究着重对现代汉语句末助词进行专项研究，缺乏跨语言类型学的功能比较，没有从功能互译角度比较分析其他语言表达汉语句末助词的语法意义时所采取的句法形式和手段。

参考文献

[1]奥托·叶斯柏森:《语法哲学》，北京：商务印书馆，1924/2010年。

[2]北京大学中文系1955/1957级语言班编:《现代汉语虚词例释》，北京：商务印书馆，1982年。

[3]北京大学中文系现代汉语教研室编:《现代汉语》，北京：商务印书馆，1993/2004年。

[4]蔡维天:《重温“为什么问怎么样，怎么样问为什么”》,《中国语文》2007年第3期，第195—207页。

[5]曹逢甫:《华语虚字的研究与教学——以“呢”字为例》,《第六届世界华语文教学研讨会论文集》(第一册)，台北：世界华文出版社，2000年，第1—25页。

[6]曹晋:《语义地图理论及方法》,《语文研究》2012年第2期，第3—6页。

[7]曹志赟:《语气词运用的性别差异》,《语文研究》1987年第3期，第44—45页。

[8]陈国华:《英汉假设条件句比较》,《外语教学与研究》1988年第1期，第10—18页。

[9]储诚志:《语气词语气意义的分析问题——以“啊”为例》,《语言教学与研究》1994年第4期，第39—51页。

[10]崔希亮:《事件情态和汉语的表态系统》，载中国语文杂志社(编)《语法研究和探索》(十二)，北京：商务印书馆，2003年，第331—347页。

[11]崔希亮:《语气词“哈”的情态意义和功能》,《语言教学与研究》2011年第4期，第39—45页。

[12]邓思颖:《自然语言的词序和短语结构理论》,《当代语言学》2000年第3期，第138—154页。

[13]邓思颖:《汉语句类和语气的句法分析》,《汉语学报》2010年第

1期，第59—63页。

[14]丁声树等:《现代汉语语法讲话》，北京：商务印书馆，1961年。

[15]杜道流:《现代汉语感叹句研究》，安徽大学博士学位论文，2003年。

[16]杜建鑫、张卫国:《语气词“嘛”的用法及语用功能研究》，《湖北社会科学》2011年第5期，第147—149页。

[17]范继淹:《是非问句的句法形式》，《中国语文》1982年第6期，第426—434页。

[18]范晓、张豫峰等:《语法理论纲要》，上海：上海译文出版社，2003年。

[19]方梅:《北京话句中语气词的功能研究》，《中国语文》1994年第2期，第129—138页。

[20]方梅:《汉语对比焦点的句法表现手段》，《中国语文》1995年第4期，第279—288页。

[21]房玉清:《实用汉语语法》，北京：北京语言学院出版社，1992年。

[22]冯盼:《“算了”的语法化进程》，《现代语文》2013年第11期，第124—126页。

[23]弗雷格:《算术基础》，北京：商务印书馆，1884/1998年。

[24]傅高义主编:《邓小平时代》，北京：生活·读书·新知三联书店，2013年。

[25]傅惠钧:《明清汉语疑问句研究》，北京：商务印书馆，2011年。

[26]傅由:《小议语气助词“嘛”》，《中国人民大学学报》1997年第6期，第92—95页。

[27]高更生:《关于语法的定义》，《山东师大学报》1988年第1期，第53—54页。

[28]高名凯:《汉语语法论》，北京：科学出版社，1948/1957年。

[29]高名凯:《汉语语法论》，北京：商务印书馆，1948/1986年。

[30]高名凯:《语法理论》，北京：商务印书馆，1960年。

[31]高永奇:《感叹句中“多(么)”、“太”的语义、句法、语用分析》，《殷都学刊》1999年第1期，第107—108页。

[32]谷晓恒:《汉语推断语气副词“果真”的语法特征及语义分析指

向》,《青海民族学院学报》(社会科学版)2008年第2期，第143—145页。

[33]郭锐:《“吗”问句的确信度和回答方式》,《世界汉语教学》2000年第2期，第13—23页。

[34]郭锐:《概念空间和语义地图：语言变异和演变的限制和路径》,《对外汉语研究》，2012年，第96—130页。

[35]郭小武:《“了，呢，的”变韵说——兼论语气助词、叹词、象声词的强弱两套发音类型》,《中国语文》2000年第4期，第349—362页。

[36]何容:《中国文法论》，北京：商务印书馆，1937/1985年。

[37]何容:《中国文法论》，上海：新知识出版社，1942/1957年。

[38]何文彬:《“呢吗”是非问》,《汉语学习》2007年第4期，第36—42页。

[39]何元建:《生成语言学背景下的汉语语法及翻译研究》，北京：北京大学出版社，2007年。

[40]贺阳:《试论汉语书面语的语气系统》,《中国人民大学学报》1992年第5期，第59—66页。

[41]贺阳:《北京话的语气词“哈”字》,《方言》1994年第1期，第60—63页。

[42]侯学超编:《现代汉语虚词词典》，北京：北京大学出版社，1998年。

[43]胡明扬:《语法形式和语法意义》,《中国语文》1958年第3期，第112—116页。

[44]胡明扬:《北京话的语气助词和叹词》(上),《中国语文》1981年第5期，第347—350页。

[45]胡明扬:《北京话的语气助词和叹词》(下),《中国语文》1981年第6期，第416—423页。

[46]胡明扬:《北京话初探》，北京：商务印书馆，1987年。

[47]胡明扬:《语气助词的语气意义》,《汉语学习》1988年第6期，第4—7页。

[48]胡明扬:《再论语法形式和语法意义》,《中国语文》1992年第5期，第364—370页。

[49]胡明扬:《陈述语调和疑问语调的“吧”字句》,《语文建设》1993年第5期，第32页。

[50]胡明扬:《语义语法范畴》,《汉语学习》1994年第1期,第2—4页。

[51]胡塞尔:《逻辑研究》第二卷第一部分,倪梁康译,上海:上海译文出版社,1900/1998年。

[52]胡裕树:《现代汉语》,上海:上海教育出版社,1962年。

[53]胡裕树(编):《现代汉语》(重订本),上海:上海教育出版社,1995年。

[54]黄伯荣、廖序东(编):《现代汉语》(下册),北京:高等教育出版社,1991年。

[55]黄伯荣、廖序东:《现代汉语》,兰州:甘肃人民出版社,1980年。

[56]黄国营:《"吗"字句用法初探》,《语言研究》1986年第2期,第131—135页。

[57]黄国营:《句末语气词的层次地位》,《语言研究》1994年第1期,第1—9页。

[58]江蓝生:《疑问语气词"呢"的来源》,《语文研究》1986年第2期,第17—26页。

[59]江蓝生:《跨层非短语结构"的话"的词汇化》,《中国语文》2004年第5期,第387—400页。

[60]蒋严:《汉语条件句的违实解释》,载中国语文杂志社(编)《语法研究和探索》(十),北京:商务印书馆,2000年,第257—279页。

[61]金立鑫:《论语法形式和语法意义的表现形式》,《外国语》1993年第6期,第46—48页。

[62]金立鑫:《"汉语意合语法"批判》,《北方论丛》1995年第5期,第50—53页。

[63]金兆梓:《国文法之研究》,北京:商务印书馆,1922/1983年。

[64]金智妍:《现代汉语句末语气词意义研究》,复旦大学博士学位论文,2011年,第198—220页。

[65]康德:《判断力批判》(上卷),北京:商务印书馆,1790/1961年。

[66]黎锦熙:《新著国语文法》,北京:商务印书馆,1924/1992年。

[67]理查德·麦尔文·黑尔:《道德语言》,万俊人译,北京:商务印书馆,1999年。

[68]李葆嘉:《理论语言学》，南京：江苏古籍出版社，2001年。

[69]李葆嘉:《语义语法学理论和元语言系统研究》,《深圳大学学报》2003年第2期，第105—110页。

[70]李葆嘉:《语义语法学导论》，上海：中华书局，2007年。

[71]李成团:《话语标记语“嘛”的语用功能》,《现代外语》(季刊)2008年第2期，第150—156页。

[72]李广明:《感叹句及其分类》,《天水师专学报》(哲学社会科学版)1994年第Z1期，第72—78页。

[73]李慧敏:《“算了”的话语功能及其生成机制研究》,《安徽大学学报》2012年第3期，第67—73页。

[74]李讷、安珊迪、张伯江:《从话语角度论证语气词“的”》,《中国语文》1998年第2期，第93—102页。

[75]李咸菊:《口语交际中“呗”的多维选择及话语功能》,《洛阳师范学院学报》2010年第3期，第131—135页。

[76]李小军:《表负面评价的语用省略》,《当代修辞学》2011年第4期，第35—42页。

[77]李一平:《“什么”表否定和贬斥的用法》,《河南大学学报》1996年第3期，第102—108页。

[78]李志民:《学术界要培养自尊、克服自卑、避免自大》，教育部科技发展中心，2015年9月24日。http://www.edu.cn/rd/special_topic/zbwjt/201509/t20150924_1320615.shtml

[79]廖秋忠:《〈语气与情态〉评介》,《国外语言学》1989年第4期，第157—163页。

[80]林贤祖:《学术界每年向国外“进贡”数十亿的论文版面费，惊心触目》,《学术周刊》，2015年12月18日。

[81]林裕文:《谈疑问句》,《中国语文》1985年第2期，第91—98页。

[82]刘丹青、唐正大:《话题焦点敏感算子“可”的研究》,《世界汉语教学》2001年第3期，第25—33页。

[83]刘丹青:《形名同现及形容词的向》,《南京师范大学学报》1987年第3期，第56—61页。

[84]刘丹青:《语法调查研究手册》，上海：上海教育出版社，2008年。

［85］刘复:《中国文法通论》，中华书局，载于《民国丛书》第二编，上海：上海书店，1919/1939 年。

［86］刘复:《中国文法通论》，上海：上海书店，1919/1990。

［87］刘红妮:《非句法结构“算了”的词汇化与语法化》,《语言科学》2007 年第 6 期，第 11—21 页。

［88］刘丽涛:《现代汉语口语中“得了”“好了”“算了”“行了”的话语功能对比研究》，河北师范大学硕士学位论文，2013 年。

［89］刘顺、殷相印:《“算了”的词汇化和语法化》,《语言研究》2010 年第 2 期，第 86—92 页。

［90］刘晓晴:《“X 了”类表态语气助词的语法意义及其语法化》，暨南大学博士学位论文，2014 年。

［91］刘月华:《语调是非问句》,《语言教学与研究》1988 年第 2 期，第 25—34 页。

［92］刘月华、潘文娱、故韡:《实用现代汉语语法》(增订本)，北京：商务印书馆，2001 年，第 428—430 页。

［93］吕明臣:《汉语的情感指向和感叹句》,《汉语学习》1998 年第 6 期，第 11—14 页。

［94］吕叔湘:《中国文法要略》，北京：商务印书馆，1944/1982 年。

［95］吕叔湘:《汉语语法分析问题》，北京：商务印书馆，1979 年。

［96］吕叔湘:《现代汉语八百词》(增订本)，北京：商务印书馆，1980/1999 年。

［97］吕叔湘:《疑问 · 否定 · 肯定》,《中国语文》1985 年第 4 期，第 241—250 页。

［98］鲁川:《语言的主观信息和汉语的情态标记》，载中国语文杂志社(编)《语法研究和探索》(十二)，北京：商务印书馆，2003 年，第 317—330 页。

［99］陆丙甫:《从语义、语用看语法形式的实质》,《中国语文》1998 年第 5 期，第 353—367 页。

［100］陆俭明:《现代汉语副词独用刍议》,《语言教学与研究》1982 年第 2 期，第 27—41 页。

［101］陆俭明:《关于现代汉语里的疑问语气词》,《中国语文》1984 年第 5 期，第 330—336 页。

[102]陆俭明:《八十年代中国语法研究》，北京：商务印书馆，1993年。

[103]陆俭明:《现代汉语语法研究教程》，北京：北京大学出版社，2003年，第12—13页。

[104]罗骥:《北宋疑问语气词“麽”研究》,《云南师范大学学报》2002年第4期，第103—107页。

[105]罗晓英、邵敬敏:《副词“可”的语义分化及其语用解释》,《暨南学报》2006年第2期，第102—107页。

[106]罗宇:《“算了”的词化研究》,《广东第二师范学院学报》2014年第2期，第75—79页。

[107]马建忠:《马氏文通读本》(吕叔湘、王海棻编)，上海：上海教育出版社，1898/2000年。

[108]马建忠:《马氏文通》，北京：商务印书馆，1898/1983年。

[109]马庆株:《自主动词和非自主动词》,《中国语言学报》1988年第3期，第157—180页。

[110]马庆株:《汉语动词与动词性结构》，北京：北京语言学院出版社，1992年。

[111]马庆株:《多重定名结构中形容词的类别和次序》,《中国语文》1995年第5期，第357—366页。

[112]马庆株:《〈汉语语义语法范畴问题〉序》,《汉语学习》1997年第2期，第56—58页。

[113]马庆株:《结构、语义、表达研究琐议——从相对义、绝对义谈起》,《中国语文》1998年第3期，第173—180页。

[114]毛泽东:《实践论：论认识和实践的关系——知和行的关系》(一九三七年七月),《毛泽东选集》(第二卷)，北京：人民出版社，1991年。

[115]孟自黄、吴宣文:《“问题”初探》，载于《逻辑与语言研究(1)》，北京：中国社会科学出版社，1980年，第123—138页。

[116]潘秋平:《从语义地图看〈广东省土话字汇〉中的“俾”》,《粤语跨学科研究：第十三届国际粤方言研讨会论文集》(钱志安等编)，香港：香港城市大学语言资讯科学研究中心，2009年。

[117]彭利贞:《现代汉语情态研究》，北京：中国社会科学出版社，

2007年。

［118］彭小川:《关于是非问句的几点思考》,《语言教学与研究》2006年第6期，第1—8页。

［119］齐春红:《现代汉语语气副词研究》，昆明：云南出版集团公司/云南人民出版社，2008年。

［120］齐沪扬:《语气词与语气系统》，合肥：安徽教育出版社，2002年。

［121］齐沪扬:《论现代汉语语气系统的建立》,《汉语学习》2002年第2期，第2—13页。

［122］齐沪扬:《与语气词规范有关的一些问题》,《语言文字应用》2003年第2期，第52—63页。

［123］齐沪扬:《现代汉语语气成分用法词典》，北京：商务印书馆，2011年，第299—301页。

［124］齐沪扬、朱敏:《现代汉语祈使句句末语气词选择性研究》,《上海师范大学学报》（哲学社会科学版）2005年第2期，第62—69页。

［125］钱乃荣（编）:《汉语语言学》，北京：北京语言学院出版社，1995年。

［126］强星娜:《“他问”与“自问”——从普通话“嘛”和“呢”说起》,《语言科学》2007年第5期，第34—43页。

［127］强星娜:《知情状态与直陈语气词“嘛”》,《世界汉语教学》2008年第2期，第54—63页。

［128］强星娜:《话题标记“嘛”与语气词“嘛”》,《汉语学习》2010年第4期，第59—64页。

［129］屈承熹、李彬:《论现代汉语句末情态虚词及其英译——以“吧”的语篇功能为例》,《外语学刊》2004年第6期，第1—10页。

［130］邵建新:《“开船啦”和“开船喽”》,《咬文嚼字》2000年第6期，第24页。

［131］邵京:《语言差别与思维差异——汉语反事实假设研究综述》,《外语教学与研究》1988年第1期，第2—9页。

［132］邵敬敏:《“吧”字疑问句及其相关句式比较》,《第四届国际汉语教学讨论会论文选》，北京：北京语言学院出版社，1993年，第217—225页。

[133]邵敬敏:《现代汉语疑问句研究》，上海：华东师范大学出版社，1996 年。

[134]邵敬敏:《论汉语语法的语义双向选择性原则》,《中国语言学报》（8），北京：北京语言文化大学出版社，1997 年，第 17—24 页。

[135]邵敬敏:《自序》，载于《汉语语法的立体研究》，北京：商务印书馆，2000 年。

[136]邵敬敏:《现代汉语通论》，上海：上海教育出版社，2001 年。

[137]邵敬敏:《“语义语法”说略》,《暨南学报》2004 年第 1 期，第 100—106 页。

[138]邵敬敏:《汉语语法学史稿》(修订本)，北京：商务印书馆，2006 年。

[139]邵敬敏:《现代汉语通论》，上海：上海教育出版社，2007 年。

[140]邵敬敏:《是非问内部类型的比较以及“疑惑”的细化》,《世界汉语教学》2012 年第 3 期，第 347—356 页。

[141]邵敬敏:《论语气词“啊”在疑问句中的作用暨方法论的反思》,《语言科学》2012 年第 6 期，第 596—603 页。

[142]邵敬敏、赵春利:《关于语义范畴的理论思考》,《世界汉语教学》2006 年第 1 期，第 29—40 页。

[143]沈家煊:《语法研究的目标——预测还是解释？》,《中国语文》2004 年第 6 期，第 483—492 页。

[144]沈开木:《语法、语义、语用的联系》,《语法研究和探索》(六)，北京：语文出版社，1992 年，第 16—31 页。

[145]孙鸿仁、王先寅:《英语虚拟语式时态意义探讨》,《外语教学》1996 年第 1 期，第 12—15 页。

[146]孙汝建:《语气和口气研究》，北京：中国文联出版社，1999 年。

[147]孙汝建:《句末语气词的四种语用功能》,《南通大学学报》2005 年第 2 期，第 76—80 页。

[148]石定栩:《乔姆斯基的形式句法——历史进程与最新理论》，北京：北京语言文化大学出版社，2002 年，第 1—18 页。

[149]石定栩:《汉语的语气和句末助词》，载《语言学论丛》编委会（编)《语言学论丛》(第三十九辑)，北京：商务印书馆，2009 年，第 445—462 页。

[150]石定栩、胡建华:《“了 2”的句法语义地位》，载中国语文杂志社（编)《语法研究和探索》(十三)，北京：商务印书馆，2006 年，第 94—112 页。

[151]石里克:《哲学的转变》，载于洪谦主编的《逻辑经验主义》，北京：商务印书馆，1989 年。

[152]史金生:《现代汉语副词连用顺序和同现研究》，北京：商务印书馆，2011 年。

[153]孙晨阳:《现代汉语话语标记“X 了”的研究》，南京师范大学硕士学位论文，2012 年。

[154]孙德宣:《助词和叹词》，上海：上海教育出版社，1983 年。

[155]孙汝建:《语气和口气研究》，北京：中国文联出版社，1999 年。

[156]孙汝建:《句末语气词的四种语用功能》,《南通大学学报》(社会科学版）2005 年第 2 期，第 76—80 页。

[157]孙锡信:《近代汉语语气词——汉语语气词的历史考察》，北京：语文出版社，1999 年。

[158]孙也平:《语气 · 语调 · 语气词》,《齐齐哈尔师范学院学报》1982 年第 3 期，第 77—84 页。

[159]太田辰夫:《中国语历史文法》(修订译本)，蒋绍愚、徐昌华译，北京：北京大学出版社，1958/1987 年。

[160]汤廷池:《国语疑问句的研究》,《师大学报》1981 年第 26 期，第 219—277 页。

[161]汤廷池:《汉语词法句法论集》，台北：台湾学生书局，1989 年。

[162]汤晓玲:《“算了”的词汇化过程考察》，华中师范大学硕士学位论文，2008 年。

[163]唐娜:《句末助词“算了”的句法语义研究》，暨南大学硕士学位论文，2017 年。

[164]唐小薇、李小军:《也谈语气和语气词——兼与孟子敏先生商榷》,《成都大学学报》2007 年第 3 期，第 120—122 页。

[165]仝国斌:《柳暗花明又一村——陈信春单复句划界理论评介》,《殷都学刊》1992 年第 4 期，第 50—57 页。

[166]王璨:《语气词“呗”的语气意义及话语标记功能研究》，吉林大学硕士学位论文，2006 年。

[167]王华:《小句宾语句疑问类动词整合特征分析》,《衡水学院学报》2011年第2期,第61—64页。

[168]王华:《小句宾语句陈述类动词整合特征分析》,《承德民族师专学报》2010年第4期,第19—23页。

[169]王金华:《"嘛""吗"辨》,《语文教学与研究》1983年第10期,第25页。

[170]王力:《中国现代语法》,北京:商务印书馆,1943/1985年。

[171]王力:《汉语史稿》中册,北京:中华书局,1958/1980年。

[172]王希杰:《谈语法学的研究对象》,载中国语文杂志社(编)《语法研究和探索》(六),北京:语文出版社,1992年,第64—75页。

[173]徐通锵:《语义句法刍议——语言的结构基础和语法研究的方法论初探》,《语言教学与研究》1991年第3期,第38—62页。

[174]杨成凯:《现代汉语语法元理论研究述要》,《语言研究》1994年第2期,第13—24页。

[175]王良杰:《谈"吗"和"呢"的用法》,《唐山师范学院学报》2006年第3期,第33—36页。

[176]王启龙:《助词及其再分类》,胡明扬主编《词类问题考察续集》,北京:北京语言大学出版社,2004年,第232—261页。

[177]王瑞晶:《语义地图:理论简介和发展史述评》,载《语言学论丛》编委会(编)《语言学论丛》(第四十二辑),北京:商务印书馆,2010年,第81—111页。

[178]王维贤:《"了"字补议》,载中国语文杂志社(编)《语法研究和探索》(五),中国语文杂志社编,北京:语文出版社,1989年,第197—214页。

[179]王晓燕:《现代汉语"算"的多角度考察》,北京语言大学硕士研究生学位论文,2009年。

[180]王寅、储泽祥:《"我的妈呀/我的天哪"的选择倾向及制约因素》,《汉语学报》2011年第1期,第7—15页。

[181]王艳芳、王开生:《〈三宝太监西洋记通俗演义〉中的语气词"么"》,《青岛科技大学学报》2003年第1期,第95—98页。

[182]文炼:《从"吗"和"呢"的用法谈到问句的疑问点》,《逻辑与语言学习》1982年第4期,第13—14页。

[183]文炼、胡附:《句子分析漫谈》,《中国语文》1982年第3期，第161—167页。

[184]温锁林:《汉语口语中表示制止的祈使习用语》,《汉语学习》2008年第4期，第11—16页。

[185]翁珊珊、李小凡:《从语义地图看现代汉语“掉”类词的语义关联和虚化轨迹》，载《语言学论丛》编委会（编）《语言学论丛》(第四十二辑)，北京：商务印书馆，2010年，第61—80页。

[186]吴福祥:《从“VP-neg”式反复问句的分化谈语气词“麽”的产生》,《中国语文》1997年第1期，第44—54页。

[187]吴福祥:《汉语历史语法研究的目标》,《古汉语研究》2005年第2期，第2—14页。

[188]吴福祥:《语义图模型：语言类型学的新视角》,《当代语言学》2011年第2期，第336—350页。

[189]吴福祥:《多功能语素与语义图模型》,《语言研究》2011年第1期，第25—42页。

[190]吴福祥:《语义图与语法化》,《世界汉语教学》2014年第1期，第3—17页。

[191]吴元樑:《科学方法论基础》，北京：中国社会科学出版社，1984年。

[192]席嘉:《〈元曲选〉宾白中的语气词“麽”》,《语言研究》1996年第2期，第131—134页。

[193]邢福义:《说“NP了”句式》,《语文研究》1984年第3期，第21—26页。

[194]邢福义:《现代汉语的特指性是非问》,《语言教学与研究》1987年第4期，第73—90页。

[195]邢福义:《小句中枢说》,《中国语文》1995年第6期，第420—428页。

[196]邢福义:《语法问题思索集》，北京：北京语言学院出版社，1995年。

[197]邢福义:《汉语语法研究之走向成熟》,《汉语学习》1995年第1期，第2—6页。

[198]邢福义:《汉语语法学》，长春：东北师范大学出版社，1997年。

[199]邢福义:《汉语复句研究》，北京：商务印书馆，2001 年。

[200]邢福义、谢晓明:《现代汉语语法研究中理论与事实的互动》，《汉语学报》2013 年第 3 期，第 2—8 页。

[201]邢欣:《从 X- 阶标理论对小句的分析看小句中枢说》，《汉语学报》2005 年第 4 期，第 58—64 页。

[202]徐杰、李英哲:《焦点和两个非线性语法范畴："否定""疑问"》，《中国语文》1993 年第 2 期，第 81—92 页。

[203]徐杰:《词组与小句之间的差异及其蕴含的理论意义》，《汉语学报》2005 年第 3 期，第 51—64 页。

[204]徐杰、张林林:《疑问程度和疑问句式》，《江西师范大学学报》1985 年第 2 期，第 71—79 页。

[205]徐晶凝:《语气助词"吧"的情态解释》，《北京大学学报》(哲学社会科学版) 2003 年第 4 期，第 143—148 页。

[206]徐晶凝:《语气助词"呗"的情态解释》，《语言教学与研究》2007 年第 3 期，第 72—79 页。

[207]徐晶凝:《现代汉语话语情态研究》，北京：昆仑出版社，2008 年。

[208]徐晶凝:《情态表达与时体表达的互相渗透——兼谈语气助词的范围确定》，《汉语学习》2008 年第 1 期，第 28—36 页。

[209]徐烈炯:《生成语法理论》，上海：上海外语教育出版社，1988 年。

[210]徐烈炯、刘丹青:《话题的结构与功能》，上海：上海教育出版社，1998 年。

[211]徐通锵:《语义句法刍议——语言的结构基础和语法研究的方法论初探》，《语言教学与研究》1991 年第 3 期，第 38—62 页。

[212]徐通锵:《"字"和汉语的句法结构》，《世界汉语教学》1994 年第 2 期，第 1—9 页。

[213]徐益民:《说"吗"道"嘛"》，《咬文嚼字》2006 年第 8 期，第 32—33 页。

[214]薛进文:《以学术自信推进话语体系建设》，《中国社会科学报》2015 年 8 月 7 日。

[215]杨惠芬:《副词"可"的语义及用法》，《世界汉语教学》1993 年

第 3 期，第 173—178 页。

[216] 杨才英:《论汉语语气词的人际意义》,《外国语文》2009 年第 6 期，第 26—32 页。

[217] 杨才英:《论感叹句的功能语义特征》,《外语与外语教学》2010 年第 2 期，第 45—48 页。

[218] 杨才英、赵春利:《焦点性话语标记的话语关联及其语义类型》,《世界汉语教学》2014 年第 2 期，第 170—180 页。

[219] 杨永龙:《句尾语气词“吗”的语法化过程》,《语言科学》2003 年第 1 期，第 29—38 页。

[220] 易查方:《语气词“嘛”的表情功能分析》,《现代语文》2007 年第 3 期，第 39—41 页。

[221] 尹世超:《应答句式说略》,《汉语学习》2008 年第 2 期，第 15—22 页。

[222] 于俊道编:《红墙里的领袖们——邓小平实录》，北京：工人出版社，2012 年。

[223] 袁仁林:《虚字说》(备注：1710 年成书，1746 年刊刻)，北京：中华书局，1710/1989 年。

[224] 袁毓林:《现代汉语祈使句研究》，北京：北京大学出版社，1993 年。

[225] 翟燕:《明清语气词“么”的发展演变及特点》,《齐鲁学刊》2012 年第 6 期，第 127—130 页。

[226] 张斌:《汉语语法学》，上海：上海教育出版社，1998 年。

[227] 张斌:《语气和口气研究序》，载孙汝建(编)《语气和口气研究》，北京：中国文联出版社，1999 年，第 1—2 页。

[228] 张斌:《现代汉语虚词词典》，北京：商务印书馆，2001 年。

[229] 张德禄:《社会交流中的合意性与语法中的语气和情态》，载于胡壮麟主编《语言的系统与功能》，北京：北京大学出版社，1989 年，第 63—74 页。

[230] 张黎:《文化的深层选择——汉语意合语法论》，长春：吉林教育出版社，1994 年，第 83—84 页。

[231] 张黎:《“着”的语义分布及其语法意义》,《语文研究》1996 年第 1 期，第 6—12 页。

[232]张黎:《什么是意合语法？——关于意合语法的讨论之一》,《汉语学习》1997 年第 1 期，第 58—61 页。

[233]张敏:《空间地图和语义地图上的“常”与“变”：以汉语被动、使役、处置、工具、受益者等关系标记为例》，中国社会科学院语言研究所演讲稿，2008 年 1 月 10 日。

[234]张敏:《“语义地图模型”：原理、操作及在汉语多功能语法形式研究中的运用》，载《语言学论丛》编委会（编）《语言学论丛》（第四十二辑），北京：商务印书馆，2010 年，第 3—60 页。

[235]章士钊:《中等国文典》上海：上海书店，1907/1990 年。

[236]张小峰:《现代汉语语气词“吧”、“呢”、“啊”的话语功能研究》，上海师范大学博士学位论文，2003 年。

[237]张筱平:《谈语气助词“呗”》,《思维与语言学习》1993 年第 2 期，第 40—44 页。

[238]张谊生:《现代汉语副词研究》，上海：学林出版社，2000 年，第 21—22 页；第 56—61 页。

[239]张云秋:《现代汉语口气问题初探》,《汉语学习》2002 年第 2 期，第 44—50 页。

[240]张志公:《现代汉语》（中册），北京：人民教育出版社，1982 年。

[241]赵春利:《谈对外汉语语气教学》,《暨南大学华文学院学报》2003 年第 1 期，第 19—26 页。

[242]赵春利:《论现代汉语的语气范畴》,《长江学术》2003 年第 5 期，第 127—135 页。

[243]赵春利:《情感形容词与名词同现的原则》,《中国语文》2007 年第 2 期，第 125—132 页。

[244]赵春利:《关于语义语法的逻辑界定》,《外国语》2014 年第 2 期，第 2—13 页。

[245]赵春利:《“吗”的分布验证、焦点排序及其疑问性质》,《中国语学》（日本），2018 年。

[246]赵春利、陈玲:《句末助词“算了”的分布验证及其心理取向》,《中国语文法研究》2016 年第 5 期，第 60—81 页。

[247]赵春利、方甲珂:《“喽”的功能、意向、态度和情感研究》,《语

言科学》2017 年第 4 期，第 337—352 页。

［248］赵春利、梁万基:《具有“把”字句功能的“连”字句考辨》，《中语中文学》2007 年第 41 辑，第 257—274 页。

［249］赵春利、石定栩:《现代汉语基于形名组合的容貌形容词研究》，《华西语文学刊》第 2 辑，2010 年，第 36—42 页。

［250］赵春利、石定栩:《状位情感形容词与述位动词结构同现的原则》，《汉语学习》2011 年第 1 辑，第 12—21 页。

［251］赵春利、石定栩:《主谓间“有 +NP/VP”的句法语义研究》，载《语言学论丛》编委会（编）《语言学论丛》（第四十四辑），北京：商务印书馆，2011 年，第 106—119 页。

［252］赵春利、石定栩:《语气、情态与句子功能类型》，《外语教学与研究》2011 年第 4 期，第 483—500 页。

［253］赵春利、石定栩:《论“呗”的态度取向及其语义基础》，《语言教学与研究》2015 年第 4 期，第 68—79 页。

［254］赵春利、孙丽:《句末助词“吧”的分布验证与语义提取》，《中国语文》2015 年第 2 期，第 121—132 页。

［255］赵春利、杨才英:《句末助词“嘛”的认知与情感的关联性研究》，《外国语》2016 年第 5 期，第 32—45 页。

［256］赵春利、张皓得:《基于新言文观的对外汉语教学研究》，孟华编《三重证据法：语言・文字・图像》，长春：吉林大学出版社，2009 年，第 174—189 页。

［257］赵元任:《北京、苏州、常州语助词的研究》，《清华学报》1926 年第 3 卷第 2 期，第 865—917 页。

［258］赵元任:《汉语口语语法》，吕叔湘译，北京：商务印书馆，1968/1979 年。

［259］赵元任:《中国话的文法》，丁邦新译，香港：中文大学出版社，1968/1980 年。

［260］郑娟曼、邵敬敏:《“责怪”义标记格式“都是 +NP”》，《汉语学习》2008 年第 5 期，第 43—50 页。

［261］郑娟曼、张先亮:《“责怪”式话语标记“你看你”》，《世界汉语教学》2009 年第 2 期，第 202—209 页。

［262］钟兆华:《论疑问语气词“吗”的形成与发展》，《语文研究》

1997年第1期，第1—8页。

［263］中国科学院语言研究所语法小组:《语法讲话（一）》,《中国语文》1952年第1期，第26—27页。

［264］中国社会科学院语言研究所词典编辑室编:《现代汉语词典》(第2版)，北京：商务印书馆，1983年。

［265］周士宏:《“吧”的意义、功能再议》,《语言教学与研究》2009年第2期，第16—22页。

［266］朱德熙:《现代汉语语法研究》，北京：商务印书馆，1980年。

［267］朱德熙:《语法讲义》，北京：商务印书馆，1961/1982年。

［268］朱德熙:《语法答问》，北京：商务印书馆，1985年。

［269］朱晓亚:《现代汉语感叹句初探》,《徐州师范学院学报》(哲学社会科学版)1994年第2期，第125—114页。

［270］《普通逻辑》编写组:《普通逻辑》，上海：上海人民出版社，1993年。

［271］《文化尊严与学术自信》,《中华读书报》1998年6月10日。

［272］Alfreds, S. 1896. *The Elements of English Grammar*. Toronto: Copp, Clark Co.

［273］Anderson, Lloyd B. 1982. “The ‘perfect’ as a universal and as a language-particular category.” In Hopper Paul J. (ed.), *Tense-Aspect: Between Semantics & Pragmatics*. Amsterdam: John Benjamins, pp.227-264.

［274］Andersonm Lloyd B. 1986. Evidentials, paths of chang, and mental maps: typologically regular asymmetres. *Evidentiality: The Linguistics Encoding of Epistemology*, ed. Wallace Chafe and Johanna Nichols, Norwood: Ablex, 273-312.

［275］Andersonm Lloyd B. 1987. “Adjectival morphology and semantic space”. *Chicago Linguistic Society* 23:1-17.

［276］Asher, Ron E. and J. M.Y. Simpson (eds.) 1994. *The Encyclopedia of Language and Linguistics. Vol. 5*. Oxford: Pergamon Press.

［277］Belletti, Adriana. 2004. Introduction. In Belletti Adriana (ed.), *Structures and Beyond: The Cartography of Syntactic Structures*, Vol. 3, Oxford: Oxford University Press. pp. 4-5.

［278］Bloom, A. 1981. *The Linguistic Shaping of Thought: A Study in the*

Impact of Language on Thinking in China and the West. New Jersey: Lawrence Erlbaum Associates.

[279] Bloomfield, Leonard. 1926."A set of postulates for the science of language". *Language* 2 (3): 153–164.

[280] Bloomfield, Leonard. 1933. *Language*. New York: Henry Holt.

[281] Bolinger, D. 1978 Yes-no question are not alternative questions. In Hiz, H. (ed.) *Questions*. Dordrecht: D. Reidel Publishing Company, 87-105.

[282] Booth, D. 1837. *The Principles of English Grammar.* London: Charles Knight and Co.

[283] Brentano, Franz Clemens. 1874. *Psychologie vom empirischen Standpunkt*, Leipzig: Leipzig Verlag von Duncker & Humblot. p.85.

[284] Brown, G. 1899. *Advanced Pages of Elements of English Grammar.* New York: Werner School Book Company.

[285] Burton, R. R. 1976. *Semantic Grammar: A Technique for Efficient Language Understanding Limited Domains*. Ph.D. dissertation, University of California.

[286] Bybee, J. & S. Fleischman. 1995. Issues in mood and modality: Introductory essay. In J. Bybee & S. Fleischman (eds.). *Modality in Grammar and Discourse.* Amsterdam: John Benjamins. 1-14.

[287] Chao, Yuen-ren. 1968. *A Grammar of Spoken Chinese*. Berkeley and Los Angeles: University of California Press.

[288] Chappell, Hilary. 1991. Strategies for the assertion of obviousness and disagreement in Mandarin: a semantic study of the modal particle me. Australian Journal of Linguistics 11(1). pp. 39–65.

[289] Cheng, Lisa Lai-Shen (郑礼珊). 1991. *On the Typology of wh-questions*. Doctoral dissertation, Massachusetts Institute of Technology, p.17.

[290] Cheng, Robert L. 1980. Chinese question Forms and Their Meanings. *13th International Conference on Sino-Tibetan Languages and Linguistics*, Charlottesville.

[291] Chomsky, Noam.1955. "Logical Structures of Linguistic Theory". Chicago: University of Chicago Press.

[292] Chomsky, Noam.1956."Three Models for the Description of

Language". *IRE Transactions on Information Theory. 2(3): 113–124.*

[293] Chomsky, Noam. 1957. *Syntactic Structures.* The Hague/Paris: Mouton. p.15.

[294] Chomsky, N. 1966. *Topics in the Theory of Generative Grammar.* T.A. Sebeok, ed. Current, Trends in Linguistics(vol.3). Mouton: the Hague, 3-12.

[295] Chomsky, Noam. 1968. *Language and Mind.* New York: Harcourt, Brace & World.

[296] Chomsky, Noam. 1981 Knowledge of Language: Its Elements and Origin, *Philological Transaction*, B295: 223-234.

[297] Chomsky, Noam. 1986. *Barriers.* Cambridge: MIT Press.

[298] Chomsky, Noam. 1995. *The Minimalist Program.* Cambridge: MIT Press.

[299] Chomsky, Noam. 2005. *On Phases.* Ms. MIT.

[300] Chu, Chauncey Cheng-hsi（屈承熹）. 1998. *A Discourse Grammar of Mandarin Chinese.* New York and Bern: Peter Lang Publishing, pp. 145-151.

[301] Chu, Chauncey Cheng-hsi（屈承熹）. 2002. *Contrastive Study: A Functional-Discourse Perspective.* Keynote Lecture at the 2nd International Conference on Translation and Contrastive Study, Shanghai, China.

[302] Cinque, Guglielmo. 1999. *Adverbs and Functional Heads: A Cross-linguistic Perspective.* Oxford: Oxford University Press, p.32.

[303] Clancy, S. J. 2006. "The Topology of Slavic case: Semantic maps and mutildimensional scaling." *Glossos Issue* 7, Spring 2006.

[304] Croft, Willian. 2001. *Radical Construction Grammar.* Oxford: Oxford University Press.

[305] Croft, Willian. 1991. Syntactic categories and grammatical relations. *The cognitive organization of information.* Chicago: The University of Chicago Press.

[306] Diderichsen, Paul. 1958. The Importance of Distribution versus Other Criteria in Linguistic Analysis. *Proceedings of the Eighth International Congress of Linguists.* Edited by Eva Sivertsen. Oslo University Press. pp.156-182.

[307] Fillmore, C. 1968. The Case for Case. In E. Bach and R.T. Harms (eds). *Universals in linguistic theory.* New York: Holt, Rinehart and Winston,

Inc.pp.1-88.

[308] Grimes, J. 1972. *The thread of discourse*. Ithaca: Cornell University.

[309] Gruber, S. 2005. *Composing Identity through Language, Culture, Technology and the Environment:A Rhetoric and Reader* [M]. Dubuque, Iowa:Kendall Hunt.

[310] Halliday, MAK. 1985/1994. *An Introduction to Functional Grammar*. London: Edward Arnold, xiii.

[311] Halliday, MAK. 1996. On Grammar and Grammatics. Ruqaiya Hasan, Carmel Cloran and David G. Butt(eds). *Functional Descriptions:Theory in Practice*. Amsterdam: John Benjamins. 1-38.

[312] Halliday, M.A.K. & E.McDonald. 2004. Metafunctional profile of the grammar of Chinese. In Caffarel, A, J. R. Martin&M.I.M. Matthiessen (eds.). *Language Typology: A Functional Perspective*. Amsterdam/Philadelphia: John Benjamins Publishing Company. pp.305-396. [There is also comparable cross-coupling between speech function and mood type.]

[313] Han, Yang Saxena（韩洋）. 1995. A Pragmatic Analysis of the BA particle in Mandarin Chinese. *Journal of Chinese Linguistics* 23:2, 99-127.

[314] Han, Yang Saxena（韩洋）. 1988. *A Pragmatic Study of Some Sentence-final and Post-verbal Particles in Mandarin Chinese*. Doctoral dissertation, University of York.

[315] Hare, Richard Mervyn. 1970. Meaning and speech acts. *Philosophical Review* 79:1, 3-24.

[316] Harris, Zellig S. 1951. *Methods in Structural Linguistics*. Chicago: University of Chicago Press.

[317] Harris, Zellig S. 1958. Meaning as a Function of Distribution. *Proceedings of the Eighth International Congress of Linguists*. Edited by Eva Sivertsen. Oslo University Press.

[318] Haspelmath, Martin. 1997a. *Indefinite pronouns*. Oxford: Oxford University Press.

[319] Haspelmath, Martin. 1997b. *From space to time: tempral adverbials in the world's languages*. München: Lincom Europa.

[320] Haspelmath, Martin. 2003. "The geometry of grammatical meaning:

semantic maps and cross-linguistic comparison." In M. Tomasello(ed.), *The New Psychology of Language*, vol. 2, New York: Lawrence Erlbaum Associate Publishers, 211-243.

[321] Haugen, Einar. 1951. Directions on modern linguistics, *Language*, 31:211-222.

[322] Hockett, Charles F. 1958. *A course in Modern Linguistics*. NewYork, The MacMlillan Co.

[323] Huang, James C.-T. 1982. Move WH in a language without WH-movement. *The Linguistic Review* 1:369-416.

[324] Huddleston, R. 1994. Sentence types and clause subordination. In R. Asher & J. Simpson (eds.). 1994. 3845-3857.

[325] Huddleston, Rodney D. and Geoffrey K. Pullum, 2002. *The Cambridge Grammar of the English Language*. Cambridge: Cambridge University Press.

[326] Husserl, Edmund. 1901. *Logische Untersuchungen*, Tübingen: Max Niemeyer Verlag. p.346.

[327] Gasde, H-D. and W. Paul. 1996. Functional categories, topic prominence, and complex sentences in Mandarin Chinese. *Linguistics* 34: 2, 263-294.

[328] Goddard, Cliff. 1998. Semantic Analysis: A Practical Introduction. USA: Oxford University Press.

[329] Janda, L. A. 2005. "What is the role of semantic maps in cognitive linguistics?" MS. To appear in Protr Stalmaszczyk and Wieslaw Oleksy eds. *Festschrift for Barbara Lewandowska-Tomaszczyk*.

[330] Jespersen, O. 1924. *The Philosophy of Grammar*. London: Geogre Allen & Unwin.

[331] Kant, Immanuel. 1781/1976. *Kritik der Reinen Vernunft*. Hamburg: Felix Meiner Verlag.

[332] Kant, Immanuel. 1790/1952. *The Critique of Judgement*. Oxford University of Press. pp.15-16.

[333] Kemmer, Suzanne. 1993. *The middle voice*. Amsterdam: Benjamins.

[334] Kiefer, F. 1992. Sentence type, sentence mood and illocutionary type.

In M. Stamenov (ed.). *Current Advances in Semantic Theory*. Amsterdam:John Benjamins. 269-281.

[335] Kittredge, G. & F. Farley. 1913. *An Advanced English Grammar: With Exercises*. Boston: Ginn and Company.

[336] Kortmann, Bernd. 1997. *Adverbial subordination: A typology and history of adverbial subordinators based on European languages*. (EALT, 18.) Berlin: Mouton de Gruyter.

[337] Lamb, Sydney, M. 1969. *Lexicology and Semantics*. Archibald A. Hill(eds). Linguistics Today. New York: basic Books, Inc. 40-49.

[338] Langacker. R. W. 1987. *Foundations of Cognitive Grammar* (Vol.1). Stanfor, California: Stanford University Press, 12.

[339] Lee, Thomas Hun-tak (李行德). 1986. *Studies on Quantification in Chinese*. Doctoral dissertation, University of California, Los Angeles.

[340] Lemke, J.L. 1992. Intertextuality and Educational Research. *Linguistics and Education*, (4):257-267.

[341] Li, Boya（李博雅）. 2006. *Chinese Final Particles and the Syntax of the Periphery*. Doctoral dissertation, Leiden University.

[342] Li, Charles N（李讷）. and Sandra A. Thompson. 1979. The Pragmatics of two Types of Yes-No questions in Mandarin and Its universal Implications. *CLS* 15, 197-206.

[343] Li, Charles N（李讷）. and Sandra A. Thompson. 1981. *Mandarin Chinese*. Berkeley and Los Angeles: University of California Press.

[344] Li, Yen-hui Andrey (李艳惠). 1992. Indefinite wh in Mandarin Chinese. *Journal of east Asian Linguistics 1*, 125-155.

[345] Luke, Kang Kwong.1990. Utterance Particles in Cantonese Conversation. Amsterdam: John Benjanmins.

[346] Luraghi, S. 2001."Syncretism and the classification of semantic roles." *Sprachtypologieund Universalienforschung* 54:35-51.

[347] Lyons, J. 1966. "Towards a 'notional' theory of the 'parts of speech'". *Journal of Linguistics* 2: 209-236.

[348] Lyons, John. 1977. *Semantics*, vol. 2, Cambridge: Cambridge University Press. p.749.

[349] Lyons, J. 1995. *Linguistic Semantics: An Introduction*. Cambridge: Cambridge University Press.

[350] Morley, G. 2000. *Syntax in Functional Grammar: An Introduction to Lexicogrammar in Systemic*. London: Continuum.

[351] Morrison, T. 1878. *Advanced English Grammar for Use in Schools and Colleges*. Montana USA: Kessinger Publishing Company.

[352] Nesfield, J. 1912. *Modern English Grammar*. London: Macmillan.

[353] Nida, Eugene. 1949. *Morphology:The Descriptive Analysis of Words*. Ann Arbor: University of Michigan Press.

[354] Palmer, F. 1986. *Mood and Modality* (1st edition). London: Cambridge University Press.

[355] Palmer, F. 2001. *Mood and Modality* (2nd edition). London: Cambridge University Press.

[356] Pinkster, H. 1990. *Latin Syntax and Semantics*. London: Routledge.

[357] Rizzi, Luigi. 1997. The Fine Structure of the Left Periphery. In Haegeman Liliane (ed.), *Elements of Grammar: A Handbook in Generative Syntax*, pp. 281–337. Dordrecht: Kluwer Academic Publishers.

[358] Rizzi, Luigi. 2004. On the Cartography of Syntactic Structures. In Rizzi Luigi (ed.), *The Structure of CP and IP: The Cartography of Syntactic Structures*. Vol. 2, pp. 3–15. Oxford: Oxford University Press.

[359] Sadock, J.M. & A.M. Zwicky. 1985. Speech act distinctions in syntax. In T. Shopen (ed.). *Language Typology and Syntactic Description: Clause Structure. Vol. 1*. Cambridge: Cambridge University Press. 155-196.

[360] Schank, Roger C. 1977. Rules and Topic in Conversation. *Cognitive Science*. 1(4):421-441.

[361] Scott, S. 2008. *The History of English: A Linguistic Introduction*. Washington, D.C.: Wardja Press.

[362] Shei, Chris（解志强）. 2005. *Analysing Chinese Sentence-Final Particles Using Academia Sinica Balanced Corpus of Modern Chinese*. Paper presented in CORPUS LINGUISTICS 2005. Conference 14-17 July 2005. Centre for Corpus Research, the University of Birmingham.

[363] Shei, Chi-chiang (解志强). 1991. *A Discourse-Functional Analysis*

of Mandarin Sentence-Final Particles (国语句尾质词之交谈功能分析), M. A. thesis, Taipei: National Chengchi University.

[364] Stassen, Leon. 1997. *Intransitive predication. Oxford: Oxford* University Press.

[365] Swadesh, Morris. 1943. The Phonemic Principle. *Language*, 10:117-129.

[366] Sweet, H. 1892. *A New English Grammar: Logical and Historical* (Part 1: Introduction, Phonology, and Accident). Oxford: Clarendon Press.

[367] van der Auwera, Johan & Plungian, Vladimir A. 1998. "Modality's semantic map." *Linguistic Typology* 2.1:79-124.

[368] Wu, Guo（武果）. 2005. The Discourse Function of the Chinese Particle *ne* in Statements. *Journal of the Chinese Language Teachers Association* 40:1, 47-82.

[369] Yasuhiro, Katagiri. 2007. "Dialogue functions of Japanese sentence-final particles 'Yo' and 'Ne'". *Journal of Pragmatics* 39(7): 1313-1323.

后 记

现代汉语句末助词的分布灵活、意义空灵、种类多样，一直以来都是语法本体研究的重点、难点和热点，也是彰显汉语语法特点的最重要的虚词之一。由于英语、德语、法语等印欧语言没有句末助词，因此，以印欧语言为基础而建立起来的传统语法、描写语法、认知功能语法、生成语法、格语法、配价语法等语法理论在定位句末助词的句法分布并提取句末助词的语法意义时，有些捉襟见肘，要么直觉地凭借个人语感，要么本能地采用依句释义，要么简单地采用对比分析，无法准确而细腻地提取其语法意义。

为了“摆脱印欧语的干扰”，特别是摆脱基于印欧语而提出的语法理论的干扰，吕叔湘先生提出了“实事求是”的真理追求，朱德熙先生发出了“用朴素的眼光看汉语”的振臂高呼，他们为语言学家们、特别是中国语言学家们根植于汉语事实来构建体现汉语特色的语法理论吹响了号角，正如习近平书记所言：“这是一个需要理论而且一定能够产生理论的时代，这是一个需要思想而且一定能够产生思想的时代。”而“一个民族要想站在科学的最高峰，就一刻也不能没有理论思维”（恩格斯）。

离开汉语事实，语法理论将是空洞无物的；离开语法理论，汉语事实将是杂乱无序的。自20世纪90年代中后期开始，语法学家们从各个角度深耕汉语事实，提出了不少能揭示汉语语法规律、提取语法意义、彰显汉语语法特点的创新性语法理论，而语义语法理论就是在这个时代大背景下从90年代十几年的酝酿期到21世纪初近二十年的发展期而逐渐走向成熟的。

语义语法理论既根植于中国深厚的训诂学和汉语虚词研究的历史根基和理论源泉，又接受了早期传教士对汉语语法研究的思想方法和传统语法、描写语法、认知功能语法、生成语法等西方语法理论的熏陶洗礼，是集历史传承与理论创新为一体的开放性语法思想。符号与非符号的本质区别就在于有无意义，语言与非语言的区别就在于有无语义，以语义为本体的语法学研究能得到哲学、逻辑学、心理学和认知科学的支撑，而建基于语义基础上的语法研究不仅是语言类型学得以存在的基础，也是语言教学、词典编纂、人工智能、自然信息处理以及语法学得以延续的根本。语义语法既能挖掘汉语语法的特点，又是具有普适性的语法理论，是中国语法学界在语法研究、特别是汉语语法研究中，针对汉语语法的特点而自力更生、独立创新的语法理论，是中国理论自信的具体体现。

如果说《现代汉语形名组合研究》是我从“哲学领域”借道“对外汉语教学”而转入“语法领域”开始汉语语法本体研究的标志，那么，《现代汉语句末助词研究》则是我从“汉语实词组合研究”进入“汉语虚词研究”探索汉语语法特点的标志。前者是恩师邵敬敏教授 2003 年给我的命题项目，当我置身于语法研究的这一核心领域时，逐渐潜入语义语法的理论底层，虽跋涉艰难但信念坚定。后者则是恩师石定栩教授 2009 年给我的启发项目，当我直面汉语虚词事实与各种语法理论的逻辑分析时，力图构建语义语法的概念系统，虽梳理艰辛但步伐稳健。

感谢恩师邵敬敏教授和石定栩教授的鞭策与引领，不仅使我逐渐融入到了语法学界这一大家庭，而且使我学会独立发现新的学术增长点——情态副词，我当风雨无阻、砥砺前行。

感谢陆俭明、邢福义、江蓝生、沈家煊、马庆株、袁毓林、张谊生、方梅、杨亦鸣、李宇明、郭锐、张伯江、张先亮、崔希亮、李炜、屈哨兵、张玉金、李宗江、施春宏、李艳惠、黄正德、冯胜利、张黎、陆镜光、邓思颖、徐杰、蔡维天、金铉哲、石村广、鲁晓琨、任鹰、朴正九、齐冲等学术前辈在我的学术成长中给予的支持、关照与指点。

感谢同门和同辈的大力支持，感谢妻子杨才英副教授为了支持我的学术研究，既要操持家务，照顾儿子，还要完成教学工作和学术研究，默默奉献。感谢儿子赵言之聪慧、乖巧、可爱、勤奋，学习越来越进步，为三口之家带来无限憧憬！

感谢暨南大学文学院长江学者特聘教授程国赋院长对本书出版的鼎力支持！感谢商务印书馆的王婉珠编辑的辛勤付出和热情帮助！

谨以此书纪念生我养我的父亲赵连山和母亲于希芹，“子欲养而亲不待”的感伤时时萦绕心头，我当铭记教诲，君子当自强不息！

赵春利
题记于广州石牌
2019 年 1 月 15 日